プリント形式のリアル過去問で本番の臨場感！

大阪府

# 大商学園高等学校

2025年春受験用

# 解答集

本書は，実物をなるべくそのままに，プリント形式で年度ごとに収録しています。
問題用紙を教科別に分けて使うことができるので，本番さながらの演習ができます。

## ■ 収録内容

・解答集(この冊子です)

書籍ＩＤ番号，この問題集の使い方，最新年度実物データ，リアル過去問の活用，
解答例と解説，ご使用にあたってのお願い・ご注意，お問い合わせ

・2024(令和６)年度 ～ 2021(令和３)年度　学力検査問題

JN132585

| ○は収録あり　年度 | '24 | '23 | '22 | '21 | | |
|---|---|---|---|---|---|---|
| ■ 問題収録 | ○ | ○ | ○ | ○ | | |
| ■ 解答用紙 | ○ | ○ | ○ | ○ | | |
| ■ 配点 | ○ | ○ | ○ | ○ | | |
| | | | | | | |

数学に解説があります

注)国語問題文非掲載:2024年度の【一】

### 問題文の非掲載につきまして

著作権上の都合により，本書に収録している過去入試問題の本文の一部を掲載しておりません。ご不便をおかけし，誠に申し訳ございません。

本文の一部を掲載できなかったことによる国語の演習不足を補うため，論説文および小説文の演習問題のダウンロード付録があります。弊社ウェブサイトから書籍ＩＤ番号を入力してご利用ください。

なお，問題の量，形式，難易度などの傾向が，実際の入試問題と一致しない場合があります。

教英出版

## ■　書籍ＩＤ番号

入試に役立つダウンロード付録や学校情報などを随時更新して掲載しています。
教英出版ウェブサイトの「ご購入者様のページ」画面で，書籍ＩＤ番号を入力してご利用ください。

書籍ＩＤ番号　106529

（有効期限：2025年9月30日まで）

**【入試に役立つダウンロード付録】**
「ラストチェックテスト(標準／ハイレベル)」
「高校合格への道」

## ■　この問題集の使い方

年度ごとにプリント形式で収録しています。針を外して教科ごとに分けて使用します。①片側，②中央のどちらかでとじてありますので，下図を参考に，問題用紙と解答用紙に分けて準備をしましょう（解答用紙がない場合もあります）。

針を外すときは，けがをしないように十分注意してください。また，針を外すと紛失しやすくなりますので気をつけましょう。

① 片側でとじてあるもの　　② 中央でとじてあるもの

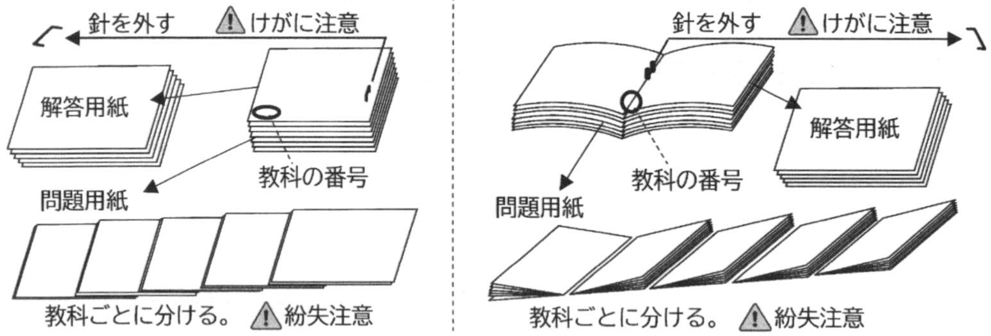


※教科数が上図と異なる場合があります。
解答用紙がない場合や，問題と一体になっている場合があります。
教科の番号は，教科ごとに分けるときの参考にしてください。

## ■　最新年度 実物データ

実物をなるべくそのままに編集していますが，収録の都合上，実際の試験問題とは異なる場合があります。実物のサイズ，様式は右表で確認してください。

| | |
|---|---|
| 問題用紙 | Ｂ５冊子(二つ折り) |
| 解答用紙 | Ｂ４片面プリント |

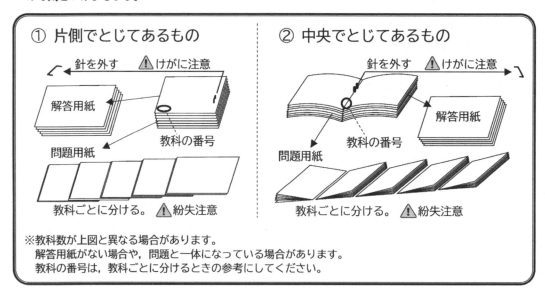

# リアル過去問の活用

～リアル過去問なら入試本番で力を発揮することができる～

## 本番を体験しよう！

問題用紙の形式（縦向き／横向き），問題の配置や余白など，実物に近い紙面構成なので本番の臨場感が味わえます。まずはパラパラとめくって眺めてみてください。「これが志望校の入試問題なんだ！」と思えば入試に向けて気持ちが高まることでしょう。

## 入試を知ろう！

同じ教科の過去数年分の問題紙面を並べて，見比べてみましょう。

**① 問題の量**

毎年同じ大問数か，年によって違うのか，また全体の問題量はどのくらいか知っておきましょう。どのくらいのスピードで解けば時間内に終わるのか，大問ひとつにかけられる時間を計算してみましょう。

**② 出題分野**

よく出題されている分野とそうでない分野を見つけましょう。同じような問題が過去にも出題されていることに気がつくはずです。

**③ 出題順序**

得意な分野が毎年同じ大問番号で出題されていると分かれば，本番で取りこぼさないように先回りして解答することができるでしょう。

**④ 解答方法**

記述式か選択式か（マークシートか），見ておきましょう。記述式なら，単位まで書く必要があるかどうか，文字数はどのくらいかなど，細かいところまでチェックしておきましょう。計算過程を書く必要があるかどうかも重要です。

**⑤ 問題の難易度**

必ず正解したい基本問題，条件や指示の読み間違いといったケアレスミスに気をつけたい問題，後回しにしたほうがいい問題などをチェックしておきましょう。

## 問題を解こう！

志望校の入試傾向をつかんだら，問題を何度も解いていきましょう。ほかにも問題文の独特な言いまわしや，その学校独自の答え方を発見できることもあるでしょう。オリンピックや環境問題など，話題になった出来事を毎年出題する学校だと分かれば，日頃のニュースの見かたも変わってきます。

こうして志望校の入試傾向を知り対策を立てることこそが，過去問を解く最大の理由なのです。

## 実力を知ろう！

過去問を解くにあたって，得点はそれほど重要ではありません。大切なのは，志望校の過去問演習を通して，苦手な教科，苦手な分野を知ることです。苦手な教科，分野が分かったら，教科書や参考書に戻って重点的に学習する時間をつくりましょう。今の自分の実力を知れば，入試本番までの勉強の道すじが見えてきます。

## 試験に慣れよう！

入試では時間配分も重要です。本番で時間が足りなくなってあわてないように，リアル過去問で実戦演習をして，時間配分や出題パターンに慣れておきましょう。教科ごとに気持ちを切り替える練習もしておきましょう。

## 心を整えよう！

入試は誰でも緊張するものです。入試前日になったら，演習をやり尽くしたリアル過去問の表紙を眺めてみましょう。問題の内容を見る必要はもうありません。どんな形式だったかな？受験番号や氏名はどこに書くのかな？…ほんの少し見ておくだけでも，志望校の入試に向けて心の準備が整うことでしょう。

そして入試本番では，見慣れた問題紙面が緊張した心を落ち着かせてくれるはずです。

※まれに入試形式を変更する学校もありますが，条件はほかの受験生も同じです。心を整えてあせらずに問題に取りかかりましょう。

# 大商学園高等学校

## 《国　語》

【一】問1．(a)掃　(b)ざせつ　(c)分析　(d)せいさつよだつ　(e)はいじょ　(f)実績　(g)はばつ　(h)にんそう　(i)専攻　(j)えんかつ　問2．X．イ　Y．ア　Z．カ　問3．この能力を　問4．イ　問5．(1)馬　(2)翼　問6．イ　問7．事を成すため　問8．①相手の気持ちを理解する能力　②イ　問9．理解　問10．①方向転換　②ア　問11．イ　問12．Ⅰ．イ　Ⅱ．エ　Ⅲ．ア　Ⅳ．ウ　問13．A．プラス　B．マイナス　C．他人の気持ち　D．忍耐力　E．深みのある人物　F．他人のせい　G．疑い深く　問14．ウ

【二】問1．銭持ちたる人　問2．B．りょう　C．もうけ　問3．①イ　②エ　問4．金を亀に変えたこと　問5．預かった金を親に送って返したこと　問6．十貫　問7．(i)ぞ　(ii)係り結び　問8．ア．×　イ．○　ウ．×　エ．○　オ．×　問9．イ　問10．オ　問11．エ

【三】①非　②不　③非　④不　⑤無　⑥非　⑦無　⑧不

【四】①ウ　②ア　③ア　④エ　⑤イ　⑥イ　⑦エ

【五】①エ　②イ　③エ　④ア　⑤ウ

## 《数　学》

1　(1) $-10$　(2) $1.44$　(3) $\frac{13}{18}$　(4) $-\frac{a}{2}$　(5) $0$　(6) $-2x^2+10xy$　(7) $\frac{25}{3}$　(8) $1$

2　(1) $2xy(x+4y-3)$　(2) $(x-16)(x+6)$　(3) $(1-x)(5+x)$　(4) $(x-y)(x+y-2)$

3　(1) $-2$　(2) $-4,\ 9$　(3) $-\frac{1}{2},\ \frac{5}{2}$　(4) $-3,\ 5$

4　(1) $\frac{10}{3}$　(2) $\frac{1}{2\pi}x$　(3) $30$　(4) $60$

5　(1) $\frac{9}{100}x$　(2) $600$　(3) $x=150$　$y=450$

6　(1) $\frac{7}{36}$　(2) $\frac{5}{36}$　(3) $\frac{1}{4}$　(4) $\frac{1}{3}$

7　(1) $\frac{1}{8}$　(2) $6$　(3) $(\frac{12}{5},\ \frac{18}{5})$　(4) $\frac{48}{5}$

8　(1) $5$　(2) ②　(3) $84\pi$　(4) $80\pi$

## 《英　語》

1　1．ウ　2．イ　3．ウ　4．イ　5．エ　6．ア　7．ア　8．ウ　9．ウ　10．イ

2　問1．(1)イ　(2)エ　(3)ア　(4)ウ　(5)エ　(6)イ　(7)ア　(8)エ　問2．It is unlucky to break a mirror.　問3．1．ウ　2．イ　3．イ　4．ア　5．エ　問4．ア　問5．(1)×　(2)○　(3)×　(4)×　(5)○　(6)○

3　1．ウ　2．エ　3．ウ　4．ウ

4　問1．A．エ　B．ア　C．イ　D．オ　問2．1．ウ　2．ウ　3．イ　4．エ

5　1．イ　2．ア　3．エ　4．ア　5．イ

6　1．fan〔別解〕lover　2．different　3．lives　4．so　5．has

## 《理　科》

**1**　(1)380　(2)ア　(3)ア　(4)0.1　(5)ウ　(6)ア

**2**　(1)中和(反応)　(2)$HCl+NaOH \rightarrow NaCl+H_2O$　(3)ウ　(4)$Cl_2$　(5)ウ　(6)955

**3**　(1)A．カ　C．エ　E．ウ　(2)イ　(3)単子葉類　(4)裸子植物　(5)合弁花類

**4**　(1)B　(2)a，d　(3)A．ウ　B．カ　(4)A．ア　B．イ　(5)オ　(6)ウ

**5**　(1)エ　(2)$HCl \rightarrow H^+ + Cl^-$　(3)酸　(4)下方置換(法)　(5)キ　(6)C

**6**　(1)エ　(2)ア　(3)A，B，C，D　(4)イ　(5)ア　(6)ア，カ，キ

**7**　(1)エ　(2)イ　(3)エ　(4)600　(5)エ

**8**　(1)①侵食　②運搬　(2)泥岩，砂岩，れき岩　(3)石灰岩　(4)示相化石
(5)名称…示準化石　組み合わせ…ウ，エ

## 《社　会》

**1**　問1．少子高齢化　問2．ア　問3．核家族　問4．男女共同参画社会基本法
問5．ワークライフバランス　問6．エ　問7．イ　問8．イ　問9．①イ　②ア　問10．イ

**2**　問1．A．立法　B．司法　C．行政　問2．ウ　問3．イ　問4．ア　問5．オ
問6．①民事　②刑事　問7．法テラス

**3**　問1．ポリス　問2．米騒動　問3．日本書紀　問4．あ．壬申の乱　い．戊辰戦争　う．甲午農民戦争
え．辛亥革命　問5．ウ　問6．手塚治虫

**4**　問1．1．徳川吉宗　2．打ちこわし　3．目安箱　4．公事方御定書　5．松平定信　6．朱子学
7．水野忠邦　8．株仲間　問2．徳川家光　問3．大塩平八郎　問4．徳政令　問5．田沼意次

**5**　問1．イ　問2．グレートバリアリーフ　問3．グレートディバイディング　問4．羊
問5．グレートアーテジアン〔別解〕大鑽井　動物…牛　問6．オージービーフ　問7．サハラ砂漠
問8．ウルル〔別解〕エアーズロック　問9．ア　問10．アボリジニ　問11．白豪主義
問12．多文化社会　問13．マオリ族　問14．ハカ　問15．記号…イ　都市名…シドニー　問16．オ
問17．オ　問18．イ　問19．ウ

# 大商学園高等学校

**1**

(1) 与式$=1-11=-10$

(2) 与式$=1.2\times8.4-(1.2\times2)\times3.6=1.2\times(8.4-7.2)=1.2\times1.2=1.44$

(3) 与式$=\frac{5}{6}-\frac{2}{3}\times(\frac{3}{6}-\frac{2}{6})=\frac{5}{6}-\frac{2}{3}\times\frac{1}{6}=\frac{5}{6}-\frac{1}{9}=\frac{15}{18}-\frac{2}{18}=\frac{13}{18}$

(4) 与式$=\frac{a^4b^2}{36}\div\frac{a^2}{9}\times(-\frac{2}{ab^2})=\frac{a^4b^2}{36}\times\frac{9}{a^2}\times(-\frac{2}{ab^2})=-\frac{a}{2}$

(5) 与式$=(5x-3)-(5x-3)=0$

(6) 与式$=(x-5y)\{(x-5y)-(3x-5y)\}=(x-5y)(x-5y-3x+5y)=(x-5y)\times(-2x)=-2x^2+10xy$

(7) 与式$=(2\sqrt{3})^2-2\times2\sqrt{3}\times\frac{1}{\sqrt{3}}+(\frac{1}{\sqrt{3}})^2=12-4+\frac{1}{3}=8+\frac{1}{3}=\frac{24}{3}+\frac{1}{3}=\frac{25}{3}$

(8) 与式$=(2\sqrt{6})^2-(\sqrt{23})^2=24-23=1$

**2**

(1) 与式$=2xy(x-3+4y)=2xy(x+4y-3)$

(2) 積が$-96$，和が$-10$になる2つの整数の組をさがすと，$-16$と6が見つかるので，与式$=(x-16)(x+6)$

(3) 与式$=3^2-(x+2)^2=\{3-(x+2)\}\{3+(x+2)\}=(1-x)(5+x)$

(4) 与式$=(x^2-y^2)-2x(x-y)=(x-y)(x+y)-2x(x-y)=(x-y)(x+y-2)$

**3**

(1) 与式より，$3x+6=7x+14$　$3x-7x=14-6$　$-4x=8$　$x=-2$

(2) 与式より，$(x+4)(x-9)=0$　$x=-4,\ 9$

(3) 与式より，$(1-x)^2=(\frac{3}{2})^2$　$1-x=\pm\frac{3}{2}$　$x=1\pm\frac{3}{2}$　$x=-\frac{1}{2},\ \frac{5}{2}$

(4) 与式より，$x^2+10x+25=x^2+6x+9+x^2+2x+1$　$x^2+10x+25=2x^2+8x+10$

$x^2-2x-15=0$　$(x+3)(x-5)=0$　$x=-3,\ 5$

**4**

(1) $x:y=1:2$より，$2x=y$…①　$y:z=3:5$より，$5y=3z$…②

②に①を代入すると，$10x=3z$　$\frac{z}{x}=\frac{10}{3}$

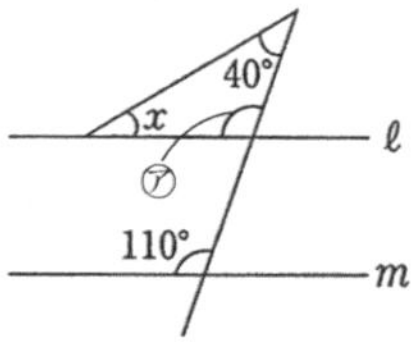


(2) 円周の長さは，直径×πで求められるので，$x=2y\times\pi$　$y=\frac{1}{2\pi}x$

(3) 右図で，平行線の同位角は等しいから，㋐の角の大きさは110°である。

また，三角形の内角の和は180°だから，$\angle x$の大きさは，$180^\circ-(110^\circ+40^\circ)=30^\circ$

(4) **【解き方】右図のように補助線を引いて考える。**

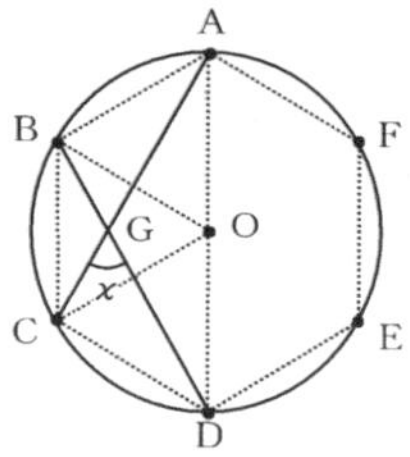


六角形ABCDEFは正六角形だから，$\angle BOC=360^\circ\div6=60^\circ$である。

$\overset{\frown}{BC}$について，円周角の大きさは中心角の大きさの$\frac{1}{2}$倍だから，

$\angle BDC=\frac{1}{2}\angle BOC=\frac{1}{2}\times60^\circ=30^\circ$となる。

ADは円の直径だから，$\angle ACD=90^\circ$なので，△GCDの内角の和より，

$\angle x=180^\circ-30^\circ-90^\circ=60^\circ$

**5**

(1) Aの食塩の量は，$x\times\frac{9}{100}=\frac{9}{100}x$（g）

(2) $x$gの食塩水と$y$gの食塩水を混ぜたら600gになったので，$x+y=600$より$x=600-y$…①

(3) **【解き方】食塩の重さについて立式し，(2)の①と連立して解く。**

Bの食塩の量は，$\frac{5}{100}y$と表せるから，$\frac{9}{100}x+\frac{5}{100}y=600\times\frac{6}{100}$より，$9x+5y=3600$…②

②に①を代入して$x$を消去すると，$9(600-y)+5y=3600$　これを解いて，$y=450$

$y=450$を①に代入すると，$x=600-450=150$

**6** ⑴　**【解き方】さいころを２個使う問題では，表ｉのようにまとめて考える。**

ｐ＋ｑの最小値は１＋１＝２，最大値は６＋６＝12 だから，ｐ＋ｑが５の倍数のとき，ｐ＋ｑ＝５，10 となる。よって，条件にあう出方は表ｉの〇印の７通りあり，２個のさいころの目の出方は全部で６×６＝36(通り)あるから，求める確率は，$\frac{7}{36}$である。

表ｉ
２個のさいころの目の和

| | | q | | | | | |
|---|---|---|---|---|---|---|---|
| | | 1 | 2 | 3 | 4 | 5 | 6 |
| p | 1 | 2 | 3 | 4 | ⑤ | 6 | 7 |
| | 2 | 3 | 4 | ⑤ | 6 | 7 | 8 |
| | 3 | 4 | ⑤ | 6 | 7 | 8 | 9 |
| | 4 | ⑤ | 6 | 7 | 8 | 9 | ⑩ |
| | 5 | 6 | 7 | 8 | 9 | ⑩ | 11 |
| | 6 | 7 | 8 | 9 | ⑩ | 11 | 12 |

⑵　**【解き方】ｄ＝15 のとき，ｐ＋ｑ＝120÷15＝８となる。**

ｐ＋ｑ＝８となる出方は表ｉの色つき部分の５通りだから，求める確率は，$\frac{5}{36}$である。

⑶　**【解き方】120＝$2^3$×３×５＝15×$2^3$だから，ｄが 15 の倍数となるとき，ｐ＋ｑ＝２，４，８である。**

⑴と同様に，ｐ＋ｑの値について，表ⅱにまとめる。ｐ＋ｑ＝２，４，８となるのは，☆印の９通りだから，求める確率は，$\frac{9}{36}=\frac{1}{4}$である。

⑷　**【解き方】ｄが整数ではないとき，ｐ＋ｑが 120 の約数にならない。**

ｐ＋ｑが 120 の約数にならないとき，ｐ＋ｑ＝７，９，11 となる。

よって，表ⅱの◎印の 12 通りだから，求める確率は，$\frac{12}{36}=\frac{1}{3}$である。

表ⅱ

| | | q | | | | | |
|---|---|---|---|---|---|---|---|
| | | 1 | 2 | 3 | 4 | 5 | 6 |
| p | 1 | ☆ | | ☆ | | | ◎ |
| | 2 | | ☆ | | | ◎ | ☆ |
| | 3 | ☆ | | | ◎ | ☆ | ◎ |
| | 4 | | | ◎ | ☆ | ◎ | |
| | 5 | | ◎ | ☆ | ◎ | | ◎ |
| | 6 | ◎ | ☆ | ◎ | | ◎ | |

**7** ⑴　**【解き方】Ａの座標を求め，$y=ax^2$に代入して求める。**

Ａは直線ｍ上の点だから，直線ｍの式$y=\frac{1}{4}x+3$に，Ａの$x$座標の$x=-4$を代入すると，$y=\frac{1}{4}\times(-4)+3=2$となるので，Ａ(－４，２)である。$y=ax^2$のグラフはＡを通るから，

$y=ax^2$に$x=-4$，$y=2$を代入すると，$2=a\times(-4)^2$より，$a=\frac{1}{8}$

図ｉ

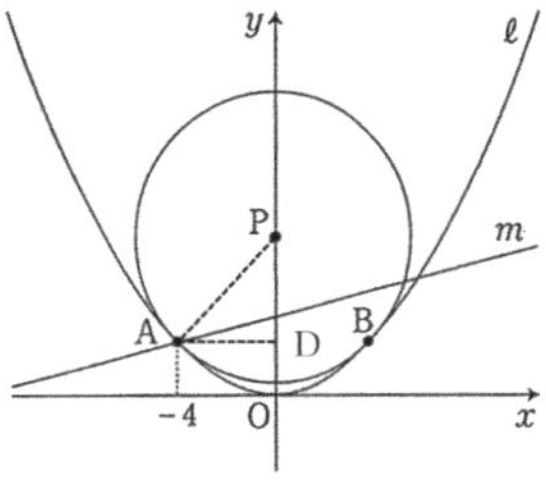


⑵　図ｉで，Ｄ(０，２)とする。△ＡＰＤは直角三角形で，ＡＰ＝$4\sqrt{2}$，ＤＡ＝４である。三平方の定理より，ＰＤ＝$\sqrt{AP^2-DA^2}=\sqrt{(4\sqrt{2})^2-4^2}$＝４なので，(Ｐの$y$座標)＝(Ｄの$y$座標)＋４＝２＋４＝**６**である。

⑶　**【解き方】直線ＰＢの式を求め，直線ｍとの交点を求める。**

直線ＰＢはＰ(０，６)を通るので，直線の式は$y=mx+6$とおける。Ｂは$y$軸についてＡと対称だから，Ｂ(４，２)であり，直線の式にＢの座標を代入すると，２＝４ｍ＋６よりｍ＝－１となる。よって，直線ＰＢの式は$y=-x+6$

Ｃは直線$y=-x+6$と直線$y=\frac{1}{4}x+3$の交点だから，この２つの式を連立方程式として解くと，$x=\frac{12}{5}$，$y=\frac{18}{5}$となる。よって，Ｃ$(\frac{12}{5}, \frac{18}{5})$

⑷　**【解き方】△ＰＡＣを$y$軸によって，２つの三角形に分けて考える。**

図ⅱ

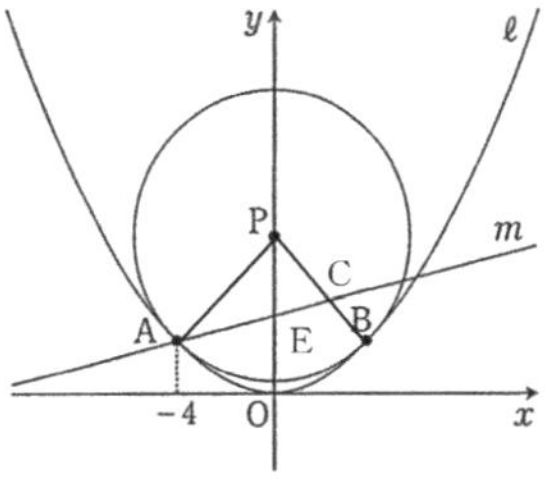


図ⅱにおいて，直線ｍの切片は３だから，Ｅ(０，３)であり，ＰＥ＝６－３＝３である。よって，△ＰＡＣ＝△ＰＡＥ＋△ＰＣＥ＝

$\frac{1}{2}$×ＰＥ×(ＡとＥの$x$座標の差)＋$\frac{1}{2}$×ＰＥ×(ＣとＥの$x$座標の差)＝

$\frac{1}{2}$×ＰＥ×{(ＡとＥの$x$座標の差)＋(ＣとＥの$x$座標の差)}＝

$\frac{1}{2}$×ＰＥ×(ＡとＣの$x$座標の差)＝$\frac{1}{2}\times3\times\{\frac{12}{5}-(-4)\}=\frac{48}{5}$

**8** ⑴　右図のように，ＤからＡＢに垂線を引き，交点をＥとする。△ＡＥＤは直角三角形で，

ＡＥ＝６－３＝３(cm)，ＥＤ＝４cmだから，三平方の定理より，

ＡＤ＝$\sqrt{AE^2+ED^2}=\sqrt{3^2+4^2}$＝**５**(cm)である。

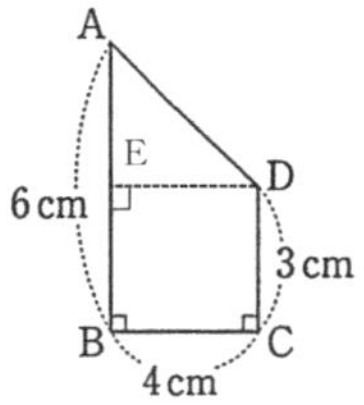


⑵　回転体は，**②**のように円柱から円すいをくり抜いた形になる。

⑶　**【解き方】立体Ｐの表面積は，(底面積)＋(高さをＡＢとする円柱の側面積)＋(くり抜いた円すいの側面積)で求めることができる。**

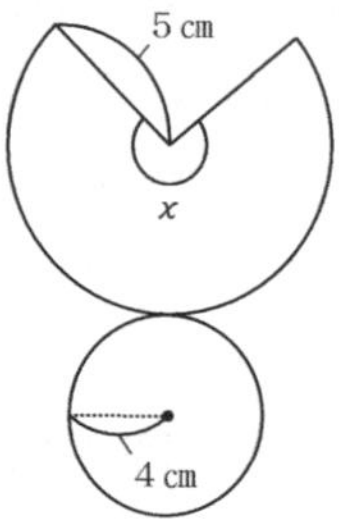


底面積は，半径４cmの円の面積だから，$4^2\times\pi=16\pi$(cm$^2$)，

ＡＢを高さとする円柱の側面積は，縦の長さが６cm，横の長さが底面の円周の長さと等しく，$2\pi\times4=8\pi$(cm)の長方形の面積だから，$6\times8\pi=48\pi$(cm$^2$)

右図のように，くり抜いた円すいの展開図において，側面のおうぎ形の中心角を$x°$とすると，$2\pi\times4=2\pi\times5\times\dfrac{x}{360}$が成り立つので，これを解いて，$x=288$である。

よって，くり抜いた円すいの側面のおうぎ形の中心角は288°だから，面積は，

$5^2\times\pi\times\dfrac{288}{360}=20\pi$(cm$^2$)である。

したがって，立体Ｐの表面積は，$16\pi+48\pi+20\pi=$**$84\pi$**(cm$^2$)である。

**(4)　【解き方】立体Ｐの体積は，(高さをＡＢとする円柱の体積)－(くり抜いた円すいの体積)で求められる。**

高さをＡＢとする円柱の体積は，$4^2\times\pi\times6=96\pi$(cm$^3$)，くり抜いた円すいの体積は，$\dfrac{1}{3}\times4^2\times\pi\times3=16\pi$(cm$^3$)なので，求める体積は，$96\pi-16\pi=$**$80\pi$**(cm$^3$)である。

# 2023 解答例　令和5年度　大商学園高等学校

## 《国　語》

【一】問1．a．録画　b．承認　c．考慮　d．いまし　e．あざむ　f．さくしゅ　g．模索　h．すべ　i．分析　j．無駄　問2．A．ウ　B．イ　C．オ　問3．エ　問4．ウソという～思われがち　問5．イ，エ，オ　問6．ウ　問7．新しい服を着てきた友人に似合っていないと正直に伝えること。　問8．イ　問9．ウ　問10．イ　問11．Ⅰ．信頼関係をも破壊　Ⅱ．悪意　Ⅲ．社会　Ⅳ．必要不可欠　問12．㋐①　㋑③　㋒④　㋓⑤　㋔②

【二】問1．(a)りょうじ　(b)用いる　(c)もうけて　(d)似てん　(e)据えぬれ　問2．A．エ　B．イ　C．エ　問3．1．芋頭　2．有り難き道心者なり　問4．しろうるり　問5．ウ　問6．イ　問7．イ　問8．枕草子

【三】①オ　②エ　③ウ　④キ　⑤イ

【四】①気　②図　③水　④棒　⑤歯

【五】①カ　②オ　③エ　④キ　⑤イ　⑥ウ

【六】①イ　②ア　③イ　④ウ

## 《数　学》

1　(1)17　(2)−8008　(3)$\frac{1}{3}$　(4)20　(5)−9　(6)$\frac{-9x+8}{8}$　(7)$2a^3$　(8)$-3xy+3y^2$

2　(1)$3x(3x-2y)$　(2)$(x+4)(x+9)$　(3)$(2x+1)(2x-1)$　(4)$(x-5)(x+2)$

3　(1)21　(2)2，16　(3)3，4　(4)$\frac{1\pm\sqrt{3}}{2}$

4　(1)−14　(2)$\frac{3m+4b}{3}$　(3)3　(4)3

5　(1)$0.9(x+y)$　(2)$1.2x+y$　(3)$x=500$　$y=1000$

6　(1)60　(2)253　(3)$\frac{8}{15}$　(4)$\frac{2}{15}$

7　(1)4　(2)$y=\frac{1}{2}x+6$　(3)30　(4)$\frac{9}{5}$

8　(1)$2\sqrt{3}$　(2)8　(3)$48+16\sqrt{3}$　(4)$\frac{160}{3}$

## 《英　語》

1　1．イ　2．ウ　3．ウ　4．エ　5．エ　6．エ　7．イ　8．ア　9．エ　10．ア

2　問1．(1)イ　(2)イ　(3)ウ　(4)エ　(5)ア　(6)ウ　(7)エ　(8)イ　問2．she taught me how to make potato dishes　問3．1．ウ　2．ア　3．イ　4．エ　5．イ　6．イ　問4．(1)×　(2)×　(3)×　(4)○　(5)×　(6)○　問5．ウ

3　1．エ　2．ウ　3．エ　4．イ

4　問1．A．カ　B．エ　C．ア　D．オ　E．ウ　問2．1．エ　2．ウ　3．ウ　4．エ

5　1．ウ　2．ア　3．ア　4．イ　5．エ

6　1．anything　2．during　3．built　4．without　5．drive

## 《理　科》

1 ⑴焦点　⑵焦点距離　⑶Ｂ　⑷Ａ　⑸イ　⑹３

2 ⑴ウ　⑵肺　⑶拍動〔別解〕心拍　⑷体循環　⑸動脈　⑹３

3 ⑴活火山　⑵２　⑶カルデラ　⑷Ｂ→Ｃ→Ａ　⑸３　⑹Ｘ．火成岩　Ｙ．深成岩

4 ⑴$HNO_3+KOH \rightarrow KNO_3+H_2O$　⑵硝酸カリウム　⑶47.4　⑷184.2　⑸39　⑹32　⑺343

5 ⑴ア，ウ　⑵ア，イ，ウ　⑶12　⑷1080　⑸201

6 ⑴イ　⑵染色体　⑶有性生殖　⑷Ａａ，ＡＡ　⑸イ　⑹エ　⑺オ

7 ⑴ア　⑵④れき　⑤泥　⑶地形Ａ…扇状地　地形Ｂ…三角州　⑷イ

8 ⑴ア，イ，カ　⑵固体が液体に変化する温度　⑶２　⑷密度…7.9　物質名…鉄　⑸16.2

## 《社　会》

1 問１．⑴18　⑵クレジットカード　⑶消費者基本法　⑷世論　⑸マスメディア　⑹知る権利　⑺ＳＮＳ
問２．ウ　問３．インフォームドコンセント　問４．消費者庁　問５．⑴ア　⑵イ
問６．情報リテラシー　問７．エ　問８．ア　問９．ア．立法　イ．衆議院　ウ．４　エ．30　オ．○

2 問１．貝塚　問２．竪穴住居　問３．卑弥呼　問４．⑴上昇　⑵上昇　問５．土偶　問６．高床倉庫
問７．吉野ヶ里遺跡　問８．漢委奴国王

3 問１．聖武　問２．東大　問３．鑑真　問４．桓武　問５．⑴真言宗　⑵延暦寺　問６．藤原道長
問７．10円　問８．法然　問９．⑴曹洞宗　⑵足利義満

4 問１．ブラジル…Ｅ　ベネズエラ…Ａ　アルゼンチン…Ｇ　問２．⑴Ｆ　⑵チリ　問３．焼畑農業
問４．さとうきび　問５．プランテーション　問６．⑴奴隷　⑵アフリカ大陸　問７．パナマ
問８．ウ　問９．ギアナ　問10．アマゾン　問11．イ　問12．チチカカ　問13．ウ　問14．ア
問15．マゼラン　問16．セルバ　問17．パンパ　問18．ア

1 (1) 与式＝$7\times(11-7)-11=7\times4-11=28-11=17$

(2) 与式＝$(7\times11\times13)\times5-(7\times11)\times13^2=7\times11\times13\times(5-13)=1001\times(-8)=-8008$

(3) 与式＝$\frac{4}{9}-\frac{2}{9}\times(\frac{6}{10}-\frac{1}{10})=\frac{4}{9}-\frac{2}{9}\times\frac{1}{2}=\frac{4}{9}-\frac{1}{9}=\frac{1}{3}$

(4) 与式＝$(2\sqrt{5}-4\sqrt{5})^2=(-2\sqrt{5})^2=20$

(5) 与式＝$2^2-(\sqrt{13})^2=4-13=-9$

(6) 与式＝$\frac{4(2-3x)-2(4-3x)+8-3x}{8}=\frac{8-12x-8+6x+8-3x}{8}=\frac{-9x+8}{8}$

(7) 与式＝$-8a^6b^3\times\frac{1}{2a}\times(-\frac{1}{2a^2b^3})=2a^3$

(8) 与式＝$(x^2-2xy+y^2)-(x^2+xy-2y^2)=x^2-2xy+y^2-x^2-xy+2y^2=-3xy+3y^2$

2 (1) 共通因数は$3x$だから，与式＝$3x(3x-2y)$

(2) 積が36，和が13である２数を探すと，４と９が見つかる。よって，与式＝$(x+4)(x+9)$

(3) 与式＝$(2x)^2-1^2=(2x+1)(2x-1)$

(4) $x-1=X$とおくと，与式＝$X^2-X-12=(X-4)(X+3)=(x-1-4)(x-1+3)=(x-5)(x+2)$

3 (1) 与式の両辺を６倍すると，$3(x+5)=2(2x-3)$　　$3x+15=4x-6$　　$x=21$

(2) 与式より，$(x-2)(x-16)=0$　　$x=2,\ 16$

(3) 与式より，$(x-3)^2-(x-3)=0$　　$(x-3)\{(x-3)-1\}=0$　　$(x-3)(x-4)=0$　　$x=3,\ 4$

(4) **【解き方】２次方程式$ax^2+bx+c=0$の解の公式，$x=\frac{-b\pm\sqrt{b^2-4\times a\times c}}{2\times a}$を使って求める。**

与式の両辺を２倍すると，$2x^2=2x+1$　　$2x^2-2x-1=0$　　２次方程式の解の公式より，

$$\frac{-(-2)\pm\sqrt{(-2)^2-4\times2\times(-1)}}{2\times2}=\frac{2\pm\sqrt{4+8}}{4}=\frac{2\pm2\sqrt{3}}{4}=\frac{1\pm\sqrt{3}}{2}$$

4 (1) 与式＝$2(x^2-2xy-3y^2)=2(x+y)(x-3y)$より，$x=1$，$y=-2$を代入して，$2(1-2)(1+6)=-14$

(2) 与式より，$4m=m+3a-4b$　　$3a=4m-m+4b$　　$a=\frac{3m+4b}{3}$

(3) $9.8<\sqrt{a}<10$より，$9.8^2<(\sqrt{a})^2<10^2$　　$96.04<a<100$だから，条件に合う$a$の値は97，98，99の３個。

(4) 与式に$x=2$を代入して，$2^2+2a-10=0$　　$2a=6$　　$a=3$

5 (1) **【解き方】10%引きの金額はもとの金額の$1-0.1=0.9$(倍)である。**

１ヵ月あたりのＡ社とＢ社の基本プランの合計金額は通常だと$(x+y)$円だから，求める式は，$0.9(x+y)=1350$である。

(2) １ヵ月あたりのプレミアムプランの金額は，Ａ社が$1.2x$円，Ｂ社が$(y+200)$円である。よって，$1.2x+(y+200)=1800$より，$1.2x+y=1600$となる。

(3) (1)の式の両辺を0.9で割ると，$x+y=1500$となり，これを①とする。また，(2)の式を②とする。②－①で$y$を消去すると，$1.2x-x=1600-1500$　　$0.2x=100$　　$x=500$　　①に$x=500$を代入して整理すると，$y=1000$

6 (1) 百の位は５つの数から１つを決めるから５通りある。十の位は百の位の５通りそれぞれに対して４つの数から１つを決めるから４通りある。同様に一の位は３通りある。よって，全部で$5\times4\times3=60$(個)

(2) **【解き方】百の位の数１つにつき，３けたの整数は$4\times3=12$(個)作れる。$12\times2=24$，$24-1=23$より，小さい方から23番目の数は百の位が２である数のうち，２番目に大きい数である。**

百の位が２であるうち，最大の数は254だから，２番目に大きい数は253である。

(3)　(2)の解説をふまえる。百の位が3のとき，できる3けたの数は小さい順に312，314，315，321，…となるから，321は百の位が3の数のうち，4番目に小さい数である。よって，321は24＋4＝28(番目)に小さい数である。したがって，321より大きい数は60－28＝32(個)あるから，求める確率は$\frac{32}{60}=\mathbf{\frac{8}{15}}$

(4)　**【解き方】6の倍数は2の倍数であり，3の倍数でもある。百，十，一の位の数をそれぞれa，b，c(a，b，cは1以上5以下の異なる整数)とすると，3けたの数は100a＋10b＋c＝3(33a＋3b)＋a＋b＋cと表すことができ，3(33a＋3b)は3の倍数だから，a＋b＋cが3の倍数になる必要がある。また，3けたの数が偶数のとき，一の位が偶数だから，cは2または4である。**

c＝2のとき，a＋b＋2が3の倍数になるには，(a，b)＝(1，3)(3，1)(3，4)(4，3)の4通りある。

c＝4のとき，a＋b＋4が3の倍数になるには，(a，b)＝(2，3)(3，2)(3，5)(5，3)の4通りある。

よって，求める確率は$\frac{4+4}{60}=\mathbf{\frac{2}{15}}$

7　(1)　Aは放物線$y=\frac{1}{4}x^2$上の点だから，$y$座標は$\frac{1}{4}\times(-4)^2=\mathbf{4}$である。

(2)　**【解き方】直線ℓの式を$y=ax+b$として，AとBの座標をそれぞれ代入することで，連立方程式をたてる。**

Bの$y$座標は$\frac{1}{4}\times6^2=9$だから，A(－4，4)，B(6，9)を直線の式に代入すると，4＝－4a＋b…①

9＝6a＋b…②となる。②－①でbを消去すると，9－4＝6a－(－4a)　　$a=\frac{1}{2}$　　②に$a=\frac{1}{2}$を代入して，$9=6\times\frac{1}{2}+b$より，b＝6　　よって，直線ℓの式は$\mathbf{y=\frac{1}{2}x+6}$である。

(3)　**【解き方】右の「座標平面上の三角形の面積の求め方」を利用する。**

直線ℓと$y$軸の交点をDとすると，(2)より，D(0，6)だから，OD＝6である。

よって，$\triangle OAB=\frac{1}{2}\times OD\times$(AとBの$x$座標の差)＝$\frac{1}{2}\times6\times\{6-(-4)\}=\mathbf{30}$

(4)　Cの$y$座標は0だから，$x$座標は，$0=\frac{1}{2}x+6$より，$x=-12$となる。$\triangle OBC=\frac{1}{2}\times OC\times$(Bの$y$座標)＝$\frac{1}{2}\times12\times9=54$

よって，△OBCの面積は△OABの面積の$\frac{54}{30}=\mathbf{\frac{9}{5}}$(倍)

**座標平面上の三角形の面積の求め方**

下図において，△OPQ＝△OPR＋△OQR＝△OMR＋△ONR＝△MNRだから，△OPQの面積は以下の式で求められる。

**$\triangle OPQ=\frac{1}{2}\times OR\times$(PとQの$x$座標の差)**

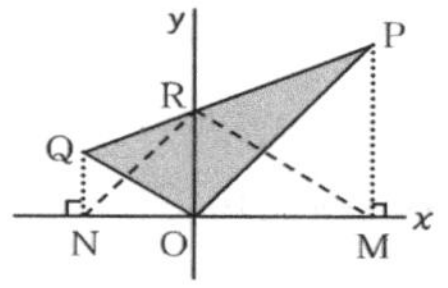


8　(1)　①は正三角形であり，その1辺の長さは，直角を作る2辺の長さが4÷2＝2(㎝)の直角二等辺三角形の斜辺の長さに等しいから，$2\times\frac{\sqrt{2}}{1}=2\sqrt{2}$(㎝)である。よって，右図のような正三角形となるから，求める面積は$\frac{1}{2}\times2\sqrt{2}\times\sqrt{6}=\mathbf{2\sqrt{3}}$(㎠)

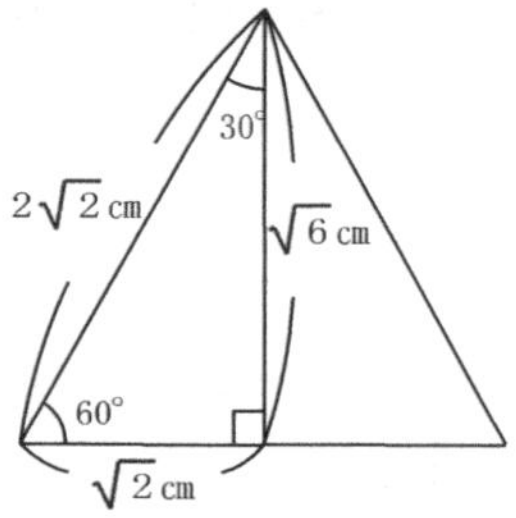


(2)　**【解き方】正方形の面積は(対角線の長さ)×(対角線の長さ)÷2で求められることを利用する。**

②は対角線の長さが4㎝の正方形だから，求める面積は4×4÷2＝**8**(㎠)

(3)　立体Pの表面積は，①の面積を8個分(立方体の頂点の数)と，②の面積を6個分(立方体の面の数)の和である。よって，$2\sqrt{3}\times8+8\times6=\mathbf{48+16\sqrt{3}}$(㎠)

(4)　**【解き方】立体Pの体積は，1辺4㎝の立方体の体積から，底面が直角を作る2辺の長さが2㎝の直角二等辺三角形で高さが2㎝の三角すいの体積8個分を引いた値である。**

求める体積は，$4^3-\frac{1}{3}\times\frac{1}{2}\times2\times2\times2\times8=64-\frac{32}{3}=\mathbf{\frac{160}{3}}$(㎤)

# 2022 解答例 令和4年度　大商学園高等学校

## 《国　語》

【一】問1．a．一抹　b．誤解　c．ぶれい　d．おだ　e．けんちょ　f．がいとう　g．節度　h．起因　i．風潮　j．はか　問2．Ⅰ．ク　Ⅱ．ウ　Ⅲ．キ　Ⅳ．イ　問3．振る舞いのことです。　問4．ウ　問5．エ　問6．(1)毒々しさ　(2)エ　問7．(1)イ　(2) i．オ　ii．エ　iii．ウ　問8．自分が損をしてでも他人の足を引っ張ろうとする　問9．ア，イ　問10．ウ

【二】問1．(a)あらん　(b)べきよう　(c)いてのごわざる　問2．A．ウ　B．イ　C．ア　問3．せぬること　問4．(1)天皇をよからず思ひ奉る者　(2)鬼　問5．管弦の道極めたる人　問6．(1)腹立ちて鳴らぬなり　(2)玄象おのづから出でて庭にあり　問7．こそ　問8．なむ　問9．③

【三】①エ　②ア　③ウ　④イ　⑤ケ　⑥ク　⑦ク　⑧イ　⑨カ　⑩ア

【四】①頂　②往　③上　④辺　⑤世

【五】①オ　②ク　③キ　④ア　⑤エ

## 《数　学》

1　(1)0　(2)1000　(3)$\frac{1}{6}$　(4)$6\sqrt{6}$　(5)3　(6)$\frac{x+4y}{6}$　(7)$2x$　(8)$6x+31$

2　(1)$(x+8)(x-8)$　(2)$x(x-5)$　(3)$(x-3)(x-10)$　(4)$(x+6)^2$

3　(1)4　(2)$-2$，5　(3)2，7　(4)$\frac{1\pm\sqrt{5}}{2}$

4　(1)24　(2)2500　(3)$-1$　(4)6

5　(1)90　(2)$3\sqrt{2}$　(3)120　(4)8　(5)45　(6)1

6　(1)$3x$　(2)$4-\sqrt{2}$

7　(1)(1，1)　(2)16　(3)9：25　(4)$\pm 2$

8　(1)$\frac{1}{6}$　(2)$\frac{1}{2}$　(3)①

## 《英　語》

1　(1)イ　(2)ウ　(3)エ　(4)ウ　(5)イ　(6)ア　(7)エ　(8)ウ　(9)ア　(10)エ

2　(A)問1．3　問2．2　(B)問1．4　問2．2

3　問1．(ア) 2　(イ) 4　(ウ) 2　(エ) 3　問2．two movie tickets　問3．2

4　問1．(ア) 3　(イ) 5　(ウ) 2　(エ) 1　(オ) 4　問2．3　問3．my parents　問4．(a) 2　(b) 3

5　問1．(ア) 2　(イ) 1　(ウ) 3　(エ) 4　(オ) 2　(カ) 2　(キ) 3　問2．4　問3．② 3　③ 2　問4．4　問5．can make your English better　問6．1．×　2．×　3．○　4．×

6　(1)ア　(2)ウ　(3)エ　(4)ア　(5)イ

7　(1)Let's　(2)higher　(3)It　(4)teaches　(5)gone

## 《理　科》

1 ⑴1700　⑵光源　⑶振幅　⑷２　⑸４

2 ⑴動物Ｂ…コ　動物Ｅ…イ　⑵単細胞生物　⑶セキツイ動物　⑷①○　②×　③×

3 ⑴①７　②10　③32〔別解〕30　⑵初期微動継続時間　⑶主要動　⑷Ａ　⑸13

4 ⑴冬…１　梅雨…３　⑵移動性高気圧　⑶偏西風　⑷上昇気流

5 ⑴Ｂ，Ｃ，Ｄ　⑵２　⑶二酸化炭素　⑷Ａ　⑸３　⑹でんぷん

6 ⑴電離　⑵電解質　⑶ウ　⑷$H^+$　⑸酸　⑹ウ　⑺水溶液Ａ…ウ　水溶液Ｂ…ア　水溶液Ｃ…イ

7 ⑴４　⑵(熱)分解　⑶$CO_2$　⑷３　⑸$2NaHCO_3 \rightarrow Na_2CO_3 + H_2O + CO_2$　⑹４

8 ⑴力学的エネルギー　⑵0.8　⑶80　⑷60　⑸ウ

## 《社　会》

1 問１．⑴非正規労働者　⑵少子高齢化　⑶石油危機　⑷バブル崩壊　⑸世界金融危機　問２．①ＧＤＰ　②ＣＳＲ　⑤ＧＮＰ　問３．(A)ア　(B)あ．公衆衛生　い．公的扶助　う．社会福祉　え．社会保険　問４．(A)成果〔別解〕能力　(B)あ．15　い．８　う．１　(C)安倍晋三　問５．キャッシュレス

2 問１．福沢諭吉　問２．オランダ　問３．横浜　問４．慶應義塾　問５．台所　問６．西郷隆盛　問７．日米修好通商条約　問８．渋沢栄一

3 問１．Ａ．オ　Ｂ．イ　問２．インダス　穀物…ウ　問３．ガンジス　穀物…イ　問４．デカン　作物…イ　問５．ヒマラヤ　最高峰…エベレスト〔別解〕サガルマータ　問６．茶　問７．ａ．ア　ｂ．エ　問８．宗教名…ヒンズー教　動物…ウ　問９．宗教名…イスラム教　動物…ア　問10．ウ　問11．仏教　問12．ア　問13．13　問14．一人っ子　問15．エ

4 問１．⑴天正遣欧使節　⑵鉄砲　⑶フランシスコ＝ザビエル　⑷織田信長　⑸明智光秀　⑹豊臣秀吉　⑺徳川家康　問２．長篠の戦い　問３．天下布武　問４．太閤検地　問５．関ヶ原の戦い　問６．鎖国

# 大商学園高等学校

## ←解答例は前のページにありますので，そちらをご覧ください。

**1** (1) 与式$=3-12+8-8+9=-9+9=0$

(2) 与式$=(35+15)(35-15)=50\times20=1000$

(3) 与式$=\left(\frac{8}{12}-\frac{3}{12}\right)\times\frac{2}{3}\times\frac{3}{5}=\frac{5}{12}\times\frac{2}{3}\times\frac{3}{5}=\frac{1}{6}$

(4) 与式$=\frac{27\sqrt{6}}{6}-\frac{\sqrt{3}}{\sqrt{2}}+\sqrt{2^2\times6}=\frac{9\sqrt{6}}{2}-\frac{\sqrt{6}}{2}+2\sqrt{6}=\frac{8\sqrt{6}}{2}+2\sqrt{6}=4\sqrt{6}+2\sqrt{6}=6\sqrt{6}$

(5) 与式$=(2\sqrt{3})^2-3^2=12-9=3$

(6) 与式$=\frac{2(2x+y)-(3x-2y)}{6}=\frac{4x+2y-3x+2y}{6}=\frac{x+4y}{6}$

(7) 与式$=5x^2y^4\div4x^4y^6\times\frac{8x^3y^2}{5}=\frac{5x^2y^4\times8x^3y^2}{4x^4y^6\times5}=2x$

(8) 与式$=x^2+8x+16-(x^2+2x-15)=x^2+8x+16-x^2-2x+15=6x+31$

**2** (1) 与式$=x^2-8^2=(x+8)(x-8)$

(2) $x$でくくると，与式$=x(x-5)$

(3) 積が30，和が$-13$となる2数を探すと，$-3$と$-10$が見つかるから，与式$=(x-3)(x-10)$

(4) 与式$=x^2+2\times6\times x+6^2=(x+6)^2$

**3** (1) 与式の両辺を10倍して，$10x-16=4(x+2)$　$10x-16=4x+8$　$6x=24$　$x=4$

(2) 与式より，$(x+2)(x-5)=0$　$x=-2,\ 5$

(3) 与式より，$(x-2)(x-7)=0$　$x=2,\ 7$

(4) 2次方程式の解の公式より，$x=\frac{-(-1)\pm\sqrt{(-1)^2-4\times1\times(-1)}}{2\times1}$　$x=\frac{1\pm\sqrt{5}}{2}$

**4** (1) ①から順にチームを入れていく。それぞれのチームの入れ方は，①がS，T，G，Cの4通り，②が①のチーム以外の3通り，③が①，②のチーム以外の2通り，④が残りの1通りとなる。

よって，できるトーナメント表は全部で，$4\times3\times2\times1=24$(通り)

(2) **【解き方】最初の所持金を$x$円として，A店，B店で使った金額を考える。**

A店で使った金額は$\frac{2}{5}x$(円)，B店で使った金額は$\left(x-\frac{2}{5}x\right)\times\frac{20}{100}=\frac{3}{25}x$(円)だから，$x-\frac{2}{5}x-\frac{3}{25}x=1200$より，$\frac{12}{25}x=1200$　$x=2500$　よって，求める金額は2500円である。

(3) **【解き方】交点の座標は，2つの式を連立方程式として解くことで求められる。**

直線$y=x-4$と直線$y=-2x+5$を連立方程式として解くと，$x=3$，$y=-1$となるから，交点の座標は，$(3,\ -1)$　$y=ax+2$のグラフは$(3,\ -1)$を通るから，$-1=3a+2$より，$-3a=3$　$a=-1$

(4) $\frac{96}{n}$が自然数の2乗になればよい。$\frac{96}{n}=\frac{2\times3\times4^2}{n}$だから，求めるもっとも小さいnは，$n=2\times3=6$

**5** (1) 点Eと点Dを結ぶ。$\overset{\frown}{CD}$の円周角だから，$\angle CED=\angle CAD=\angle x$で，$\angle BED=\angle x+\angle y$

線分BDは円Oの直径なので，円周角は90°になるから，$\angle BED=\angle x+\angle y=90°$

(2) $\angle BAC=180°-(53°+82°)=45°$　OB，OCをひくと，円周角の定理より，$\angle BOC=2\angle BAC=90°$

よって，△OBCは直角二等辺三角形とわかるから，$BC=\sqrt{2}OB=3\sqrt{2}$(cm)

(3) △ACDはAC＝DCの二等辺三角形で，$\angle ACD=180°-60°=120°$だから，$\angle CDA=\frac{180°-120°}{2}=30°$

△ECBについても同様に，$\angle CBE=30°$　△BDFの内角の和より，$\angle BFD=180°-30°-30°=120°$

対頂角は等しいので，$\angle x=\angle BFD=120°$

(4)　△ABCは直角二等辺三角形だから，$AB=BC=\frac{1}{\sqrt{2}}AC=\frac{8}{\sqrt{2}}=4\sqrt{2}$(cm)

線分ECは∠ACBの二等分線だから，$AE:BE=AC:BC=\sqrt{2}:1$

$BE=\frac{1}{\sqrt{2}+1}AB=\frac{4\sqrt{2}}{\sqrt{2}+1}=\frac{4\sqrt{2}(\sqrt{2}-1)}{(\sqrt{2}+1)(\sqrt{2}-1)}=\frac{8-4\sqrt{2}}{(\sqrt{2})^2-1^2}=8-4\sqrt{2}$(cm)

よって，$BC+BE=4\sqrt{2}+8-4\sqrt{2}=8$(cm)

(5)　**【解き方】右のように作図する。∠BEC＝∠aとして，∠BEAの大きさを∠aを用いた2つの式で表す。**

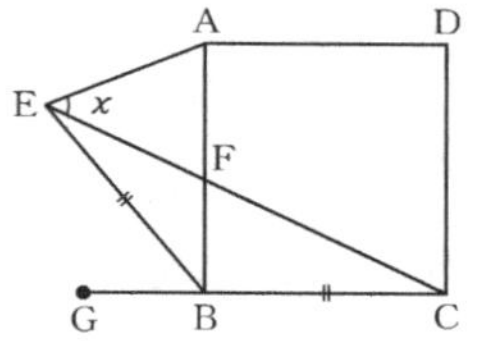


∠BEA＝∠BEC＋∠$x$＝∠a＋∠$x$

△BECはBE＝BCの二等辺三角形だから，∠BEC＝∠BCE＝∠a

外角の性質より，∠EBG＝∠a＋∠a＝2∠a　　∠ABE＝90°－2∠a

△BAEはBA＝BEの二等辺三角形だから，∠BEA＝{180°－(90°－2∠a)}÷2＝∠a＋45°

よって，∠a＋∠$x$＝∠a＋45°だから，∠$x$＝45°

(6)　(四角形ABCDの面積)－(斜線部分の面積)＝8×10－17＝63(cm²)になるから，

$(8-x)(10-x)=63$　　$x^2-18x+80=63$　　$x^2-18x+17=0$　　$(x-1)(x-17)=0$　　$x=1,\ 17$

$x<8$だから，$x=1$

6　(1)　DE＝3CE＝3$x$(cm)

(2)　**【解き方】三平方の定理を利用して，CE($x$の値)→BE，の順で長さを求める。**

△DECにおいて，三平方の定理より，$DE^2=CE^2+DC^2$が成り立つから，$(3x)^2=x^2+4^2$

$9x^2=x^2+16$　　$8x^2=16$　　$x^2=2$　　$x>0$だから，$x=\sqrt{2}$　　よって，$BE=BC-CE=4-\sqrt{2}$(cm)

7　(1)　Dの$x$座標を$t$($t>0$)とすると，$y$座標は$1\times t^2=t^2$で，四角形ABCDが正方形のとき，右図で印をつけた長さが等しいから，$t=t^2$となる。

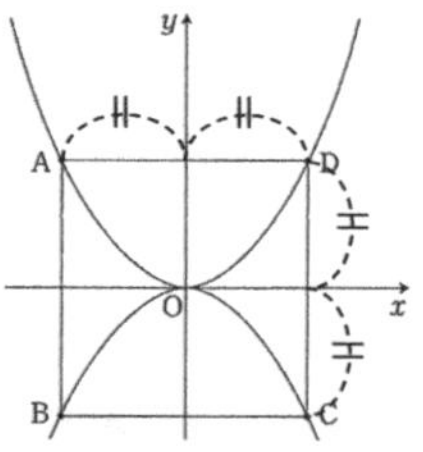


よって，$t^2-t=0$　　$t(t-1)=0$　　$t=0,\ 1$　　$t>0$より，$t=1$

したがって，Dの座標は，D(1，1)である。

(2)　(1)と同様に考える。AとDは$y$軸に対して対称だから，D$(t,\ \frac{1}{2}t^2)$，A$(-t,\ \frac{1}{2}t^2)$と表せ($t>0$)，$t=\frac{1}{2}t^2$より，$2t=t^2$　　$t(t-2)=0$　　$t=0,\ 2$

$t>0$より，$t=2$　　よって，AD＝(AとDの$x$座標の差)＝$2-(-2)=4$だから，求める面積は，$4^2=16$

(3)　**【解き方】(2)と同様に，a＝5，a＝3のときのDの座標を求めてから，正方形の面積を求める。**

a＝5のとき，D$(t,\ 5t^2)$と表せ($t>0$)，$t=5t^2$だから，$t(5t-1)=0$となり，$t>0$より，$t=\frac{1}{5}$

よって，$AD=\frac{1}{5}-(-\frac{1}{5})=\frac{2}{5}$だから，正方形ABCDの面積は，$(\frac{2}{5})^2=\frac{4}{25}$

a＝3のとき，D$(s,\ 3s^2)$と表せ($s>0$)，$s=3s^2$だから，$s(3s-1)=0$となり，$s>0$より，$s=\frac{1}{3}$

よって，$AD=\frac{1}{3}-(-\frac{1}{3})=\frac{2}{3}$だから，正方形ABCDの面積は，$(\frac{2}{3})^2=\frac{4}{9}$

したがって，求める正方形ABCDの面積比は，$\frac{4}{25}:\frac{4}{9}=9:25$

(4)　**【解き方】(1)(2)と同様に，四角形ABCDが正方形になるようなDの座標をaの式で表し，正方形ABCDの面積が1になるようなaの値を求める。**

Dの座標は$(t,\ at^2)$と表せる($t>0$)ので，$t=at^2$だから，$t(at-1)=0$となり，$t>0$より，$t=\frac{1}{a}$

$AD=\frac{1}{a}-(-\frac{1}{a})=\frac{2}{a}$だから，正方形ABCDの面積について，$(\frac{2}{a})^2=1$より，$\frac{4}{a^2}=1$　　$a^2=4$　　$a=\pm 2$

8　(1)　**【解き方】(Xから取る札の番号)＋(Yから取る札の番号)＝(Zから取る札の番号)になるときを考える。**

番号札の取り出し方は，Xからは2通り，Yからは4通りだから，Aさんが取る札の組み合わせは，2×4＝8(通り)

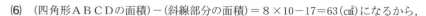

Ｂさんが Z から取る札は６通りだから，Ａさん，Ｂさんの取る札の組み合わせは全部で，$8\times6=48$(通り)

引き分けになるとき，(X，Y，Z)から取る札は，(1，1，2)(1，2，3)(2，1，3)(1，3，4)(2，2，4)(1，4，5)(2，3，5)(2，4，6)の８通りだから，求める確率は，$\frac{8}{48}=\frac{1}{6}$

**(2)　【解き方】Ｂさんが取る札で場合分けをして，Ａさんが勝つような(X，Y)からの札の取り方を考える。**

Ｂさんが１を取るとき，Ａさんはどの取り方でも勝つから，$2\times4=8$(通り)

Ｂさんが２を取るとき，Ａさんが勝つのは(X，Y)から(1，1)を取るとき以外の，$8-1=7$(通り)

Ｂさんが３を取るとき，Ａさんが勝つのは(X，Y)から(1，3)(1，4)(2，2)(2，3)(2，4)を取る５通り。

Ｂさんが４を取るとき，Ａさんが勝つのは(X，Y)から(1，4)(2，3)(2，4)を取る３通り。

Ｂさんが５を取るとき，Ａさんが勝つのは(X，Y)から(2，4)を取る１通り。

Ｂさんが６を取るとき，ＡさんはどのＢ取り方でもＢさんに勝てない。

よって，ＡさんがＢさんに勝つのは，$8+7+5+3+1=24$(通り)で，求める確率は，$\frac{24}{48}=\frac{1}{2}$

**(3)**　(1)(2)より，Ｂさんが勝つ(Ａさんが負ける)確率は，1－(引き分ける確率)－(Ａさんが勝つ確率)＝

$1-\frac{8}{48}-\frac{24}{48}=\frac{16}{48}=\frac{1}{3}$だから，$\frac{1}{2}>\frac{1}{3}$より，Ａさんが勝つ確率の方が高い。

# 2021 解答例 令和３年度 大商学園高等学校

## 《国　語》

【一】問１．a．つど　b．視野　c．ただよ　d．い　e．振　f．無造作　g．えそらごと　h．賛美　i．拝　j．万雷　問２．A．イ　B．ウ　C．ア　D．エ　E．オ　問３．ア　問４．父と母がいなくなった　問５．自分の心の内側　問６．命〔別解〕生　問７．オ　問８．エ，オ　問９．ウ　問10．イ

【二】問１．a．にわかに　b．よう　問２．A．ア　B．エ　C．ウ　問３．京へ帰るに　問４．京にて生れたりし女子　問５．イ　問６．こそ　問７．エ　問８．１．紀貫之　２．ウ　３．イ

【三】１．八　２．耳　３．無　４．竜

【四】１．ア　２．オ　３．ウ　４．カ

【五】１．オ　２．サ　３．ク　４．コ　５．イ　６．キ　７．カ

【六】１．イ　２．ア　３．エ　４．ウ　５．エ

## 《数　学》

1 (1)100　(2)1020　(3)2　(4)$\sqrt{7}$　(5)2　(6)$\frac{10x-13}{6}$　(7)$9x$　(8)$-4y^2$

2 (1)$(x+7)(x-7)$　(2)$(x+5)^2$　(3)$(x+6)(x-3)$　(4)$(x-2)(x-4)$

3 (1)6　(2)0，6　(3)$\frac{7\pm\sqrt{177}}{2}$　(4)$\frac{1}{2}$，1

4 (1)7：8　(2)54　(3)$x=2$　$y=-1$　(4)10

5 (1)25　(2)113　(3)128　(4)$4\pi$

6 (1)$y=-x+4$　(2)$(-2,\ 2)$　(3)16

7 (1)1　(2)30

8 (1)B　(2)9.61　(3)10.24　(4)1

## 《英　語》

1 問１．①　問２．④

2 問１．(あ)エ　(い)ウ　(う)イ　(か)ア　問２．ウ　問３．together　問４．１．ア　２．エ

3 問１．(ア)4　(イ)1　(ウ)4　(エ)2　(オ)4　(カ)2　(キ)4　(ク)4　問２．goal　問３．low score　問４．3　問５．No changes were made　問６．2　問７．１．○　２．○　３．×

4 (1)well　(2)earlier　(3)together　(4)has　(5)mine

5 (1)ウ　(2)ア　(3)イ　(4)ウ　(5)エ　(6)エ　(7)ア　(8)ウ　(9)エ　(10)ウ

6 (1)エ　(2)エ　(3)ア　(4)イ　(5)エ

7 [A]カ　[B]イ　[C]エ　[D]ク

8 (1)エ　(2)ウ　(3)ア　(4)ア　(5)イ

## 《理　科》

1　(1)被子植物　(2)ア，ウ　(3)子房　(4)果実　(5)エ　(6)Ａａ　(7)３：１

2　(1)イ　(2)アミラーゼ　(3)栄養分Ｘ…ブドウ糖　栄養分Ｙ…アミノ酸　(4)ウ　(5)リパーゼ

3　(1)しゅう曲　(2)断層　(3)エ　(4)ウ　(5)ア　(6)ウ

4　(1)イ，40　(2)ア，0.5　(3)①　(4)４：１　(5)3.33

5　(1)５　(2)４：５　(3)４：１　(4)0.2　(5)質量保存の法則　(6)$2Cu + O_2 \rightarrow 2CuO$

6　(1)⑤　(2)海王星　(3)木星　(4)②　(5)冥王星　(6)太陽系外縁天体

7　(1)$CuCl_2$　(2)電離　(3)72　(4)エ　(5)塩素〔別解〕$Cl_2$　(6)$Cu^{2+} + 2e^- \rightarrow Cu$

8　(1)0.1　(2)2.5　(3)0.5　(4)４　(5)500　(6)４

## 《社　会》

1　問１．環境権　問２．生存権　問３．株主総会　問４．中央銀行　問５．行政裁判　問６．三審制
問７．憲法の番人　問８．ＣＳＲ　問９．均衡価格　問10．ア

2　問１．ア　問２．135度　問３．白夜　問４．北大西洋海流　問５．③　問６．フィヨルド
問７．①　問８．ＯＰＥＣ　問９．国際河川　問10．混合農業　問11．カリフォルニア州　問12．Ａ
問13．⑤　問14．ルール工業地域　問15．シリコンバレー　問16．Ｃ　問17．Ｈ　問18．欧州連合
問19．ユーロ　問20．Ｉ

3　問１．百済　問２．大宰府　問３．鎌倉　問４．シルクロード　問５．阿倍仲麻呂　問６．大化の改新
問７．白村江の戦い　問８．①防塁　②文永の役　③弘安の役　問９．(永仁の)徳政令

4　問１．エ　問２．ウ　問３．エ　問４．イ　問５．イ

5　問１．(1)アイヌ　(2)開拓使　(3)ロシア　(4)黒田清隆　(5)クラーク　問２．蝦夷　問３．伊藤博文
問４．大日本帝国憲法　問５．屯田兵

6　問１．罪刑法定　問２．ＮＧＯ　問３．小選挙区比例　問４．モンテスキュー　問５．地方

←解答例は前のページにありますので，そちらをご覧ください。

1 (1) 与式$=9+56+30+12\div2-1=95+6-1=100$

(2) 与式$=51\times(23-3)=51\times20=1020$

(3) 与式$=\frac{2}{3}-\frac{2}{5}\div(-\frac{3}{10})=\frac{2}{3}+\frac{2}{5}\times\frac{10}{3}=\frac{2}{3}+\frac{4}{3}=2$

(4) 与式$=3\sqrt{7}+3\sqrt{7}-5\sqrt{7}=\sqrt{7}$

(5) 与式$=(\sqrt{5}+\sqrt{3})(\sqrt{5}-\sqrt{3})=(\sqrt{5})^2-(\sqrt{3})^2=5-3=2$

(6) 与式$=\frac{4(x-1)-3(3-2x)}{6}=\frac{4x-4-9+6x}{6}=\frac{10x-13}{6}$

(7) 与式$=\frac{-27x^6y^3\times(-xy^2)}{3x^6y^5}=\frac{27x^6y^3\times xy^2}{3x^6y^5}=9x$

(8) 与式$=x^2+3xy-xy-3y^2-(x^2+2xy+y^2)=x^2+2xy-3y^2-x^2-2xy-y^2=-4y^2$

2 (1) 与式$=x^2-7^2=(x+7)(x-7)$

(2) 与式$=x^2+2\times5x+5^2=(x+5)^2$

(3) かけると$-18$，足すと3になる2数を探すと，6と$-3$が見つかるから，与式$=(x+6)(x-3)$

(4) かけると8，足すと$-6$になる2数を探すと，$-2$と$-4$が見つかるから，与式$=(x-2)(x-4)$

3 (1) 与式の両辺を10倍して，$3x-2(x-1)=8$　　$3x-2x+2=8$　　$x=6$

(2) 与式より，$x(x-6)=0$　　$x=0,\ 6$

(3) 2次方程式の解の公式より，$x=\frac{7\pm\sqrt{(-7)^2-4\times1\times(-32)}}{2\times1}=\frac{7\pm\sqrt{177}}{2}$

(4) 2次方程式の解の公式より，$x=\frac{3\pm\sqrt{(-3)^2-4\times2\times1}}{2\times2}=\frac{3\pm1}{4}=\frac{1}{2}$，1

4 (1) $\frac{6}{7}\mathrm{A}=\frac{3}{4}\mathrm{B}$より，$\mathrm{A}=\frac{3}{4}\mathrm{B}\times\frac{7}{6}=\frac{7}{8}\mathrm{B}$　　よって，$\mathrm{A}:\mathrm{B}=\frac{7}{8}\mathrm{B}:\mathrm{B}=\frac{7}{8}:1=7:8$

(2) **【解き方】(平均値)×(個数)＝(合計)になることを利用する。**

$a+b+c+d=52\times4=208$，$a+b+c=50\times3=150$だから，$(a+b+c+d)-(a+b+c)=208-150$より，$d=58$　　$c+d=56\times2=112$だから，$(c+d)-d=112-58$より，$c=54$

(3) $2x+3y=1$…①，$3x-2y=8$…②とする。

①×2＋②×3で$y$を消去すると，$4x+9x=2+24$　　$13x=26$　　$x=2$

①に$x=2$を代入すると，$4+3y=1$　　$3y=-3$　　$y=-1$

(4) **【解き方】5の倍数の一の位の数字は0か5になるので，0の場合と5の場合で分けて数える。**

一の位の数字が0のとき，(百の位)→(十の位)の順に数字を決めるとすると，百の位の数字は1，3，5の3通り，十の位の数字は百の位の数字と0以外の2通りだから，できる3けたの整数は，$3\times2=6$(個)

一の位の数字が5のとき，(百の位)→(十の位)の順に数字を決めるとすると，百の位の数字は1，3の2通り，十の位の数字は，百の位の数字と5以外の2通りだから，できる3けたの整数は，$2\times2=4$(個)

よって，全部で，$6+4=10$(個)作ることができる。

5 (1) 右図のように記号をおく。平行線の同位角は等しいから，$\angle a=66°$

$\angle b=180°-139°=41°$　　三角形の1つの外角は，これととなりあわない2つの内角の和に等しいから，$\angle a=\angle b+\angle x$より，$\angle x=\angle a-\angle b=66°-41°=25°$

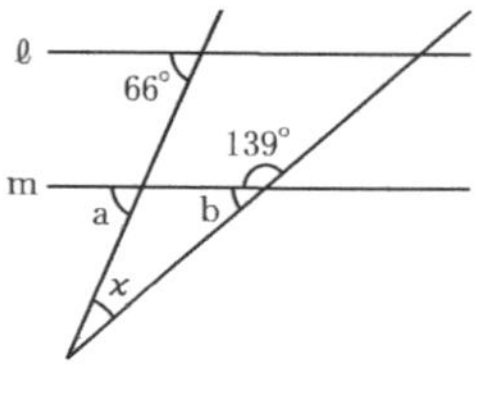

(2)　**【解き方】対頂角は等しいから∠ＡＦＢ＝$\angle x$なので，○＋●の大きさがわかればよい。**

△ＡＢＣの内角の和より，○×２＋●×２＋46°＝180°　　○×２＋●×２＝134°　　○＋●＝$\frac{134°}{2}$＝67°

△ＡＢＦの内角の和より，$\angle x$＝180°－(○＋●)＝180°－67°＝113°

(3)　**【解き方】上下前後左右それぞれから見える面の面積の和が表面積になる。**

上下前後から見える面の面積は，(２×２)×６＝24(㎠)，左右から見える面の面積は，(２×２)×４＝16(㎠)

よって，求める表面積は，24×４＋16×２＝96＋32＝128(㎠)

(4)　**【解き方】Ａは右図の太線上を動く。**

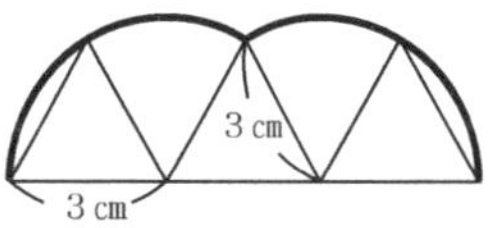


Ａが動いた距離は，半径３cmで中心角が180°－60°＝120°のおうぎ形の弧２つ分の長さだから，$2\pi\times3\times\frac{120°}{360°}\times2=4\pi$(cm)

6　(1)　**【解き方】直線ＡＢの式を$y$＝m$x$＋nとし，Ａ，Ｂの座標をそれぞれ代入して，m，nの連立方程式を作る。**

$y=\frac{1}{2}x^2$にＡの$x$座標の$x$＝－４を代入すると，$y=\frac{1}{2}\times(-4)^2=8$となるから，Ａ(－４，８)である。

$y=\frac{1}{2}x^2$にＢの$x$座標の$x$＝２を代入すると，$y=\frac{1}{2}\times2^2=2$となるから，Ｂ(２，２)である。

$y$＝m$x$＋nにＡの座標を代入すると，８＝－４m＋n，Ｂの座標を代入すると，２＝２m＋nが成り立つ。

これらを連立方程式として解くと，m＝－１，n＝４となるから，直線ＡＢの式は，$y=-x+4$である。

(2)　Ｃは$y$軸についてＢと対称だから，Ｂ(２，２)より，Ｃ(－２，２)である。

(3)　**【解き方】四角形ＯＢＡＣの面積は，△ＡＢＣの面積と△ＯＢＣの面積の和である。**

ＢＣ＝(ＢとＣの$x$座標の差)＝２－(－２)＝４だから，△ＡＢＣ，△ＯＢＣの底辺をともにＢＣとみると，

△ＡＢＣ＝$\frac{1}{2}$×ＢＣ×(ＡとＣの$y$座標の差)＝$\frac{1}{2}$×４×(８－２)＝12

△ＯＢＣ＝$\frac{1}{2}$×ＢＣ×(ＣとＯの$y$座標の差)＝$\frac{1}{2}$×４×(２－０)＝４

よって，四角形ＯＢＡＣの面積は，12＋４＝16

7　(1)　ＡＢ＝１cm，ＡＩ＝１×２＝２(cm)だから，△ＡＢＩ＝$\frac{1}{2}$×ＡＢ×ＡＩ＝$\frac{1}{2}$×１×２＝１(㎠)

(2)　**【解き方】面積が１㎠になるのは，(底辺)×(高さ)が１×２＝２になるときである。10個の点のうち３個の点を結んでできる三角形は，ＡＧ上に１辺があり，ＢＦ上に残りの頂点があるか，ＢＦ上に１辺があり，ＡＧ上に残りの頂点がある。したがって，高さはすべてＡＢ＝１cmと考えることができるので，底辺の長さが２cmならば，面積が１㎠になる。**

ＡＧ上で２cmの線分は，ＡＩ，ＪＨ，ＩＧの３通りで，ＢＦ上の頂点はＢ，Ｃ，Ｄ，Ｅ，Ｆの５通りだから，

これらを組み合わせてできる面積が１㎠の三角形は，３×５＝15(個)できる。

ＢＦ上で２cmの線分は，ＢＤ，ＣＥ，ＤＦの３通りで，ＡＧ上の頂点はＡ，Ｊ，Ｉ，Ｈ，Ｇの５通りだから，

これらを組み合わせてできる面積が１㎠の三角形は，３×５＝15(個)できる。

よって，求める個数は，15×２＝30(個)

8　(1)　**【解き方】$2=\sqrt{2^2}=\sqrt{4}$，$3=\sqrt{3^2}=\sqrt{9}$，$4=\sqrt{4^2}=\sqrt{16}$，$5=\sqrt{5^2}=\sqrt{25}$から考える。**

$\sqrt{9}<\sqrt{10}<\sqrt{16}$より，$3<\sqrt{10}<4$だから，$\sqrt{10}$は数直線上の点Ｂに対応する。

(2)　$3.1^2=3.1\times3.1=9.61$

(3)　$3.2^2=3.2\times3.2=10.24$

(4)　**【解き方】(2)，(3)がヒントになっている。**

$3.1^2<10<3.2^2$より，$3.1<\sqrt{10}<3.2$だから，$\sqrt{10}$は3.1より大きく，3.2未満である。

よって，$\sqrt{10}=3.1\cdots$だから，小数第１位の数は１である。

## ■ ご使用にあたってのお願い・ご注意

（１）問題文等の非掲載

著作権上の都合により，問題文や図表などの一部を掲載できない場合があります。

誠に申し訳ございませんが，ご了承くださいますようお願いいたします。

（２）過去問における時事性

過去問題集は，学習指導要領の改訂や社会状況の変化，新たな発見などにより，現在とは異なる表記や解説になっている場合があります。過去問の特性上，出題当時のままで出版していますので，あらかじめご了承ください。

（３）配点

学校等から配点が公表されている場合は，記載しています。公表されていない場合は，記載していません。

独自の予想配点は，出題者の意図と異なる場合があり，お客様が学習するうえで誤った判断をしてしまう恐れがあるため記載していません。

（４）無断複製等の禁止

購入された個人のお客様が，ご家庭でご自身またはご家族の学習のためにコピーをすることは可能ですが，それ以外の目的でコピー，スキャン，転載（ブログ，ＳＮＳなどでの公開を含みます）などをすることは法律により禁止されています。学校や学習塾などで，児童生徒のためにコピーをして使用することも法律により禁止されています。

ご不明な点や，違法な疑いのある行為を確認された場合は，弊社までご連絡ください。

（５）けがに注意

この問題集は針を外して使用します。針を外すときは，けがをしないように注意してください。また，表紙カバーや問題用紙の端で手指を傷つけないように十分注意してください。

（６）正誤

制作には万全を期しておりますが，万が一誤りなどがございましたら，弊社までご連絡ください。

なお，誤りが判明した場合は，弊社ウェブサイトの「ご購入者様のページ」に掲載しておりますので，そちらもご確認ください。

## ■ お問い合わせ

解答例，解説，印刷，製本など，問題集発行におけるすべての責任は弊社にあります。

ご不明な点がございましたら，弊社ウェブサイトの「お問い合わせ」フォームよりご連絡ください。迅速に対応いたしますが，営業日の都合で回答に数日を要する場合があります。

ご入力いただいたメールアドレス宛に自動返信メールをお送りしています。自動返信メールが届かない場合は，「よくある質問」の「メールの問い合わせに対し返信がありません。」の項目をご確認ください。

また弊社営業日（平日）は，午前９時から午後５時まで，電話でのお問い合わせも受け付けています。

2025春

株式会社教英出版

〒422-8054　静岡県静岡市駿河区南安倍３丁目 12-28

TEL　054-288-2131　　FAX　054-288-2133

URL　https://kyoei-syuppan.net/

MAIL　siteform@kyoei-syuppan.net

## 学校別問題集

### 北海道
①札幌北斗高等学校
②北星学園大学附属高等学校
③東海大学付属札幌高等学校
④立命館慶祥高等学校
⑤北海高等学校
⑥北見藤高等学校
⑦札幌光星高等学校
⑧函館ラ・サール高等学校
⑨札幌大谷高等学校
⑩北海道科学大学高等学校
⑪遺愛女子高等学校
⑫札幌龍谷学園高等学校
⑬札幌日本大学高等学校
⑭札幌第一高等学校
⑮旭川実業高等学校
⑯北海学園札幌高等学校

### 青森県
①八戸工業大学第二高等学校

### 宮城県
①聖和学園高等学校(A日程)
②聖和学園高等学校(B日程)
③東北学院高等学校(A日程)
④東北学院高等学校(B日程)
⑤仙台大学附属明成高等学校
⑥仙台城南高等学校
⑦東北学院榴ケ岡高等学校
⑧古川学園高等学校
⑨仙台育英学園高等学校(A日程)
⑩仙台育英学園高等学校(B日程)
⑪聖ウルスラ学院英智高等学校
⑫宮城学院高等学校
⑬東北生活文化大学高等学校
⑭東北高等学校
⑮常盤木学園高等学校
⑯仙台白百合学園高等学校
⑰尚絅学院高等学校(A日程)
⑱尚絅学院高等学校(B日程)

### 山形県
①日本大学山形高等学校
②惺山高等学校
③東北文教大学山形城北高等学校
④東海大学山形高等学校
⑤山形学院高等学校

### 福島県
①日本大学東北高等学校

### 新潟県
①中越高等学校
②新潟第一高等学校
③東京学館新潟高等学校
④日本文理高等学校
⑤新潟青陵高等学校
⑥帝京長岡高等学校
⑦北越高等学校
⑧新潟明訓高等学校

### 富山県
①高岡第一高等学校
②富山第一高等学校

### 石川県
①金沢高等学校
②金沢学院大学附属高等学校
③遊学館高等学校
④星稜高等学校
⑤鵬学園高等学校

### 山梨県
①駿台甲府高等学校
②山梨学院高等学校(特進)
③山梨学院高等学校(進学)
④山梨英和高等学校

### 岐阜県
①鶯谷高等学校
②富田高等学校
③岐阜東高等学校
④岐阜聖徳学園高等学校
⑤大垣日本大学高等学校
⑥美濃加茂高等学校
⑦済美高等学校

### 静岡県
①御殿場西高等学校
②知徳高等学校
③日本大学三島高等学校
④沼津中央高等学校
⑤飛龍高等学校
⑥桐陽高等学校
⑦加藤学園高等学校
⑧加藤学園暁秀高等学校
⑨誠恵高等学校
⑩星陵高等学校
⑪静岡県富士見高等学校
⑫清水国際高等学校
⑬静岡サレジオ高等学校
⑭東海大学付属静岡翔洋高等学校
⑮静岡大成高等学校
⑯静岡英和女学院高等学校
⑰城南静岡高等学校
⑱静岡女子高等学校
⑲常葉大学附属常葉高等学校
常葉大学附属橘高等学校
常葉大学附属菊川高等学校
⑳静岡北高等学校
㉑静岡学園高等学校
㉒焼津高等学校
㉓藤枝明誠高等学校
㉔静清高等学校
㉕磐田東高等学校
㉖浜松学院高等学校
㉗浜松修学舎高等学校
㉘浜松開誠館高等学校
㉙浜松学芸高等学校
㉚浜松聖星高等学校
㉛浜松日体高等学校
㉜聖隷クリストファー高等学校
㉝浜松啓陽高等学校
㉞オイスカ浜松国際高等学校

### 愛知県
①[国立]愛知教育大学附属高等学校
②愛知高等学校
③名古屋経済大学市邨高等学校
④名古屋経済大学高蔵高等学校
⑤名古屋大谷高等学校
⑥享栄高等学校
⑦椙山女学園高等学校
⑧大同大学大同高等学校
⑨日本福祉大学付属高等学校
⑩中京大学附属中京高等学校
⑪至学館高等学校
⑫東海高等学校
⑬名古屋たちばな高等学校
⑭東邦高等学校
⑮名古屋高等学校
⑯名古屋工業高等学校
⑰名古屋葵大学高等学校
(名古屋女子大学高等学校)
⑱中部大学第一高等学校
⑲桜花学園高等学校
⑳愛知工業大学名電高等学校
㉑愛知みずほ大学瑞穂高等学校
㉒名城大学附属高等学校
㉓修文学院高等学校
㉔愛知啓成高等学校
㉕聖カピタニオ女子高等学校
㉖滝高等学校
㉗中部大学春日丘高等学校
㉘清林館高等学校
㉙愛知黎明高等学校
㉚岡崎城西高等学校
㉛人間環境大学附属岡崎高等学校
㉜桜丘高等学校

㉝光ヶ丘女子高等学校
㉞藤ノ花女子高等学校
㉟栄徳高等学校
㊱同朋高等学校
㊲星城高等学校
㊳安城学園高等学校
㊴愛知産業大学三河高等学校
㊵大成高等学校
㊶豊田大谷高等学校
㊷東海学園高等学校
㊸名古屋国際高等学校
㊹啓明学館高等学校
㊺聖霊高等学校
㊻誠信高等学校
㊼誉高等学校
㊽杜若高等学校
㊾菊華高等学校
㊿豊川高等学校

### 三重県

①暁高等学校(3年制)
②暁高等学校(6年制)
③海星高等学校
④四日市メリノール学院高等学校
⑤鈴鹿高等学校
⑥高田高等学校
⑦三重高等学校
⑧皇學館高等学校
⑨伊勢学園高等学校
⑩津田学園高等学校

### 滋賀県

①近江高等学校

### 大阪府

①上宮高等学校
②大阪高等学校
③興國高等学校
④清風高等学校
⑤早稲田大阪高等学校
(早稲田摂陵高等学校)
⑥大商学園高等学校
⑦浪速高等学校
⑧大阪夕陽丘学園高等学校
⑨大阪成蹊女子高等学校
⑩四天王寺高等学校
⑪梅花高等学校
⑫追手門学院高等学校
⑬大阪学院大学高等学校
⑭大阪学芸高等学校
⑮常翔学園高等学校
⑯大阪桐蔭高等学校
⑰関西大倉高等学校
⑱近畿大学附属高等学校
⑲金光大阪高等学校
⑳星翔高等学校
㉑阪南大学高等学校
㉒箕面自由学園高等学校
㉓桃山学院高等学校
㉔関西大学北陽高等学校

### 兵庫県

①雲雀丘学園高等学校
②園田学園高等学校
③関西学院高等部
④灘高等学校
⑤神戸龍谷高等学校
⑥神戸第一高等学校
⑦神港学園高等学校
⑧神戸学院大学附属高等学校
⑨神戸弘陵学園高等学校
⑩彩星工科高等学校
⑪神戸野田高等学校
⑫滝川高等学校
⑬須磨学園高等学校
⑭神戸星城高等学校
⑮啓明学院高等学校
⑯神戸国際大学附属高等学校
⑰滝川第二高等学校
⑱三田松聖高等学校
⑲姫路女学院高等学校
⑳東洋大学附属姫路高等学校
㉑日ノ本学園高等学校
㉒市川高等学校
㉓近畿大学附属豊岡高等学校
㉔夙川高等学校
㉕仁川学院高等学校
㉖育英高等学校

### 奈良県

①西大和学園高等学校

### 岡山県

①[県立]岡山朝日高等学校
②清心女子高等学校
③就実高等学校
(特別進学コース〈ハイグレード・アドバンス〉)
④就実高等学校
(特別進学チャレンジコース・総合進学コース)
⑤岡山白陵高等学校
⑥山陽学園高等学校
⑦関西高等学校
⑧おかやま山陽高等学校
⑨岡山商科大学附属高等学校
⑩倉敷高等学校
⑪岡山学芸館高等学校(1期1日目)
⑫岡山学芸館高等学校(1期2日目)
⑬倉敷翠松高等学校
⑭岡山理科大学附属高等学校
⑮創志学園高等学校
⑯明誠学院高等学校
⑰岡山龍谷高等学校

### 広島県

①[国立]広島大学附属高等学校
②[国立]広島大学附属福山高等学校
③修道高等学校
④崇徳高等学校
⑤広島修道大学ひろしま協創高等学校
⑥比治山女子高等学校
⑦呉港高等学校
⑧清水ヶ丘高等学校
⑨盈進高等学校
⑩尾道高等学校
⑪如水館高等学校
⑫広島新庄高等学校
⑬広島文教大学附属高等学校
⑭銀河学院高等学校
⑮安田女子高等学校
⑯山陽高等学校
⑰広島工業大学高等学校
⑱広陵高等学校
⑲近畿大学附属広島高等学校福山校
⑳武田高等学校
㉑広島県瀬戸内高等学校(特別進学)
㉒広島県瀬戸内高等学校(一般)
㉓広島国際学院高等学校
㉔近畿大学附属広島高等学校東広島校
㉕広島桜が丘高等学校

### 山口県

①高水高等学校
②野田学園高等学校
③宇部フロンティア大学付属香川高等学校
(普通科〈特進・進学コース〉)
④宇部フロンティア大学付属香川高等学校
(生活デザイン・食物調理・保育科)
⑤宇部鴻城高等学校

### 徳島県

①徳島文理高等学校

### 香川県

①香川誠陵高等学校
②大手前高松高等学校

### 愛媛県

①愛光高等学校
②済美高等学校
③FC今治高等学校
④新田高等学校
⑤聖カタリナ学園高等学校

## 福岡県

①福岡大学附属若葉高等学校
②精華女子高等学校(専願試験)
③精華女子高等学校(前期試験)
④西南学院高等学校
⑤筑紫女学園高等学校
⑥中村学園女子高等学校(専願入試)
⑦中村学園女子高等学校(前期入試)
⑧博多女子高等学校
⑨博多高等学校
⑩東福岡高等学校
⑪福岡大学附属大濠高等学校
⑫自由ケ丘高等学校
⑬常磐高等学校
⑭東筑紫学園高等学校
⑮敬愛高等学校
⑯久留米大学附設高等学校
⑰久留米信愛高等学校
⑱福岡海星女子学院高等学校
⑲誠修高等学校
⑳筑陽学園高等学校(専願入試)
㉑筑陽学園高等学校(前期入試)
㉒真颯館高等学校
㉓筑紫台高等学校
㉔純真高等学校
㉕福岡舞鶴高等学校
㉖折尾愛真高等学校
㉗九州国際大学付属高等学校
㉘祐誠高等学校
㉙西日本短期大学附属高等学校
㉚東海大学付属福岡高等学校
㉛慶成高等学校
㉜高稜高等学校
㉝中村学園三陽高等学校
㉞柳川高等学校
㉟沖学園高等学校
㊱福岡常葉高等学校
㊲九州産業大学付属九州高等学校
㊳近畿大学附属福岡高等学校
㊴大牟田高等学校
㊵久留米学園高等学校
㊶福岡工業大学附属城東高等学校
(専願入試)
㊷福岡工業大学附属城東高等学校
(前期入試)
㊸八女学院高等学校
㊹星琳高等学校
㊺九州産業大学付属九州産業高等学校
㊻福岡雙葉高等学校

## 佐賀県

①龍谷高等学校
②佐賀学園高等学校
③佐賀女子短期大学付属佐賀女子高等学校
④弘学館高等学校
⑤東明館高等学校
⑥佐賀清和高等学校
⑦早稲田佐賀高等学校

## 長崎県

①海星高等学校(奨学生試験)
②海星高等学校(一般入試)
③活水高等学校
④純心女子高等学校
⑤長崎南山高等学校
⑥長崎日本大学高等学校(特別入試)
⑦長崎日本大学高等学校(一次入試)
⑧青雲高等学校
⑨向陽高等学校
⑩創成館高等学校
⑪鎮西学院高等学校

## 熊本県

①真和高等学校
②九州学院高等学校
(奨学生・専願生)
③九州学院高等学校
(一般生)
④ルーテル学院高等学校
(専願入試・奨学入試)
⑤ルーテル学院高等学校
(一般入試)
⑥熊本信愛女学院高等学校
⑦熊本学園大学付属高等学校
(奨学生試験・専願生試験)
⑧熊本学園大学付属高等学校
(一般生試験)
⑨熊本中央高等学校
⑩尚絅高等学校
⑪文徳高等学校
⑫熊本マリスト学園高等学校
⑬慶誠高等学校

## 大分県

①大分高等学校

## 宮崎県

①鵬翔高等学校
②宮崎日本大学高等学校
③宮崎学園高等学校
④日向学院高等学校
⑤宮崎第一高等学校
(文理科)
⑥宮崎第一高等学校
(普通科・国際マルチメディア科・電気科)

## 鹿児島県

①鹿児島高等学校
②鹿児島実業高等学校
③樟南高等学校
④れいめい高等学校
⑤ラ・サール高等学校

**新刊**
## もっと過去問シリーズ

### 愛知県

愛知高等学校
7年分(数学・英語)

中京大学附属中京高等学校
7年分(数学・英語)

東海高等学校
7年分(数学・英語)

名古屋高等学校
7年分(数学・英語)

愛知工業大学名電高等学校
7年分(数学・英語)

名城大学附属高等学校
7年分(数学・英語)

滝高等学校
7年分(数学・英語)

※もっと過去問シリーズは入学試験の実施教科に関わらず、数学と英語のみの収録となります。

教英出版
〒422-8054
静岡県静岡市駿河区南安倍3丁目12−28
TEL 054-288-2131
FAX 054-288-2133
詳しくは教英出版で検索
教英出版 検索
URL https://kyoei-syuppan.net/

令　和　6　年　度

# 大商学園高等学校　入学考査問題

# 国　語

**（50分）**

**注　意**

＊「開始」の合図があるまでは開いてはいけません。

＊「開始」の合図のあと、解答用紙に受験番号と氏名を書きなさい。

＊ 答えはすべて解答用紙の指定された解答欄に書きなさい。

＊「終了」の合図ですぐ筆記用具を置きなさい。

2024(R6) 大商学園高
K 教英出版

【一】次の文章を読み、後の問いに答えなさい。

お詫び
著作権上の都合により、文章は掲載しておりません。
ご不便をおかけし、誠に申し訳ございません。
教英出版

お詫び

著作権上の都合により、文章は掲載しておりません。
ご不便をおかけし、誠に申し訳ございません。

教英出版

『頭に来てもアホとは戦うな！』　田村耕太郎　設問の都合上、一部変更がある

問1　傍線部(a)〜(j)の漢字はひらがなに、カタカナは漢字に直しなさい。

問2　空欄［X］〜［Z］にあてはまる適切な語をそれぞれ次から選び、記号で答えなさい。

**ア**　ここで　**イ**　しかし　**ウ**　なぜなら　**エ**　すると　**オ**　そして　**カ**　まずは

問3　本文には次の一文が抜けています。この一文が入る直後の五文字を書き抜きなさい。

**それは「相手の気持ちを見抜く力」だ。**

問4　傍線部①「絶対的な価値ではない」とありますが、その説明として最も適切なものを次から選び、記号で答えなさい。

**ア**　頭の回転の速さや記憶力にこそ価値があり、熱い想いを抱き多くのアイデアを生み出すことには価値がない。

**イ**　人を巻き込み、事を成すために相手の気持ちを理解する力こそ価値があり、多くの知識を記憶することだけでは価値がない。

**ウ**　いかに熱い想いを抱き素晴らしいアイデアを生み出せるかにこそ価値があり、偏差値やテストの点数には価値がない。

**エ**　天才的なアイデアを生み出す自分自身にこそ価値があり、相手の気持ちを理解することに価値はない。

問5　傍線部②「鬼に金棒」と同じ意味のことわざになるように、(1)(2)のことわざの空欄に漢字一字を補い完成させなさい。

(1)　掛け［　］に鞭《むち》　　(2)　虎に［　］

問6　傍線部③「絵に描いた餅」の意味として最も適切なものを次から選び、記号で答えなさい。

**ア**　遠まわしで効果がないこと　　**イ**　何の役にも立たないこと

**ウ**　素晴らしいこと　　**エ**　現実にはあり得ないこと

問7　傍線部④「そのために必要」とありますが、何のために必要なのですか。本文中から六字で探し書き抜きなさい。

問8　傍線部⑤「頭のいい人ほどこの能力がないとさえ思う」について、あとの問いに答えなさい。

①「この能力」とは何かを本文中から十字以上十五字以内で探し、書き抜きなさい。

②　その理由として最も適切なものを次から選び、記号で答えなさい。

**ア**　頭のいい人は、頭の回転が速く、記憶力や発想力で全てを補うことができるから。

**イ**　頭のいい人は、自己愛が強く、自分の発想だけで突っ走ってきた天才だから。

**ウ**　頭のいい人は、アイデアや熱い想いではなく、身につけた知識に基づき行動するから。

**エ**　頭のいい人は、自分の気持ちを置いて相手の気持ちを理解することができるから。

問9　空欄⑥にあてはまる熟語を本文中から探し、漢字二字で書き抜きなさい。

問10　傍線部⑦「ギアチェンジ」について、あとの問いに答えなさい。

①「ギアチェンジ」には様々な意味があるが、本文中ではどのような意味で用いられていますか。あとの語群から漢字を選び、相応しい四字熟語を完成させなさい。

**【語群】**　切　転　方　一　向　変　換　動　身　急　下

②「ギアチェンジ」の具体的な説明として最も適切なものを次から選び、記号で答えなさい。

**ア**　自分と向き合うことから、相手を理解しよう相手と向き合うようにする。

**イ**　相手のことを第一に考えることから、自分を優先するようにする。

**ウ**　発想力を研ぎ澄ますことよりも、記憶力や知識を身につけるようにする。

**エ**　賢い人になろうとすることよりも、頭の回転が速くなるようにする。

問11　空欄⑧にあてはまる言葉として最も適切なものを次から選び、記号で答えなさい。

ア　簡易　　イ　徹底　　ウ　内密　　エ　画期　　オ　絶対

問12　空欄Ⅰ～Ⅳに入る説明として最も適切なものをそれぞれ選び、記号で答えなさい。

ア　頭がよくて数字に強く、政策にも官僚組織にも当たり前だが明るい。だが、情が薄かったり、面倒見が悪かったりする。

イ　たいてい時間や作法に細かく、〝先生〟を陰で支えて頭を下げていた立場から〝先生〟になるので、大人でしたたかで動きにスキがない。政界の人間関係や役人の評判にも詳しく頼りになる。

ウ　苦労が少ないのでその分いい人が多い。

エ　情に厚く親分肌で、年功序列にうるさい。寝技もできるツワモノだ。政策や数字のような細かいものより人間関係を重視する人が多い。

問13　傍線部⑨「落選経験の有無も大事」とありますが、その理由を説明したあとの文章の空欄に入る言葉を指定された字数で本文から抜き出し答えなさい。

経験は受け止め方によって［A（三字）］にも［B（四字）］にもなる。失敗を［A］と捉え、［C（六字）］が理解できるようになり［D（三字）］が身につき、［E（七字）］になる人もいる。失敗を［B］と捉える人は、失敗を［F（五字）］にし［G（四字）］なってしまう。

問14　本文の内容として最も適切なものを次から選び、記号で答えなさい。

ア　頭がよいことには絶対的な価値がある。他者から抜きん出るだけの頭の回転、記憶力、発想力さえあれば、人は自ずと付いてくるものであり、そのまま突っ走れば事を成すことができるものだ。

イ　アイデアや熱い想いは事を成すのに必要不可欠だが、それだけでは実行に移すことはできない。周囲を巻き込み、彼らに本気で動いてもらうためには、失敗を見つめることなく心機一転し行動すべきである。

ウ　自分の目的を強く思い、それを実行することは天才であれ一人では難しい。事を成すには周囲の手助けが必要であり、そのためには相手の気持ちを読み理解して行動することが重要である。

エ　事を成すためには、個人の叡智だけではなく周囲の人の力が必要である。人を巻き込み実行していくためには、相手を余すところなく調べ尽くし、相手の思考や行動の癖を見抜き、それを利用しなければならない。

【二】 次の文章を読み、後の問いに答えなさい。

昔、天竺《てんぢく》の人、宝を買はんために、銭《ぜに》五十貫をA子に持たせてやる。大きなる川の端《はた》を行くに、船に乗りたる人あり。船の方《かた》を見やれば、船より亀五十、首をさし出だしたり。銭持ちたる人、立ち止まりて、この亀をば「何のBれうぞ」と問へば、「殺してものにせんずる」といふ。「その亀買はん」といへば、この船の人曰《いは》く、いみじき大切の事ありてCまうけたる亀なれば、①いみじき価《あたひ》なりとも、売るまじき由《よし》いへば、なほあながちに手を擦《す》りて、この五十貫の銭にて、亀を買ひ取りて川に放ちつ。

心に思ふやう、親の、宝買ひに隣の国へやりつる銭を、亀にかへてやみぬれば、親、いかに腹立ち給はんずらん。さりとてまた、②親のもとへ行かであるべきにあらねば、帰り行くに、道に人のゐて、「ここに亀売りつる人は、この下《しも》の渡《わたり》にて船うち返して死ぬ」と語るを聞く。さて親の家に帰り着きて③例の事語らんと思ふほどに、親、「何とてこの銭をば返しおこせたるぞ」と問へば、「④さる事なし。その銭は、しかじか亀にかへてゆるしつれば、その由《よし》を申さんとて参りつるなり」といへば、「黒き衣《ころも》着たる人、同じやうなるが五人、おのおの（ ⑤ ）ずつ持ちて来たりつ。これ（ ⑥ ）なる。」とて見せければ、この銭いまだ濡れながらあり。

はや買ひて放しつる亀の、その銭川に落ち入るを見て、取り持ちて、親のもとに子の帰らぬさきにやりけるなり。

『宇治拾遺物語』巻十三 第四より 設問の都合上、一部変更がある

問1 二重傍線部Aの人物を別の言葉で述べている部分があります。五字以上で抜き出しなさい。

問2 二重傍線部B・Cを現代仮名遣いに直して答えなさい。

問3 傍線部①・②の現代語訳として最も適切なものをそれぞれ選び、記号で答えなさい。

①
**ア** 安い値段であっても、売ってしまいたいということ
**イ** 高い値段であっても、売ることはできないということ
**ウ** 高い値段であったなら、売ってもよいだろうということ
**エ** 高い値段でなくても、売ることをあきらめないということ
**オ** どんな値段であろうと、売らなければならないということ

② ア 親のもとへ行かない方が都合がよさそうなので
イ 親のもとへ行くはずだが行けそうにないので
ウ 親のもとへ行きたくても行くべきでないので
エ 親のもとへ行かないでいるべきではないので
オ 親のもとへ行くことはありえないことなので

問4 傍線部③「例の事語らん」とありますが、何を語ろうとしたのですか。十字以内で簡潔に説明しなさい。

問5 傍線部④「さる事」とありますが、どのようなことですか。二十字以内で簡潔に説明しなさい。

問6 空欄⑤に入る語句を二字で答えなさい。

問7 空欄⑥について、あとの問いに答えなさい。
(ⅰ) 空欄に入るひらがな一文字を答えなさい。
(ⅱ) 空欄を含む一文に使用されている文法上の用法を答えなさい。

問8 次の選択肢のうち、本文の内容に合致するものには〇を、そうでないものには×を解答欄に記しなさい。
ア 「天竺の人」は、亀という宝を買うための金を「子」に持たせた。
イ 「子」は亀を買おうと申し出たが、「船の人」は、最初は断った。
ウ 「子」は亀を買わなかったことを、親に怒られるだろうと考えた。
エ 「子」は亀を買った後に、「船の人」が亡くなったことを知った。
オ 「子」は自身の金の使い道について、親と話しあい、納得させた。

問9 「天竺」は仏教が誕生した地として、僧にとっては重要な国でしたが、現在のどの国に当たりますか。記号で答えなさい。
ア アメリカ合衆国　イ インド　ウ ウクライナ　エ エジプト　オ オランダ

問10 本文の主題として最も適切なものを次から選び、記号で答えなさい。
ア 親子の災難　イ 殺生の善悪　ウ 人生の決断　エ 教育の価値　オ 動物の報恩

問11 この作品と同じジャンルの作品を次から選び、記号で答えなさい。
ア 万葉集　イ 枕草子　ウ 土佐日記　エ 今昔物語集　オ 徒然草

【三】次の単語を打ち消しの形にする場合、どのような漢字をつければよいですか。それぞれ漢字一字を答えなさい。

① 効率　② 調和　③ 公式　④ 規則

⑤ 関係　⑥ 課税　⑦ 気力　⑧ 器用

【四】次の四字熟語の【　】にあてはまる漢字を下から選び、それぞれ記号で答えなさい。

① 意味【　】長　ア 慎　イ 心　ウ 深　エ 身

② 危機一【　】　ア 髪　イ 発　ウ 初　エ 抜

③ 絶【　】絶命　ア 体　イ 対　ウ 大　エ 態

④ 異【　】同音　ア 苦　イ 句　ウ 区　エ 口

⑤ 心【　】一転　ア 気　イ 機　ウ 期　エ 喜

⑥ 温【　】知新　ア 古　イ 故　ウ 枯　エ 己

⑦ 大【　】晩成　ア 期　イ 機　ウ 記　エ 器

【五】次の①～⑤の熟語と同じ構成のものを下から選び、それぞれ記号で答えなさい。

① 日没（主語と述語の関係）　ア 姉妹　イ 治療　ウ 強風　エ 地震

② 温暖（似た意味を重ねる）　ア 歓迎　イ 恐怖　ウ 高低　エ 青春

③ 攻守（反対の意味を重ねる）　ア 安易　イ 永久　ウ 発進　エ 明暗

④ 未知（上が下を打ち消す）　ア 不眠　イ 没収　ウ 消化　エ 特急

⑤ 読書（動詞の下に目的語）　ア 詩歌　イ 水産　ウ 習字　エ 禁止

令 和 ６ 年 度

# 大商学園高等学校 入学考査問題

# 数 学

**（50分）**

**注 意**

＊「開始」の合図があるまでは開いてはいけません。

＊「開始」の合図のあと、解答用紙に受験番号と氏名を書きなさい。

＊ 答えはすべて解答用紙の指定された解答欄に書きなさい。

＊「終了」の合図ですぐ筆記用具を置きなさい。

**1** 次の計算をしなさい。

(1) $1-(-11)\times(-1)$

(2) $1.2\times 8.4-2.4\times 3.6$

(3) $\dfrac{5}{6}-\dfrac{2}{3}\times\left(\dfrac{1}{2}-\dfrac{1}{3}\right)$

(4) $\left(\dfrac{1}{6}a^2b\right)^2\div\left(\dfrac{a}{3}\right)^2\div\left(-\dfrac{1}{2}ab^2\right)$

(5) $\dfrac{15x-9}{3}-\dfrac{10x-6}{2}$

(6) $(x-5y)^2-(x-5y)(3x-5y)$

(7) $\left(2\sqrt{3}-\dfrac{1}{\sqrt{3}}\right)^2$

(8) $(2\sqrt{6}-\sqrt{23})(2\sqrt{6}+\sqrt{23})$

2 次の式を因数分解しなさい。

(1) $2x^2y - 6xy + 8xy^2$

(2) $x^2 - 10x - 96$

(3) $9 - (x + 2)^2$

(4) $x^2 - 2x - y^2 + 2y$

3 次の方程式を解きなさい。

(1) $3(x+2)=7(x+2)$

(2) $x^2-5x-36=0$

(3) $(1-x)^2-\frac{9}{4}=0$

(4) $(x+5)^2=(x+3)^2+(x+1)^2$

## 4 次の各問いに答えなさい。

(1) $x : y = 1 : 2$, $y : z = 3 : 5$ のとき，$\dfrac{z}{x}$ の値を求めなさい。

(2) 周の長さが $x$ cm，半径が $y$ cm の円について，$y$ を $x$ の式で表しなさい。
ただし，円周率は $\pi$ とする。

(3) 下の図で，$\angle x$ の大きさを求めなさい。ただし，$\ell \mathbin{/\!/} m$ とする。

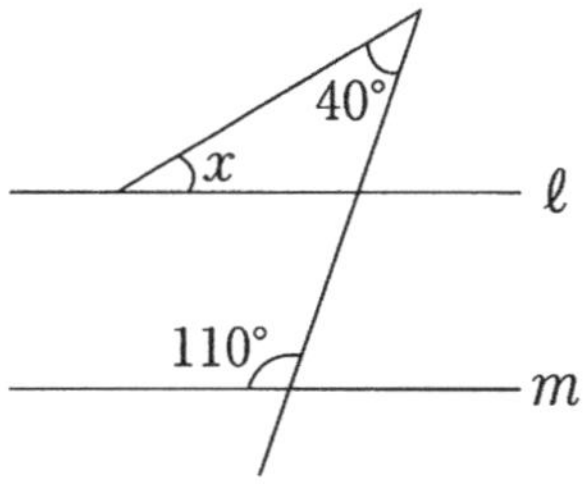


(4) 下の図で，点 A，B，C，D，E，F は円周を 6 等分している。
$\angle x$ の大きさを求めなさい。

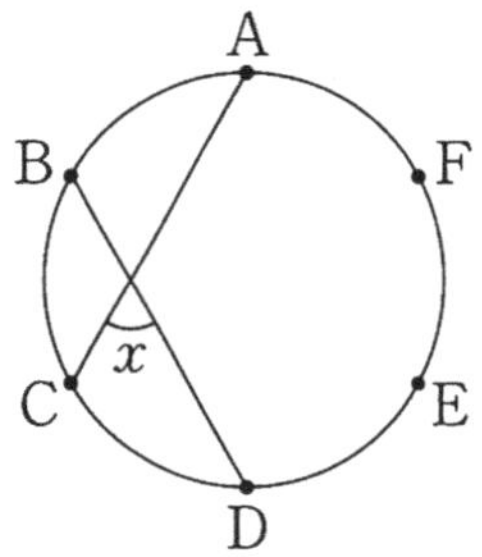

5 濃度の異なる食塩水Ａ，Ｂがある。食塩水Ａは濃度が９％で $x$ ｇあり，食塩水Ｂは濃度が５％で $y$ ｇある。Ａ，Ｂを混ぜ合わせて，６％の食塩水600ｇをつくった。次の問いに答えなさい。

(1) Ａの食塩の量を，文字を使った式で表しなさい。

(2) 食塩水の重さの関係から $x$，$y$ の式をつくるとき，次の □ に当てはまる数を答えなさい。

$$x = \square - y$$

(3) $x$，$y$ の値を求めなさい。

6 2個のさいころP，Qを同時に投げて，出た目をそれぞれ$p$，$q$とする。
さらに，$d=\dfrac{120}{p+q}$とするとき，次の問いに答えなさい。

(1) $p+q$が5の倍数である確率を求めなさい。

(2) $d=15$である確率を求めなさい。

(3) $d$が15の倍数である確率を求めなさい。

(4) $d$が整数ではない確率を求めなさい。

7 下の図のように，放物線 $\ell : y = a x^2$ と直線 $m : y = \frac{1}{4}x + 3$ の交点のうち，$x$ 座標が $-4$ である点をAとする。$\ell$ には半径 $4\sqrt{2}$ の円Pが2点A，Bで接している。次の問いに答えなさい。

(1) $a$ の値を求めなさい。

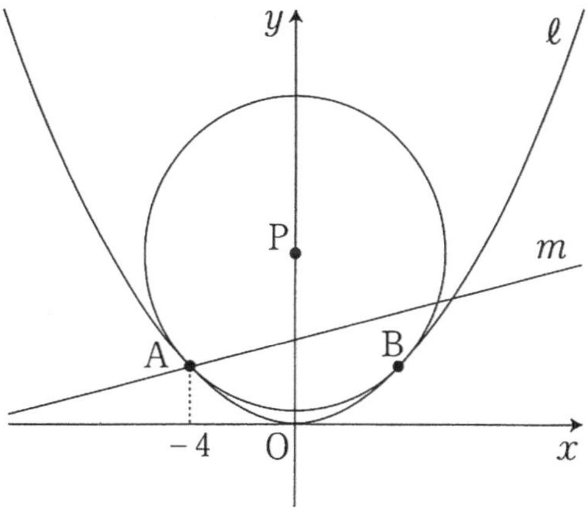


(2) 円の中心Pの $y$ 座標を求めなさい。

(3) 線分PBと直線 $m$ の交点をCとして，点Cの座標を求めなさい。

(4) (3) のとき，△PACの面積を求めなさい。

8 下の図のように，四角形ABCDはAB∥DC，AB＝6cm，BC＝4cm，DC＝3cm の台形がある。この台形を，辺DCを軸として1回転させてできる立体をPとする。次の問いに答えなさい。ただし，円周率は$\pi$とする。

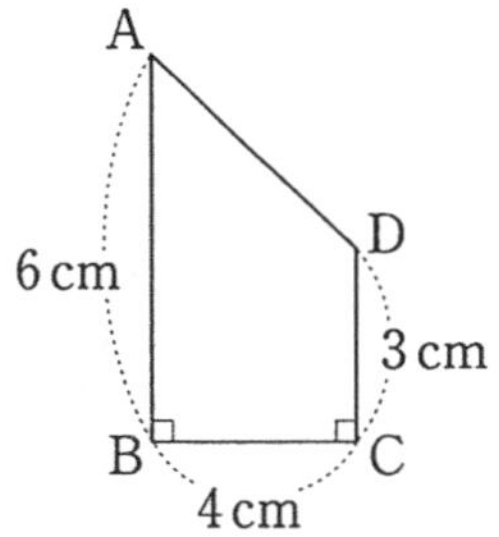


(1) 四角形ABCDの辺ADの長さを求めなさい。

(2) 立体Pの見取り図を，①～④から選びなさい。

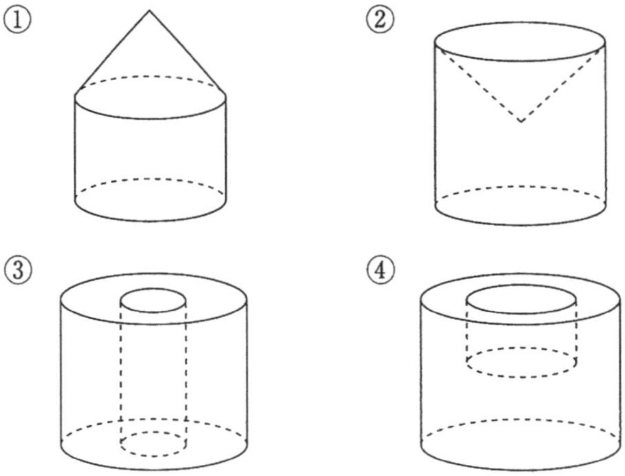


(3) 立体Pの表面積を求めなさい。

(4) 立体Pの体積を求めなさい。

令 和 ６ 年 度

# 大商学園高等学校 入学考査問題

# 英 語

**（50分）**

**注 意**

＊「開始」の合図があるまでは開いてはいけません。

＊「開始」の合図のあと、解答用紙に受験番号と氏名を書きなさい。

＊ 答えはすべて解答用紙の指定された解答欄に書きなさい。

＊「終了」の合図ですぐ筆記用具を置きなさい。

1 次の英文の（　　）内に入る最も適切なものをア～エから１つずつ選び，記号で答えなさい。

1．This CD is mine, and that is (　　).

ア your　イ their　ウ his　エ her

2．" Will you open the window? " " (　　)."

ア Not at all　イ Sure　ウ Yes, please　エ No, thank you

3．" Can I sit next to you? "　" I'm afraid this seat is (　　)."

ア taking　イ not taking　ウ taken　エ not taken

4．He walks as fast as he (　　).

ア could　イ can　ウ may　エ must

5．Everyone was surprised (　　) hear the news yesterday.

ア at　イ by　ウ on　エ to

6．(　　) can I get to Tokyo Disney Resort?

ア How　イ What　ウ Which　エ Where

7．Please stay in the room (　　) she comes back.

ア until　イ from　ウ during　エ for

8．She was looking for good (　　) clothes.

ア use　イ to use　ウ used　エ using

9．She has never (　　) abroad until now.

ア gone to　イ go　ウ been　エ been to

10．I have a brother (　　) English in Tokyo.

ア that teach　イ who teaches　ウ who is teach　エ that is teach

2 高校生のタモア(Tamoa)が迷信(superstition)について調べて書いたレポートである。英文を読んで各問いに答えなさい。

[ 1 ] Do you think that it is bad luck to walk under a *ladder or break a mirror? Do you think that black cats and the number 13 are unlucky? Do you have a lucky number? Do you have a lucky shirt, hat, or pen? If you answered "yes" to any of those questions, you might be superstitious. But don't worry, you're not alone. There are more than one million superstitions, and most people ( 1 ) at least one or two of them. For example, if I point at the moon, I feel something bad will happen to me. **(a)[ mirror / is / break / unlucky / it / a / to ].** If my palm *itches, I will receive money.

[ 2 ] Many people are superstitious about numbers. They think that there are lucky numbers and unlucky numbers. The number 13 is often considered unlucky. In some parts of the world, ( 2 ) have no thirteenth floor and streets have no houses with the number 13. In Japan, the number 4 is considered unlucky because in Japanese, the word four is pronounced the same as the word death. Japanese never give gifts of four knives, four napkins, or four of anything.

[ 3 ] What are lucky numbers? Seven is a lucky number in many places, and the number 8 is considered lucky in Japan and China. In China, businesses ( 3 ) open on August 8 , and many couples *register to get married at eight minutes past eight o'clock on August 8. Superstitions about numbers are so *widespread that some people – called *numerologists – make a living giving advice about numbers. In 1937, when the Toyoda family of Japan wanted to form a car company, they asked a numerologist if "Toyoda" would be a good name for the company. The numerologist said it would not be. He explained that "Toyoda" took ten *strokes of the pen to write, and 10 was not a lucky number. "Toyota," however, took eight strokes to write, and 8 was a very lucky number. The numerologist recommended "Toyota" as a better name for the company. The family took his advice. As a result, millions of people ( 4 ) "Toyotas" and not “Toyodas.”

[ 4 ] In addition to superstitions about numbers, there are many other kinds of superstitions. There are superstitions about eating, sleeping, sneezing, and itching. There are superstitions about animals and holidays and horseshoes. There are even superstitions about superstitions. Those superstitions tell people ( 5 ) to reverse bad luck.

[ 5 ] For example, in many parts of the world, *spilling salt is bad luck. Throwing salt, however, is good luck. So, people who spill salt throw a little of the spilled salt over their left shoulder. Throwing the spilled salt reverses the bad luck. When the Japanese *bump heads, they immediately bump heads again. According to a Japanese superstition, the first bump means their parents will die, but the ( 6 ) bump "erases" the first bump. To reverse bad luck in general, people turn around three times, turn their pockets inside out, or put their hats on backwards. In the United States, baseball players sometimes wear their caps inside out and backwards when their team is losing. It looks silly, but the baseball players don't mind if it helps them ( 7 ) the game.

[ 6 ] Because there are so many superstitions, it is not surprising that some of them <u>contradict</u> each other. In Germany, it is good luck when the left eye *twitches and bad luck when the right eye twitches. In Malaysia, it is exactly the opposite: A twitching right eye means good luck, and a twitching left eye means bad luck. Accidentally putting on clothes inside out brings good luck in Pakistan but bad luck in Costa Rica. In Chile, unmarried people won't take the last piece of food on the plate because it means they will never marry. In Thailand, unmarried people take the last piece because it means they will marry someone good-looking.

[ 7 ] Some superstitions have been with us for so long that they have become ( 8 ). In many parts of the world, it is polite to say "Health" or "God bless you" when someone sneezes. People used to think that the soul could escape from the body during a sneeze. They said "God bless you" to protect people from losing their souls. Today, we no longer believe that people who sneeze are in danger of losing their souls, but we say "God bless you" anyway. We say it not because we are superstitious, but because we are polite. Almost everyone is at least a little superstitious — even people who say they aren't. When I want good luck or to pass an exam, **<u>(b) I sometimes cross my fingers or knock on wood.</u>** And so on...

*ladder はしご　*itch かゆい　*register 登録する
*widespread 広く行きわたった　*numerologists 数字の占い師
*strokes 画数　*twitches けいれんする
*spilling こぼすこと　*bump ぶつける

問題は次のページです

問1　（ 1 ）～（ 8 ）に当てはまる最も適切な語をア～エから1つずつ選び，記号で答えなさい。

（1）ア have　イ believe　ウ find　エ misunderstand
（2）ア planets　イ animals　ウ stations　エ buildings
（3）ア often　イ never　ウ don't　エ must
（4）ア name　イ receive　ウ drive　エ hide
（5）ア what　イ why　ウ when　エ how
（6）ア first　イ second　ウ third　エ fourth
（7）ア win　イ lose　ウ catch　エ miss
（8）ア dream　イ future　ウ memory　エ customs

問2　下線部(a)を「鏡を割るのは不吉なことだ」という意味になるように並べかえなさい。ただし，文頭にくる語も小文字にしています。

問3　次の各質問の答えとして最も適切なものをア～エから1つずつ選び，記号で答えなさい。**paragraph（段落）**は本文の［ 1 ］～［ 7 ］に対応します。

1．What is the main idea of paragraph［ 1 ］?
ア　Children usually believe superstitions.
イ　Superstitions bring you something good.
ウ　There are over one million superstitions.
エ　Most people are not superstitious.

2．According to paragraph［ 2 ］, which sentence is <u>NOT</u> true ?
ア　The number thirteen is not a lucky number.
イ　We don't have a thirteeth floor all over the world.
ウ　The sound of four in Japanese sometimes sounds bad.
エ　Japanese are not happy when they get four things.

3．Why did the Toyoda family name their company Toyota ?
ア　Because their real name was Toyota.
イ　Because they cared about numbers.
ウ　Because they thought eight was not a lucky number.
エ　Because many people liked Toyota instead of Toyoda.

4. What is the main idea of paragraph [ 5 ]?

ア Bad luck can be changed by doing something.

イ Throwing salt twice brings you good luck.

ウ Baseball players think wearing caps inside and out is cool.

エ Hitting your head means good luck.

5. According to paragraph [ 6 ], what is the meaning of "contradict"?

ア You use this word when you do the right thing.

イ You use this word when you give up doing different things.

ウ You use this word when you repeat the same thing someone did before.

エ You use this word when you say the opposite of what someone else has said.

問4 下線部 (b) に含まれた意味として最も適切なものをア～エから1つ選び、記号で答えなさい。

ア 幸運を呼び寄せるかもしれない。

イ 不運を取り除いてくれるかもしれない。

ウ 超能力をつかっている。

エ これまでの行いが報われることを期待している。

問5 本文の内容と一致するものには○，一致しないものには×で答えなさい。

(1) 日本と中国では数字の『4』は悪い意味を連想させるので多くの場面で避けられている。

(2) アメリカの野球選手は自分のチームが負けているとき、帽子を裏表逆にかぶることがある。

(3) コスタリカでは服をわざと裏返して着てしまうのは縁起が悪い。

(4) チリでは未婚の人が最後の一切れを食べるのに対し、タイはその逆である。

(5) くしゃみをした後、『God bless you』というのは迷信に由来する。

(6) タモアも迷信を信じている。

3 以下のチラシは、ニューヨーク市（NYC）のグループバスツアーの予定表です。英文を読んで各問いに答えなさい。

## Go NYC: Group Bus Tours

| Time | Location | Details |
|---|---|---|
| 9:00 a.m. | Hotel | ・We pick you up by the entrance of your hotel. |
| 9:30～<br>10:30 a.m. | St.Patrick's Cathedral | ・This beautiful church opened in 1879.<br>・It is a big part of New York City's history. |
| 10:30～<br>11:30 a.m. | Empire States Building | ・We'll visit the gift shop.<br>・Then we'll take the elevator to the 102nd floor.<br>・Look out on New York City from 1,050 feet above the busy streets below. |
| 11:30～<br>1:30 p.m. | Lunch and Walk in Central Park | ・This is a beautiful green space in the center of New York.<br>・If the weather is good, we'll have lunch outside at a café. |
| 1:30～<br>4:30 p.m | Museum Mile | ・This part of 5th Avenue has many famous museums, including the Metropolitan Museum of Art.<br>・Take your time and look around. |
| 4:30～<br>6:00 p.m. | Madison Square Garden | ・It's both a stadium and a theater.<br>・The NBA's New York Knicks play here.<br>・You can also see concerts by world-famous singers. |
| 6:00～<br>7:30 p.m. | Dinner in Little Italy | ・Here you'll find the best Italian restaurants in the US.<br>・You'll love the pizza at Toby's. |

次の各質問の答えとして最も適切なものをア～エから１つずつ選び，記号で答えなさい。

1. Where do you plan to have lunch?
   ア　At a restaurant in the church.
   イ　At a café in the museum.
   ウ　At a café in the park.
   エ　At a restaurant near the hotel.

2. If you enjoy sports or music, where should you go?
   ア　To Empire State Building.
   イ　To Central Park.
   ウ　To Museum Mile.
   エ　To Madison Square Garden.

3. Where will you enjoy your free time for the longest time?
   ア　At the Empire State Building.
   イ　In Central Park.
   ウ　On Museum Mile.
   エ　At Madison Square Garden.

4. How many hours is the bus tour?
   ア　For eight and a half hours.
   イ　For nine and a half hours.
   ウ　For ten and a half hours.
   エ　For eleven and a half hours.

4 次のTomとMeiの会話を読んで、各問いに答えなさい。

Tom：Could you go to the supermarket and buy some food? There's nothing to eat in the house! Oh, we still have some fruit but that's not enough, though.

Mei：Sure, but I don't know the way. We've just moved in.

Tom：I'll give you directions. [ A ]

Mei：Thanks.

Tom：At the end of the street, take a right. Then drive two miles to White Ave. After that, it's another mile to...

Mei：Let me write this down. [ B ]

Tom：OK. First, take a right at the end of the street.

Mei：Got it.

Tom：Next, drive two miles to White Ave.

Mei：Two miles to White Ave. [ C ]

Tom：Take a left onto 14th Street. You'll see the library on the right.

Mei：Left onto 14th Street.

Tom：The supermarket is on the left, next to the bank.

Mei：How far is it after I turn on to 14th Street?

Tom：It's not far. [ D ]

Mei：OK. Great. Is there anything special you want?

Tom：No, just the usual. Well, if you could get some beer that would be great!

Mei：OK, just this once!

問1　文中の空所 [ A ] ～ [ D ] に入る最も適切なものを，ア～オからそれぞれ1つずつ選び，記号で答えなさい。

ア　I won't remember it!
イ　After that?
ウ　I'm not going well.
エ　Not to worry.
オ　Maybe about 200 meters.

問2　次の各質問の答えとして最も適切なものをア～エから1つずつ選び，記号で答えなさい。

1．How does Mei go to the supermarket?
ア　By train.
イ　On foot.
ウ　By car.
エ　By bicycle.

2．Why did Tom tell Mei how to go to the supermarket?
ア　Because Mei often gets lost.
イ　Because Tom works at the supermarket.
ウ　Because they just started living in the town.
エ　Because it is difficult for Tom to get to the supermarket.

3．What is the nearest to the supermarket?
ア　White Ave.
イ　Bank.
ウ　14th streets.
エ　Library.

4．What will Mei get at the supermarket other than food?
ア　Vegetables.
イ　Fruit.
ウ　Sweets.
エ　Drinks.

5 次の各文の [　　] 内の語(句)を並びかえた時，[　　] 内で**2番目と5番目**にくる語(句)の数字の組み合わせとして適切なものをア～エから１つずつ選び，記号で答えなさい。ただし，文頭にくる語も小文字にしてあります。

1．どの教科が一番好きなのか教えてください。
[ ① best / ② you / ③ what subject / ④ tell / ⑤ like / ⑥ me ].

ア　④－③　　イ　⑥－⑤　　ウ　⑤－⑥　　エ　①－②

2．母は私に皿を洗うように頼んだ。
[ ① the dishes / ② to / ③ asked / ④ me / ⑤ my mother / ⑥ wash ].

ア　③－⑥　　イ　⑥－①　　ウ　⑥－④　　エ　③－②

3．彼が私たちのところへやってきたとき、雨が激しく降っていました。
It [ ① he / ② hard / ③ came / ④ raining / ⑤ when / ⑥ to / ⑦ was ] us.

ア　⑥－①　　イ　②－⑤　　ウ　④－③　　エ　④－①

4．有名な作家として知られているその男性は、彼女のお父さんです。
The man [ ① as / ② a famous / ③ is / ④ writer / ⑤ known / ⑥ her ] father.

ア　①－③　　イ　③－④　　ウ　⑤－④　　エ　②－⑤

5．私にとって、あなたはずっとあこがれの存在でした。
[ ① be / ② have always / ③ I / ④ like / ⑤ to / ⑥ wanted / ⑦ you ].

ア　③－⑦　　イ　②－①　　ウ　⑥－⑦　　エ　②－⑤

6 次の各組の文がほぼ同じ意味を表すように，（　　）に１語入れなさい。

1．My cousin loves American pop music.
My cousin is a (　　　) of America pop music.

2．Knowing is one thing, and doing is another.
Knowing is (　　　) from doing.

3．Do you know Tom's address?
Do you know where Tom (　　　)?

4．As I was very busy yesterday, I couldn't finish this work.
I was (　　　) busy that I couldn't finish this work.

5．Look at the girl with a doll in her hands.
Look at the girl who (　　　) a doll in her hands.

問題は以上です

令 和 ６ 年 度

# 大商学園高等学校 入学考査問題

# 理 科

**（50分）**

**注 意**

＊「開始」の合図があるまでは開いてはいけません。

＊「開始」の合図のあと、解答用紙に受験番号と氏名を書きなさい。

＊ 答えはすべて解答用紙の指定された解答欄に書きなさい。

＊「終了」の合図ですぐ筆記用具を置きなさい。

1 次の図は斜面の角度を自由に変化させることができる装置に力学台車をのせ、ばねばかり（図１）や１秒間に60回打点記録する記録タイマー（図２）を設置した装置を模式的に表したものである。図３、図４は違う角度で測定したときの記録テープの様子である。（６打点ごとに線を引いている）。以下の問いに答えなさい。ただし、台車と斜面の間の摩擦力や空気抵抗はないものとし、100ｇの物体にはたらく重力の大きさを１Ｎとする。

図１
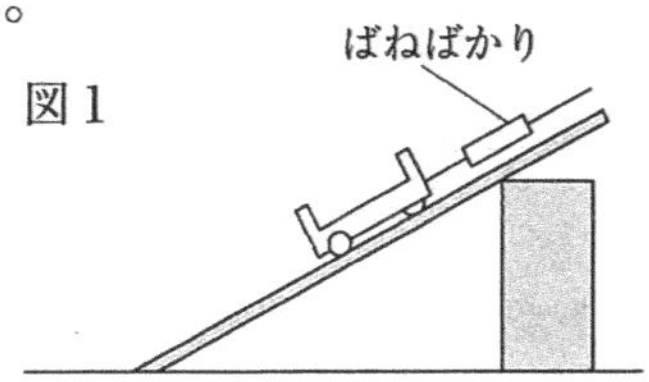


図２
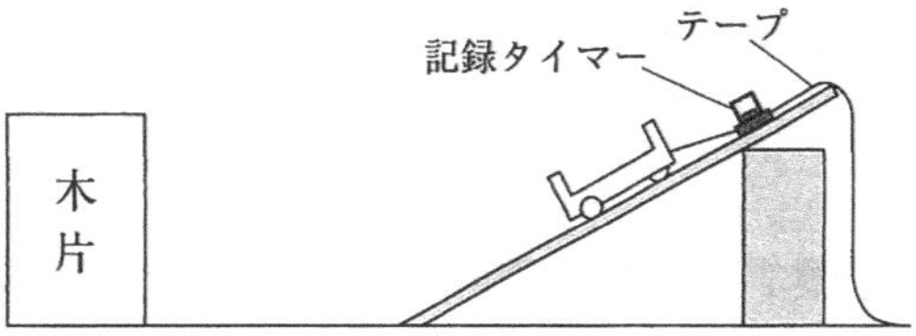


図３
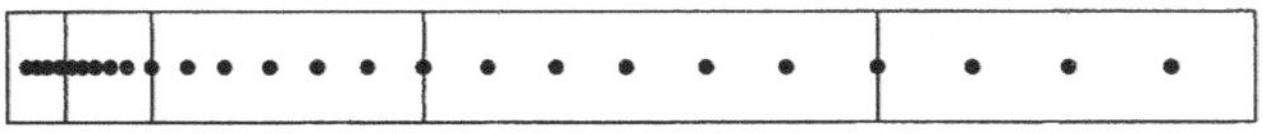

図４
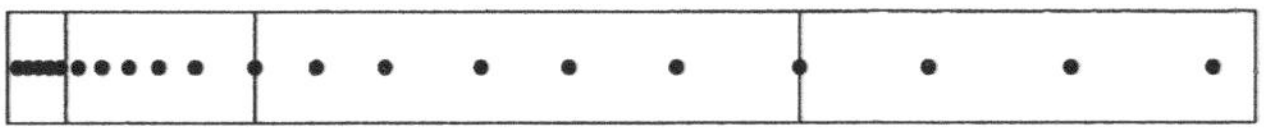

図５
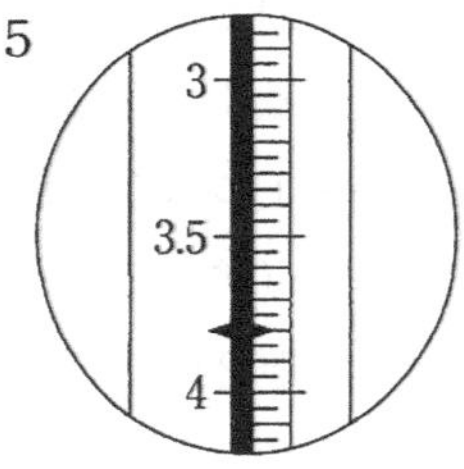


(1) 図３の角度で実験したとき、台車にばねばかりをつけ測定したところ図５のような目盛りを示した。この台車にはたらく斜面方向の力の大きさは、何〔g〕の物体にはたらく重力の大きさとほぼ等しいか、答えなさい。ただし、このはかりの目盛りの単位はＮ（ニュートン）とする。

(2) 図４の角度で斜面方向の力をばねばかりで測定したとき、力の大きさは図３と比べてどのようになるか。正しいものを次のア～ウから１つ選び、記号で答えなさい。

（ア）大きくなる　（イ）小さくなる　（ウ）変わらない

(3) ６打点ごとに切り離し、短い方から順に方眼用紙に左から張り付けたとき、縦軸が表す物理量として正しいものを次のア～カから１つ選び、記号で答えなさい。

（ア）距離　（イ）速さ　（ウ）時間　（エ）力　（オ）加速度　（カ）運動エネルギー

(4) (3)のときの記録テープの長さは何秒間あたりの物理量か、答えなさい。

(5) 同じ高さから、角度を図３、図４のように変化させて力学台車を静かにはなした。水平面上にある木片に到達したときの速さはどのようになっているか、正しいものを次のア～ウから１つ選び、記号で答えなさい。

（ア）図３より図４の方が速い　（イ）図４より図３の方が速い
（ウ）どちらも同じ速さである

(6) 力学台車が運動を始めてから木片に到達するまでの台車の速さと時間の関係を表すグラフはどれか、次のア～エから１つ選び、記号で答えなさい。

(ア)
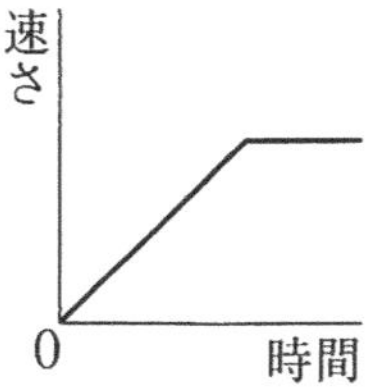


(イ)
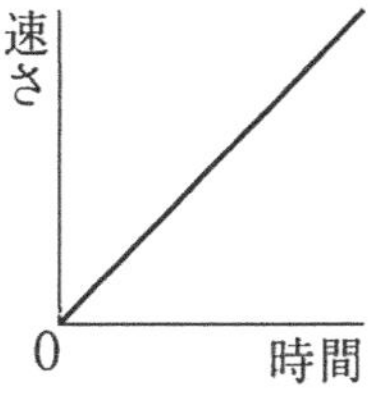


(ウ)
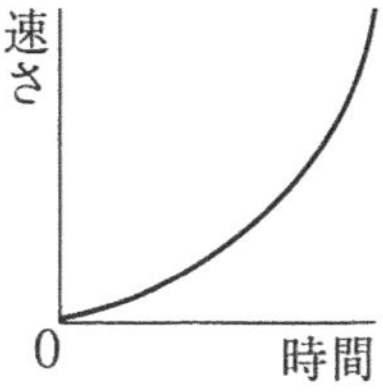


(エ)
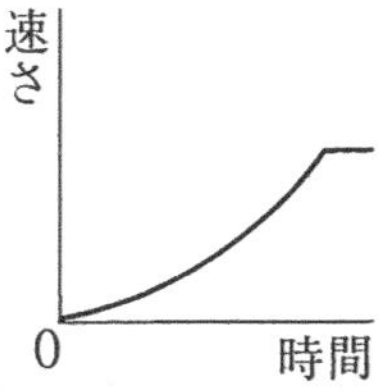

2 次の手順で実験を行った。以下の問いに答えなさい。

【実験】

（手順１）塩酸500ｇと水酸化ナトリウム水溶液500ｇを混合した。混合した後の水溶液は中性を示した。

（手順２）手順１で混合した水溶液に電極を差し込んで電気分解を行った。陰極から発生した気体は無色で空気よりも軽く、陽極から発生した気体は黄緑色で空気より重かった。また電気分解後、水溶液にフェノールフタレイン溶液を加えると、赤色に変化した。

(1) 手順１では酸性の塩酸とアルカリ性の水酸化ナトリウムが反応して塩と水ができる。この反応を何というか、答えなさい。

(2) 手順１で起こる反応を化学反応式で答えなさい。

(3) 手順１の下線部の水溶液にＢＴＢ溶液を加えると、水溶液は何色に変化するか、次のア～エから１つ選び、記号で答えなさい。

（ア）赤色　（イ）黄色　（ウ）緑色　（エ）青色

(4) 手順２の陽極で発生した気体を化学式で答えなさい。

(5) 手順２の電気分解後、水溶液は何性になったか、次のア～ウから１つ選び、記号で答えなさい。

（ア）酸性　（イ）中性　（ウ）アルカリ性

(6) 手順２の電気分解後、水溶液の質量は995ｇで水溶液の質量パーセント濃度は4.0%であった。このとき、水溶液に含まれている水の質量は何〔ｇ〕か、小数第一位を四捨五入し、整数で求めなさい。

3 次の表は、いろいろな植物について、それぞれの特徴をまとめたものである。以下の問いに答えなさい。

| | A | B | C | D | E | F |
|---|---|---|---|---|---|---|
| 葉脈の形 | 網状脈 | | 平行脈 | | 網状脈 | |
| 茎の維管束がある：○<br>茎の維管束がない：× | ○ | ○ | ○ | ○ | ○ | × |
| 子房の中に胚珠がある：○<br>子房がなく胚珠がむき出し：× | ○ | × | ○ | | ○ | |
| 葉・茎・根の区別がある：○<br>葉・茎・根の区別がない：× | ○ | ○ | ○ | ○ | ○ | × |
| 種子をつくる：○<br>種子をつくらない：× | ○ | ○ | ○ | × | ○ | × |
| 花弁が1つにくっついている：○<br>花弁が1枚1枚離れている：× | ○ | | | | × | |

(1) 植物A、C、Eにあてはまるものを次のア～カから1つずつ選び、記号で答えなさい。

(ア) イヌワラビ　(イ) イチョウ　(ウ) サクラ

(エ) ユリ　(オ) ゼニゴケ　(カ) タンポポ

(2) 植物Aの茎の断面図として正しいものを次のア～エから1つ選び、記号で答えなさい。

(ア)　(イ)　(ウ)　(エ)

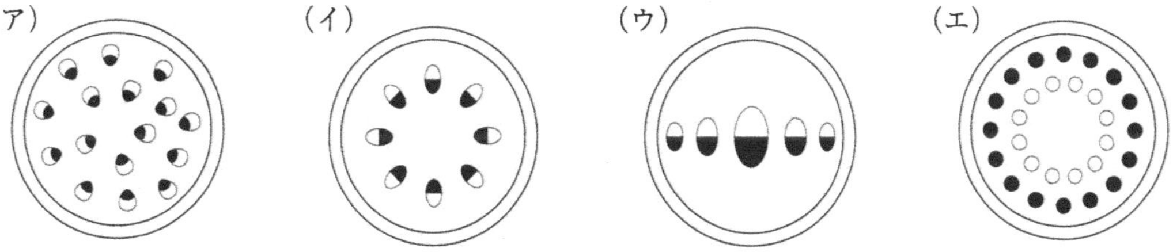

(3) 植物Cのような葉脈の形が平行脈の植物を何というか、漢字で答えなさい。

(4) 植物Bのような子房がなく胚珠がむき出しの植物を何というか、漢字で答えなさい。

(5) 植物Aのような花弁が1つにくっついている植物を何というか、漢字で答えなさい。

4 図1のA、Bは前線の断面を模式的に表したものである。a～dは、暖気または寒気を表している。以下の問いに答えなさい。

(1) 図1で寒冷前線を表しているのはAとBのどちらか、記号で答えなさい。

(2) 図1で暖気を表しているのはどれか、a～dからすべて選び、記号で答えなさい。

(3) 図1のAとBの前線付近ではどのような天候か、次のア～クから1つ選び、それぞれ記号で答えなさい。

（ア）広い範囲に激しい雨が、長時間ふる
（イ）広い範囲に激しい雨が、短時間ふる
（ウ）広い範囲におだやかな雨が、長時間ふる
（エ）広い範囲におだやかな雨が、短時間ふる
（オ）狭い範囲に激しい雨が、長時間ふる
（カ）狭い範囲に激しい雨が、短時間ふる
（キ）狭い範囲におだやかな雨が、長時間ふる
（ク）狭い範囲におだやかな雨が、短時間ふる

図1　A　B

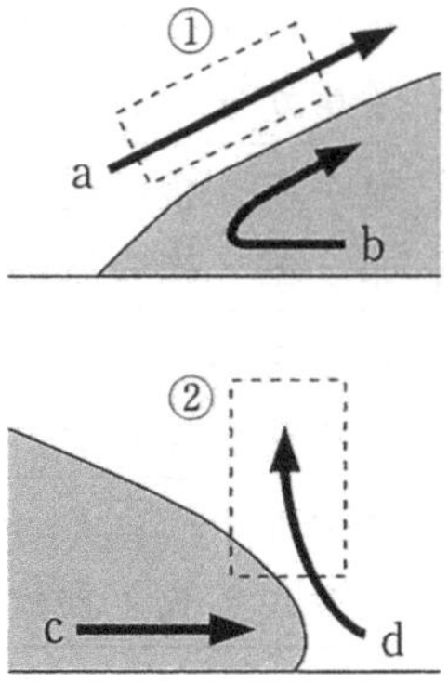


(4) 図1のAの①付近、Bの②付近でできる雲は何か、次のア～エから1つ選び、それぞれ記号で答えなさい。

（ア）乱層雲　（イ）積乱雲　（ウ）巻積雲　（エ）巻層雲

図2は日本の天気に影響を与える3つの気団を表したものである。

図2

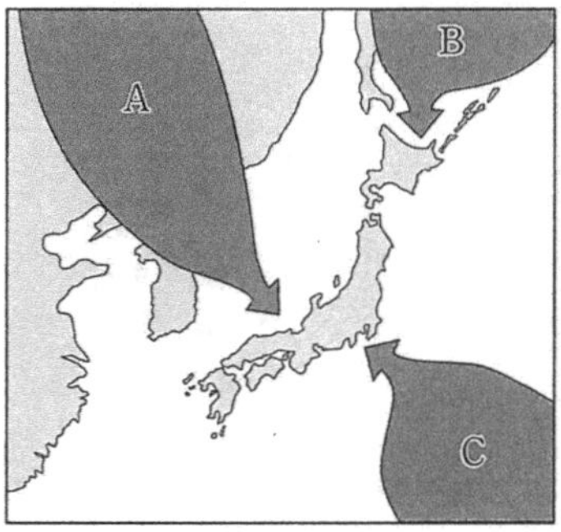


(5) 図2のA～Cの気団の名称にあてはまる組み合わせとして正しいものを次のア～カから1つ選び、記号で答えなさい。

| | A | B | C |
|---|---|---|---|
| ア | 小笠原気団 | シベリア気団 | オホーツク海気団 |
| イ | 小笠原気団 | オホーツク海気団 | シベリア気団 |
| ウ | オホーツク海気団 | シベリア気団 | 小笠原気団 |
| エ | オホーツク海気団 | 小笠原気団 | シベリア気団 |
| オ | シベリア気団 | オホーツク海気団 | 小笠原気団 |
| カ | シベリア気団 | 小笠原気団 | オホーツク海気団 |

(6) 図2のA～Cの気団の特徴としてあてはまる組み合わせとして正しいものを次のア～カから1つ選び、記号で答えなさい。

| | A | B | C |
|---|---|---|---|
| ア | 冷たく湿っている | 暖かく湿っている | 暖かく乾燥している |
| イ | 冷たく乾燥している | 冷たく乾燥している | 暖かく乾燥している |
| ウ | 冷たく乾燥している | 冷たく湿っている | 暖かく湿っている |
| エ | 冷たく湿っている | 冷たく乾燥している | 暖かく湿っている |
| オ | 冷たく湿っている | 冷たく乾燥している | 暖かく乾燥している |
| カ | 冷たく乾燥している | 暖かく乾燥している | 暖かく湿っている |

5 酸素、水素、アンモニア、塩化水素のいずれかの気体が入っている集気びんがある。それぞれの気体を次の図のようにA～Dに分類した。以下の問いに答えなさい。

図

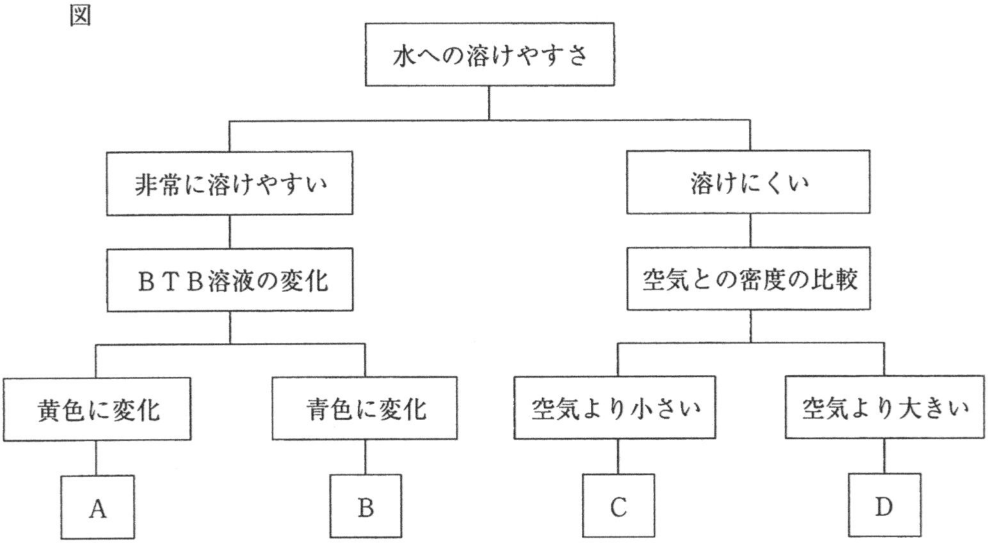


(1) 塩化水素の色は何色か、次のア～エから１つ選び、記号で答えなさい。

（ア）黄色　（イ）緑色　（ウ）黄緑色　（エ）無色

(2) 塩化水素は水の中で電離をする。そのときの反応を次の例にならって化学反応式で答えなさい。例　$NaOH \rightarrow Na^{+}+OH^{-}$

(3) Ａの気体の水溶液は何性か、答えなさい。

(4) Ｃの気体の捕集方法で適さないものを漢字で答えなさい。

(5) Ａ～Ｄにあてはまる気体を次のア～クから１つ選び、記号で答えなさい。

| | A | B | C | D |
|---|---|---|---|---|
| ア | 酸素 | 水素 | アンモニア | 塩化水素 |
| イ | 酸素 | アンモニア | 塩化水素 | 水素 |
| ウ | 水素 | 塩化水素 | 酸素 | アンモニア |
| エ | 水素 | 酸素 | アンモニア | 塩化水素 |
| オ | アンモニア | 塩化水素 | 水素 | 酸素 |
| カ | アンモニア | 酸素 | 塩化水素 | 水素 |
| キ | 塩化水素 | アンモニア | 水素 | 酸素 |
| ク | 塩化水素 | 水素 | 酸素 | アンモニア |

(6) 窒素を上の図にあてはめて分類するとどこに分類されるか、図中のＡ～Ｄから１つ選び、記号で答えなさい。

## 6 次の会話文と実験の手順を読み、以下の問いに答えなさい。

（生徒）磁石って不思議ですよね。
（先生）何がですか？
（生徒）だってＮ極とＳ極はくっつくし、Ｎ極どうしなら離れるし、なぜですか？
（先生）不思議ですね。
（生徒）先生！質問ですが、いいですか？
（先生）何でしょう？
（生徒）棒磁石を真ん中で割ったらどうなりますか？
（先生）それは（　①　）
（生徒）へぇ。そうなるんですね。ところでＮ極とＳ極ってどうすればわかりますか？
（先生）それは、②鉄粉と棒磁石と方位磁針があれば簡単にわかります。
（生徒）今度やってみたいです！！
（先生）いいでしょう。やってみましょう。ところで電磁石って知っていますか？
（生徒）はい！鉄しんに導線をまいて電流を流すと磁石のような性質をもつアレですよね！
（先生）そうです。コイルの周りの磁界の様子は調べたことがありますよね。では今日は鉄しんを抜いてコイルの中の様子を調べてみましょう。

図１

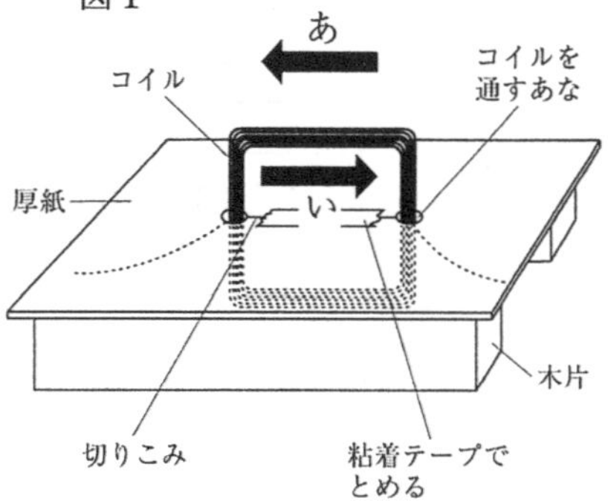


**【実験】**

（手順１）エナメル線を40回ほど巻いてコイルをつくる。
（手順２）フィルムケースに鉄粉を入れて、カーゼをかぶせる。
（手順３）厚紙の中央にコイルを差し込んでとめ、厚紙を木片などの上において、水平になるようにする。（図１）
（手順４）図２のような回路を作成する。
（手順５）コイルに電流を流し、鉄粉を一様にまきながら厚紙を軽く指でたたき磁界の様子を観察する。
（手順６）方位磁針を置き、磁界の向きを調べる。
（手順７）電流の流れる向きを変えて磁界の向きを調べる。

図２

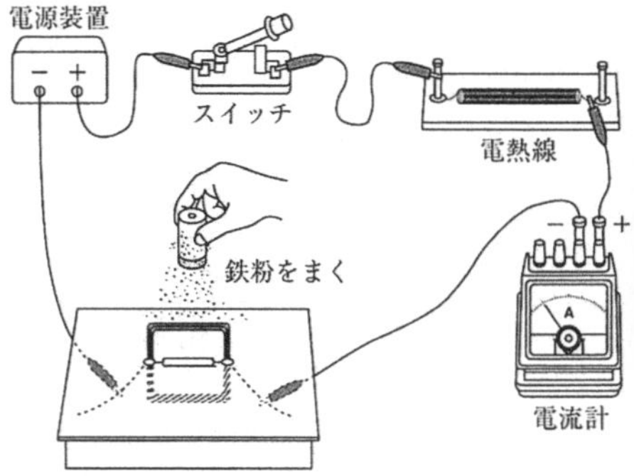


(1) ①に入る会話として正しいものを次のア～エから１つ選び、記号で答えなさい。
（ア）両方の極ともＮ極になるよ。
（イ）両方の極ともＳ極になるよ。
（ウ）何極になるかはランダムできまるんだよ。
（エ）両端にＮ極とＳ極があらわれるよ。

(2) 下線部②を用いて実験したとき、磁力線と方位磁針の向きとして正しいものを次のア～エから1つ選び、記号で答えなさい。ただし方位磁針において色がついている側をN極とする。

(ア)

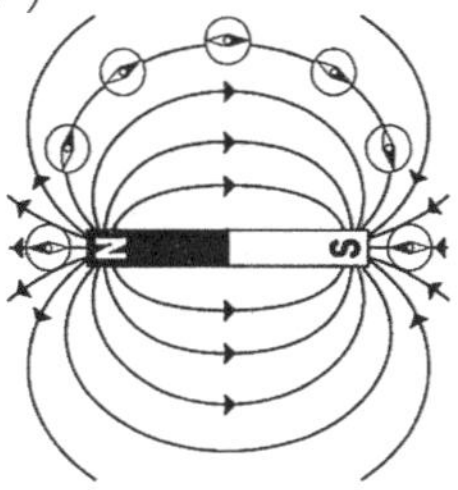


(イ)

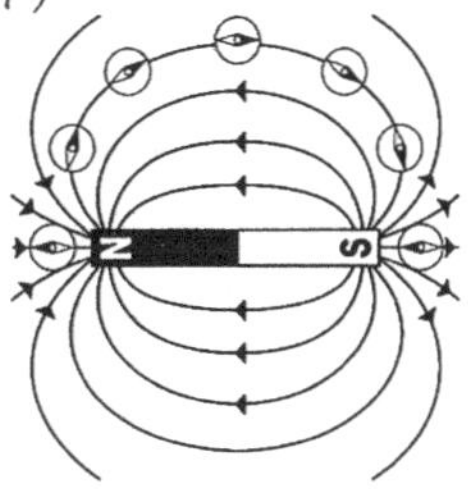


(ウ)

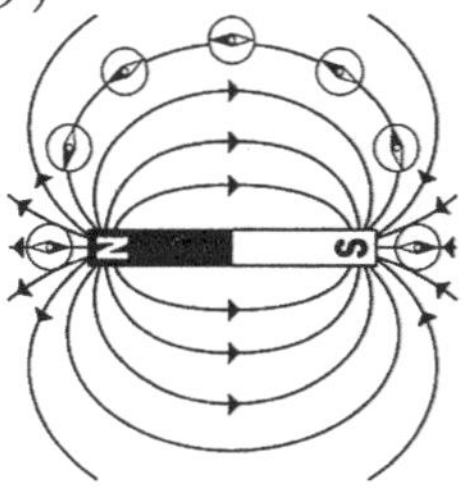


(エ)

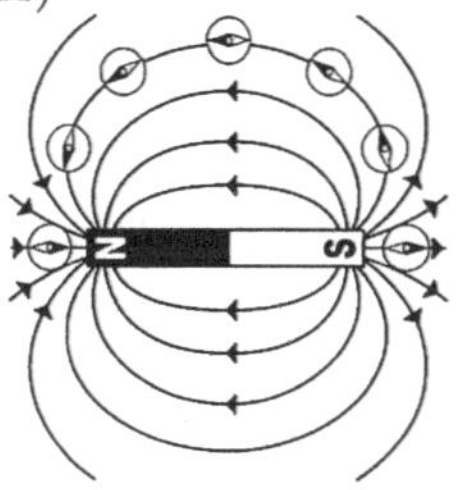


(3) 次の図3は磁力線を模式的に表したものである。図中のA・B・C・Dのうち磁界が強い順に並べなさい。

図3

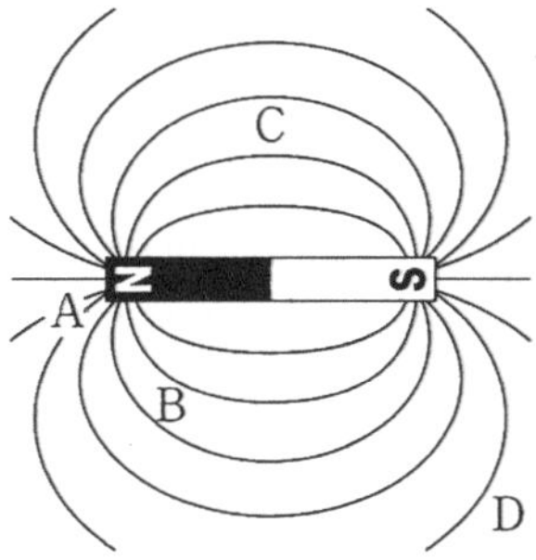


(4) 電流が図1の（あ）向きに流れるとき、方位磁針の向きとして正しいものを次のア～エから1つ選び、記号で答えなさい。

(ア)

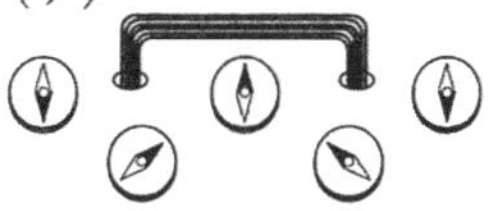

(イ)

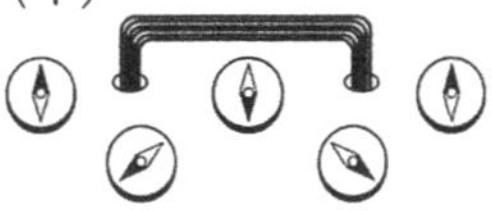

(ウ)

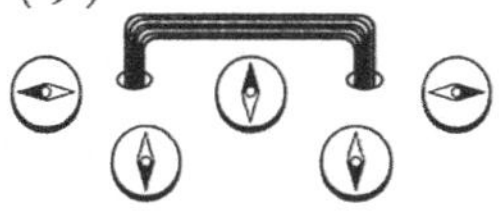

(エ)

(5) 電流が図1の（い）向きに流れるとき、方位磁針の向きとして正しいものを（4）のア～エから1つ選び、記号で答えなさい。

(6) 導線を流れる電流周りの磁界において正しいものを次のア～キからすべて選び、記号で答えなさい。

（ア）磁界は導線を中心として同心円状にできる。

（イ）電流の進む向きに対して反時計回りに磁界ができる。

（ウ）導線に近いほど磁界は弱い。

（エ）コイルの中心には磁界が生じない。

（オ）磁界は導線のまわりにできない。

（カ）電流の進む向きに対して時計回りに磁界ができる。

（キ）導線に近いほど磁界は強い。

7 次の会話文を読んで、以下の問いに答えなさい。

（先生）今日は顕微鏡《けんびきょう》を使ってタマネギの根を観察しましょう。
（生徒）楽しみです。
（先生）まず、タマネギの根を用いてプレパラートを作りましょう。タマネギの根の先端部分を切り、うすい塩酸に入れ、１分程度あたためた後、水で静かにすすいでからスライドガラスに乗せましょう。次に、こまごめピペットを使って①染色液を１滴落としたら、カバーガラスをかぶせ、軽く押しつぶしましょう。
（生徒）染色液はにおいがきついな。よし、プレパラートができた。
（先生）それでは作ったプレパラートを②顕微鏡で観察しましょう。

(1) 下線部①で使われる染色液はどれか、次のア～エから１つ選び、記号で答えなさい。
（ア）BTB溶液　（イ）石灰水
（ウ）フェノールフタレイン溶液　（エ）酢酸カーミン溶液
(2) 下線部①はタマネギの根の細胞のどの部分が染色されたか、次のア～エから１つ選び、記号で答えなさい。
（ア）葉緑体　（イ）核　（ウ）ミトコンドリア　（エ）細胞膜
(3) 下線部②の顕微鏡を操作する次の手順でア～エを並べ替えたとき、３番目の手順として正しいものを次のア～エから１つ選び、記号で答えなさい。
（ア）ｃとしぼりを調節して視野を明るくする。
（イ）ａ、ｂの順にレンズを取り付ける。
（ウ）ｂとプレパラートを遠ざけながらピントをあわせる。
（エ）ｂとプレパラートを横から見ながら近づける。

図１
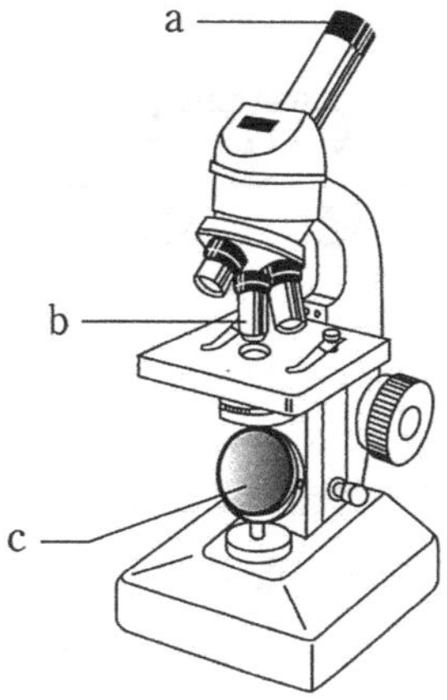


(4) 下線部②の顕微鏡のａとｂの倍率をそれぞれ15倍と40倍にしたときに、全体の倍率は何倍になるか、答えなさい。
(5) 下線部②の顕微鏡でタマネギの根を観察したときに図２の位置にタマネギの根が観察された。中央に移動させるにはプレパラートをどの向きに移動させるとよいか、図３のア～クの矢印の向きに動かす方向として正しいものを１つ選び、記号で答えなさい。

図２
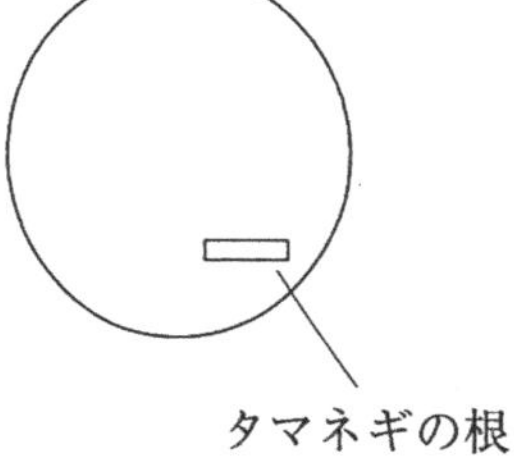


図３
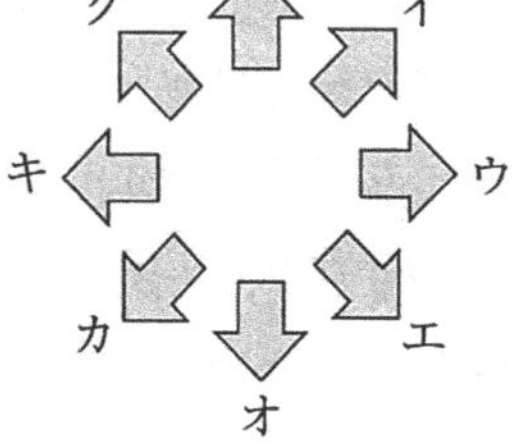

8 次の文は地層をつくるはたらきを説明したものである。以下の問いに答えなさい。

かたい岩石も長い年月のうちに気候の変化や雨風のはたらきによって、表面からぼろぼろになり、①風や流水によってけずられていく。そして②川などの水の流れにより下流へと運ばれ、流水で運ばれた土砂は流れのゆるやかな場所に積もる。海底に積もった泥・砂・れきなどは堆積物の重みで圧縮され、しだいに固まって堆積岩になる。堆積岩には泥岩・砂岩・れき岩・石灰岩・チャートなどがありそれぞれに特徴がある。また、採掘される化石によって、③当時の環境を知る手掛かりになるものや、④堆積した年代を推定することができる。

(1) 下線部①、②の土地の変化を何というか、それぞれ漢字2文字で答えなさい。

(2) 文中の堆積岩のうち、丸みを帯びているものはどれか、すべて答えなさい。

(3) 文中の堆積岩のうち、うすい塩酸をかけると二酸化炭素が発生するものはどれか、すべて答えなさい。

(4) 下線部③のような化石を何というか、漢字で答えなさい。

(5) 下線部④のような化石を何というか、漢字で答えなさい。また、化石と年代の組み合わせとして正しいものを次のア～エからすべて選び、記号で答えなさい。

| | | | |
|---|---|---|---|
| (ア) | サンヨウチュウ ― 古生代 | リンボク ― 中生代 | ビカリア ― 新生代 |
| (イ) | モノチス ― 古生代 | ビカリア ― 中生代 | ナウマンゾウ ― 新生代 |
| (ウ) | リンボク ― 古生代 | モノチス ― 中生代 | メタセコイア ― 新生代 |
| (エ) | フズリナ ― 古生代 | アンモナイト ― 中生代 | ナウマンゾウ ― 新生代 |

令 和 6 年 度

# 大商学園高等学校 入学考査問題

# 社 会

**（50分）**

**注 意**

＊「開始」の合図があるまでは開いてはいけません。

＊「開始」の合図のあと、解答用紙に受験番号と氏名を書きなさい。

＊ 答えはすべて解答用紙の指定された解答欄に書きなさい。

＊「終了」の合図ですぐ筆記用具を置きなさい。

1 図１，図２を参照して，あとの問いに答えなさい。

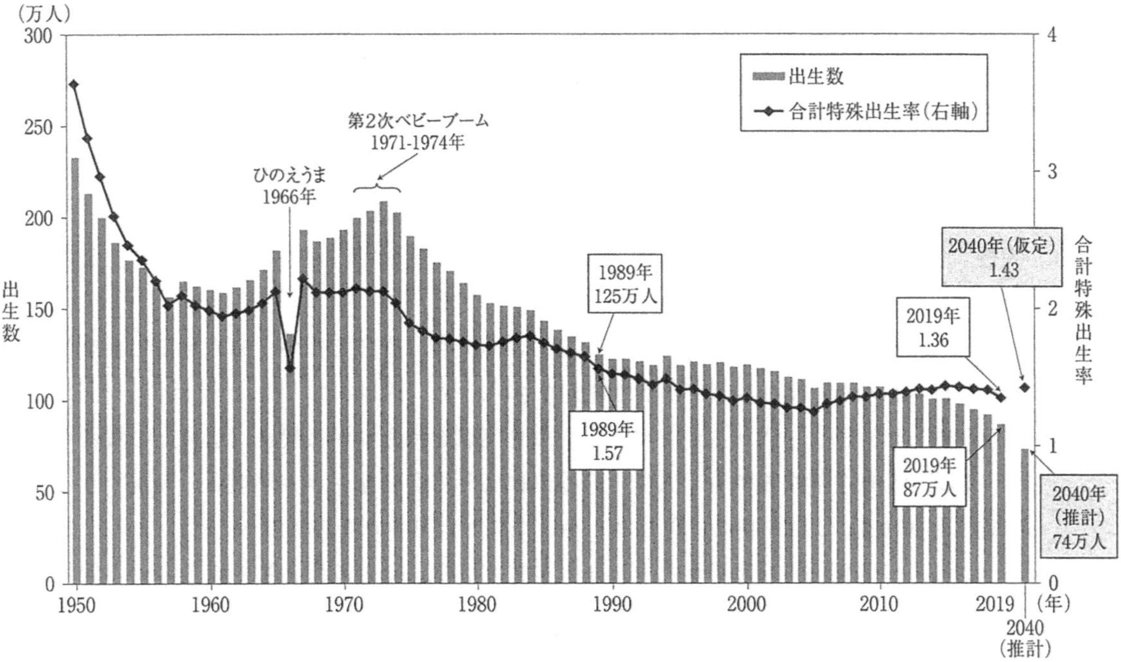


資料：2019 年までは厚生労働省政策統括官付参事官付人口動態・保健社会統計室「人口動態統計」(2019 年は概数)、2040 年の出生数は国立社会保障・人口問題研究所「日本の将来推計人口（平成 29 年推計）」における出生中位・死亡中位仮定による推計値。

**図１　出生数，合計特殊出生率の推移**

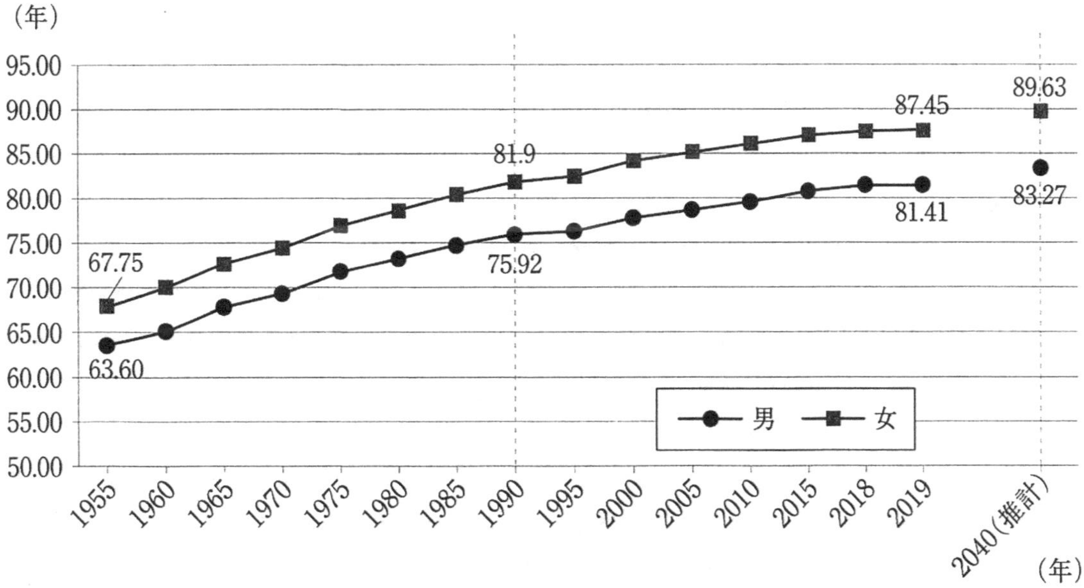


資料：2019 年までは厚生労働省政策統括官付参事官付人口動態・保健社会統計室「令和元年簡易生命表」、2040 年は国立社会保障・人口問題研究所「日本の将来推計人口（平成 29 年推計）」における出生中位・死亡中位推計。

**図２　平均寿命の推移**

問１　2022年にはわが国の出生者数は77万人台となり，過去最少を更新しています。一方，平均寿命は年々高くなっています。このように，子どもの数が減り，高齢者の割合が高まった社会を何というか，漢字５字で答えなさい。

問２　図１の合計特殊出生率（一人の女性が一生の間に産む子どもの平均人数）もまた，1950年代から右肩下がりのグラフとなっています。その理由を選び，記号で答えなさい。

ア．働くことと子育ての両立が難しい　　イ．結婚年齢が早まっている

ウ．各家庭の経済環境や雇用環境の良化　　エ．政府が少子化を奨励している

問３　戦後，日本では，親と子ども，あるいは夫婦だけの世帯の割合が高まっています。このような世帯を何というか，答えなさい。

問４　1999年に，男女が共に家庭生活を含めたあらゆる分野で責任を担い，協力する社会をつくるために制定された法律を，漢字11字で答えなさい。

問５　現代社会では，国民一人一人が，やりがいや充実感を持ちながら働き，仕事上の責任を果たし，家庭や地域生活などでも，人生の各段階に応じて多様な生き方が選択・実現できることが重要とされる。これを何の実現というか。カタカナ10字で答えなさい。

問６　図２について，平均寿命は男女ともに年々伸びている。その原因として考えられる記号を選び，答えなさい。また，全てがその原因として考えられる場合はエと答えなさい。

ア．医学・医術の進歩　　イ．公衆衛生の改善　　ウ．個人の健康意識の向上

問７　現在の日本では，国民に社会保険の加入が義務付けられています。社会保険の内容の１つとして，適切な記号を選び，答えなさい。

ア．自動車保険　　イ．介護保険　　ウ．がん保険　　エ．生命保険

問８　日本の65歳以上の一般的な高齢者の世帯所得の内訳で，中心となっているものを選び，答えなさい。

ア．働いて得た所得　　イ．公的年金　　ウ．財産所得　　エ．その他

問９　現代の社会において，世界各国では，「①小さな政府」を選ぶのか，「②大きな政府」を選ぶのかは，重要な課題と考えられています。①・②の説明として適切な記号を選び，答えなさい。

ア．税・保険料が高いが，社会保障などが充実している

イ．税・保険料が安いため，政府は国防などの最小限の仕事をし，社会保障は手薄である

ウ．税・保険料が高いが，政府は国防などの最小限の仕事をし，社会保障は手薄である

エ．税・保険料が安いが，社会保障などが充実している

問10　図１，図２に関する文章として，適切な記号を選びなさい。

ア．バブル経済の崩壊や世界金融危機といった不景気が，出生数に大きく起因している

イ．出生数が下がっているのに対して，平均寿命は伸びていることがわかる

ウ．1990年台から出生数はほぼ横ばいのため，これ以上出生数が減少することはない

エ．平均的に，男性の方が，女性よりも長生きである

2 図を参照して，あとの問いに答えなさい。

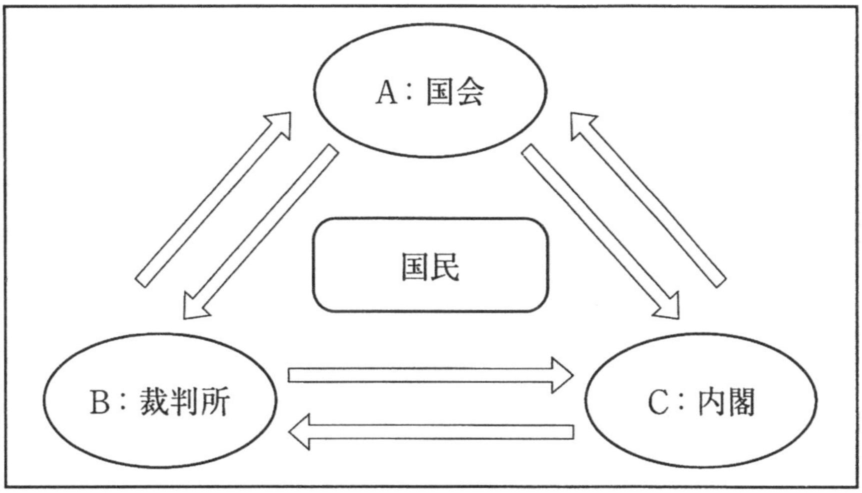


問１　上の図は，わが国の三権分立を簡略化したものである。A・B・Cにはそれぞれの機関が担っている権力が入る。適切な語句を，それぞれ答えなさい。

問２　三権分立の制度は，私たち国民のためにバランスの取れた政治が行われるような仕組みです。民主主義（政治）の考え方においては，必要な仕組みであると考えられます。この民主主義（政治）という考え方を「人民の，人民による，人民のための政治」と表現した人物として，適切な記号を選び，答えなさい。

ア．ルソー　　イ．モンテスキュー　　ウ．リンカーン　　エ．ロック

問３　国会には３つの種類がありますが，衆議院議員の総選挙が行われた後に開かれる国会として，適切な記号を選び，答えなさい。

ア．常会　　イ．特別会　　ウ．臨時会　　エ．緊急集会

問４　国会は二院制が採られています。その中でも衆議院には優越が認められています。この衆議院の優越が認められているものとして，誤っている記号を選び，答えなさい。

ア．憲法改正の発議　　イ．内閣不信任の決議

ウ．条約の承認　　エ．予算の議決

問５　内閣は，長である内閣総理大臣と，その各省庁の長である国務大臣で組織されています。内閣の仕事は各省庁が分担して実施します。現在，国務大臣を長とする省庁として，誤っている記号を選び，答えなさい。

ア．国家公安委員会　　イ．文部科学省

ウ．内閣官房　　エ．復興庁　　オ．金融庁

問６　裁判所では，①権利や義務についての対立を，互いに対等の立場で争う裁判と，②犯罪に当たる行為があったかどうかを判断し，有罪か無罪かなどを判断する裁判が行われています。①・②の裁判をそれぞれ何というか，答えなさい。

問７　日本では，司法制度改革が進められた結果，誰でもどこでも司法に関するサービスが受けられるような機関が設けられました。この機関名を答えなさい。

## 3 次の文章を読み，あとの問いに答えなさい。

先　生：今，奥野君が見ているのは，各都市の2024年の五輪招致ロゴだね。

奥野君：はい。今年2024年は，フランスのパリで夏季オリンピック・パラリンピックが開催されますね。

先　生：そうだね。そもそもスポーツの祭典である近代オリンピック大会は，紀元前８世紀頃から①ギリシャのオリンピアという都市国家で行われていた祭典が原型になっているよ。

奥野君：そうだったんですね。調べたのですが，パリで夏季オリンピックが開催されるのは，100年ぶりなんですね。

先　生：それは知らなかったなぁ。よく調べたね。100年前というと②1924年になるね。③スポーツの話題で言えば，1924年は，阪神甲子園球場が完成した年でもあるよ。「甲子園」という名称は，完成した年が十干十二支の組み合わせに関係しているんだ。十干十二支とは中国など，アジアの漢字文化圏において，年・月・日・時間や方位，角度，ものごとの順序づけを表すのにも用いられたものだよ。甲子園は，その組み合わせで「甲子《きのえね》」の年に当たるので命名されたんだよ。十干十二支は，歴史でもできごとの名称などで使われていて，例えば，［　④　］。

奥野君：よく考えてみるといろいろな歴史上のできごとに使われていたのですね。

先　生：裏側まで知れば，歴史の勉強はきっと楽しくなるよ。オリンピックを例にすると，現在のようなスタイルは，フランスのクーベルタン男爵の発案により，1896年にギリシャで開催されたんだ。その後，基本的には４年ごとに開催されているが，1940年と1944年は開催されなかった。さらに覚えていると思うけど，2020年に予定されていた⑤東京でのオリンピック開催も世界的な新型コロナウィルスの感染拡大の影響により，１年後の2021年の開催になったね。

奥野君：オリンピックは「平和の祭典」でもあるから，戦争による中止は二度とあってほしくないですね。

先　生：また，甲子園球場といえば全国高等学校野球選手権大会，夏の高校野球大会が有名だね。この前身の大会が1915年に開催されたけど，開催場所は現在の大商学園がある⑥豊中市のスタジアムで開催されたんだよ。

奥野君：そうなんですか。知りませんでした。僕も高校生になったら，運動部に挑戦して，高校生活を充実させたいです。

（解答用紙）

令和六年度入学考査

# 国語

大商学園高等学校

| 受験番号 | |
|---|---|
| 氏名 | |
| 得点 | |

※100点満点

## 【一】

- 問1 (a) (b) (c) (d) (e) (f) (g) (h) (i) (j)
- 問2 X Y Z
- 問3
- 問4
- 問5 (1) (2)
- 問6
- 問7
- 問8 ① ②
- 問9
- 問10 ① ②

問1．１点×10
問2．１点×３
問3．２点
問4．１点
問5．１点×２
問6．１点
問7．２点
問8．①２点
②１点
問9．１点
問10．１点×２
問11．１点
問12．１点×４
問13．１点×７
問14．１点

| | | | | |
|---|---|---|---|---|
| **5** | (1) | | (2) | |
| | (3) | $x=$ 　　　　, 　$y=$ | | |
| **6** | (1) | | (2) | |
| | (3) | | (4) | |
| **7** | (1) | $a=$ | (2) | |
| | (3) | C ( 　　　　, 　　　　) | (4) | |
| **8** | (1) | cm | (2) | |
| | (3) | $cm^2$ | (4) | $cm^3$ |

| | | | | | |
|---|---|---|---|---|---|
| 受験番号 | | 氏　名 | | 得　点 | |

※100点満点

2024(R6) 大商学園高
K 教英出版

**4**

| | | | | | | | | |
|---|---|---|---|---|---|---|---|---|
| 問1 | A | | B | | C | | D | |
| 問2 | 1 | | 2 | | 3 | | 4 | |

**5**

| | | | | | | | | | |
|---|---|---|---|---|---|---|---|---|---|
| 1 | | 2 | | 3 | | 4 | | 5 | |

**6**

| | | | |
|---|---|---|---|
| 1 | | 2 | |
| 3 | | 4 | |
| 5 | | | |

| | | | | | |
|---|---|---|---|---|---|
| 受験番号 | | 氏名 | | 得点 | |

※100点満点

| (4) | (5) | (6) |
|---|---|---|
| | | |

**6**

| (1) | (2) | (3) | (4) |
|---|---|---|---|
| | | | |

| (5) | (6) |
|---|---|
| | |

**7**

| (1) | (2) | (3) | (4) | (5) |
|---|---|---|---|---|
| | | | 倍 | |

**8**

| (1) | | (2) |
|---|---|---|
| ① | ② | |

| (3) | (4) |
|---|---|
| | |

| (5) | |
|---|---|
| 名称 | 組み合わせ |

| 受験番号 | | 氏　名 | | 得　点 | |
|---|---|---|---|---|---|

※100点満点

| 6 | 7 | 8 |
|---|---|---|
| | | |

| 問 2 | 問 3 | 問 4 | 問 5 |
|---|---|---|---|
| | | | |

**5**

| 問 1 | 問 2 | 問 3 |
|---|---|---|
| | | 山脈 |

| 問 4 | 問 5 | | 問 6 | 問 7 |
|---|---|---|---|---|
| | 盆地 | 動物 | | |

| 問 8 | 問 9 | 問 10 | 問 11 |
|---|---|---|---|
| | | | |

| 問 12 | 問 13 | 問 14 |
|---|---|---|
| | | |

| 問 15 | | 問 16 | 問 17 | 問 18 | 問 19 |
|---|---|---|---|---|---|
| 記号 | 都市名 | | | | |

問1．1点
問2．2点
問3．2点
問4．2点
問5．2点
×2
問6．2点
問7．2点
問8．2点
問9．1点
問10．2点
問11．2点
問12．2点
問13．2点
問14．2点
問15．
記号…1点
都市名…2点
問16．1点
問17．1点
問18．1点
問19．1点

| 受験番号 | | 氏　名 | | 得　点 | |
|---|---|---|---|---|---|

※100点満点

（解答用紙）

令和６年度入学考査　**社　会**　大商学園高等学校

## 1

| 問１ | 問２ | 問３ |
|---|---|---|
| 社会 | | |

| 問４ | 問５ | 問６ |
|---|---|---|
| | | |

| 問７ | 問８ | 問９ | | 問10 |
|---|---|---|---|---|
| | | ① | ② | |

問１．１点
問２．１点
問３．２点
問４．１点
問５．１点
問６．１点
問７．１点
問８．１点
問９．１点
×２
問10．１点

## 2

| 問１ | | | 問２ | 問３ |
|---|---|---|---|---|
| A　　権 | B　　権 | C　　権 | | |

| 問４ | 問５ | 問６ | | 問７ |
|---|---|---|---|---|
| | | ①　　裁判 | ②　　裁判 | |

問１．２点
×３
問２．１点
問３．１点
問４．１点
問５．１点
問６．２点
×２
問７．２点

## 3

| 問１ | 問２ | 問３ |
|---|---|---|
| | | |

| 問４ | | | |
|---|---|---|---|
| あ | い | う | え |

| 問５ | 問６ |
|---|---|
| | |

問１．１点
問２．１点
問３．１点
問４．２点
×４
問５．１点
問６．１点

【解答

（解答用紙）

令和６年度入学考査　　**理　　科**　　大商学園高等学校

２点×50（８(5)は完答２点）

**1**

| (1) | (2) | (3) |
|---|---|---|
| g | | |
| (4) | (5) | (6) |
| 秒 | | |

**2**

| (1) | | (2) | |
|---|---|---|---|
| | | | |
| (3) | (4) | (5) | (6) |
| | | | g |

**3**

| (1) | | | (2) |
|---|---|---|---|
| A | C | E | |

| (3) | (4) | (5) |
|---|---|---|
| | | |

**4**

| (1) | (2) | (3) | |
|---|---|---|---|
| | | A | B |

| (4) | | (5) | (6) |
|---|---|---|---|
| A | B | | |

【解答

（解答用紙）

令和６年度入学考査　　英　語　　大商学園高等学校

2 問５…１点×６　他…２点×47

## 1

| | | | | | | | | | |
|---|---|---|---|---|---|---|---|---|---|
| 1 | | 2 | | 3 | | 4 | | 5 | |
| 6 | | 7 | | 8 | | 9 | | 10 | |

## 2

| | | | | | | | | | | | | |
|---|---|---|---|---|---|---|---|---|---|---|---|---|
| 問1 | (1) | | (2) | | (3) | | (4) | | (5) | | | |
| | (6) | | (7) | | (8) | | | | | | | |
| 問2 | | | | | | | | | | | | |
| 問3 | 1 | | 2 | | 3 | | 4 | | 5 | | | |
| 問4 | | | | | | | | | | | | |
| 問5 | (1) | | (2) | | (3) | | (4) | | (5) | | (6) | |

【解答

（解答用紙）

令和６年度入学考査　　**数　学**　　大商学園高等学校

1…2点×8　2…3点×4　3…3点×4　4…3点×4　5…3点×3　6…(1)~(3)3点×3　(4)4点　7…(1)~(3)3点×3　(4)4点　8…(1)~(3)3点×3　(4)4点

| | | | | |
|---|---|---|---|---|
| **1** | (1) | | (2) | |
| | (3) | | (4) | |
| | (5) | | (6) | |
| | (7) | | (8) | |
| **2** | (1) | | (2) | |
| | (3) | | (4) | |
| **3** | (1) | $x=$ | (2) | $x=$ |
| | (3) | $x=$ | (4) | $x=$ |
| **4** | (1) | $\frac{z}{x}=$ | (2) | $y=$ |

問13
A B C D E F G

問14

【二】

問1

問2
B C

問3
① ②

問4

問5

問6

問7
(i) (ii)

問8
ア イ ウ エ オ

問9

問10

問11

問1．２点
問2．２点×２
問3．２点×２
問4．３点
問5．３点
問6．２点
問7．２点×２
問8．２点×５
問9．２点
問10．３点
問11．３点

【三】
① ② ③ ④ ⑤ ⑥ ⑦ ⑧

１点×８

【四】
① ② ③ ④ ⑤ ⑥ ⑦

１点×７

【五】
① ② ③ ④ ⑤

１点×５

問１　下線部①について，この時代のギリシャの都市国家は何と呼ばれますか。カタカナで答えなさい。

問２　下線部②について，1924年は大正時代ですが，大正時代のできごととして適する語句を選び答えなさい。

**廃藩置県　　米騒動　　足尾銅山鉱毒事件　　満州事変**

問３　下線部③について，奥野君は日本のスポーツの歴史について調べたところ，相撲の起源が奈良時代に編纂された本に載っていることを知りました。神代から持統天皇までの歴史を漢文・編年体で編纂し，720年に完成したとされる書物を選び答えなさい。

**古今和歌集　　風土記　　万葉集　　日本書紀**

問４　［　④　］について，先生は十干十二支を用いた歴史上のできごとについて，いくつか例を挙げました。以下の［　あ　］～［　え　］に適する語句を答えなさい。

672年　［　あ　］…天智天皇が亡くなった後の大海人皇子と大友皇子による跡継ぎをめぐる争い

1868～1869年　［　い　］…鳥羽伏見の戦いから翌年，函館での戦いまでの旧幕府軍と明治新政府軍との一連の戦い

1894年　［　う　］…朝鮮半島で東学という民間宗教を信仰する農民たちが，日本や欧米諸国の追放と政治改革を求めた反乱（漢字６字）

1911年　［　え　］…中国で「三民主義」を唱えた孫文らが中心となり，清を倒して，近代的国家を作ろうとした革命

問５　下線部⑤について，東京での夏季オリンピックは1964年に開催されました。これと同年のできごとを以下の記号から選び答えなさい。

**ア.サンフランシスコ平和条約の締結　　イ.日本国憲法の公布**

**ウ.東海道新幹線の開通　　エ.阪神・淡路大震災の発生**

問６　下線部⑥について，現在の豊中市で生まれた，「鉄腕アトム」や「リボンの騎士」など多数の漫画の作者として正しい人物を選び答えなさい。

**手塚治虫　　川端康成　　湯川秀樹　　長嶋茂雄**

## 4 次の文章を読み，あとの問いに答えなさい。

1716年，江戸幕府８代将軍となった（　１　）は，政治と経済の立て直しに着手しました。経済面においては，質素・倹約をかかげ，支出をおさえようとしました。また，幕府の収入を増やすため，新田開発を進め，豊作・不作にかかわらず一定の年貢を取り立てました。そして①参勤交代で，大名が江戸に住む期間を短縮する代わりに米を献上させました。この結果，幕府の収入は安定したものの，②ききんが起き，米価が高騰しました。そのため，江戸で初めての（　２　）が起こりました。政治面では，有能な人材を登用しました。そのうちのひとりである大岡忠相の意見により，江戸に（　３　）を設置し，民衆の訴えに耳を傾けたほか，（　４　）という法令集を作って裁判の基準としました。（　１　）の一連の政治改革を享保の改革といいます。

続いて政治改革を行った人物は，1787年，老中になった（　５　）です。彼の改革は，寛政の改革といいます。（　１　）の孫でもある彼は，享保の改革を理想として，農村と幕府財政の立て直しを図りました。その中で，江戸に出稼ぎに来ていた者を農村に帰し，ききんに備えて村ごとに米を蓄えさせました。また，③旗本や御家人の生活難を救うため，町人からの借金を帳消しにし，人材育成のため幕府の学校では（　６　）以外の講義を禁じました。出版物の内容にも取締りを行い，世の中の引き締めを目指しました。しかし，改革が厳しすぎるとして，民衆の反感をかい，十分な効果を得ることは出来ませんでした。

江戸幕府の政治が行き詰まる中，1841年，老中の（　７　）は，天保の改革と呼ばれる幕府政治の立て直しを始めました。彼は，風紀・出版を統制し，ぜいたくを禁じました。一方，物価引き下げのため，（　８　）を解散させ，商品の流通の独占を防ぎました。そして，財政の安定化や海防を進めるために江戸や大阪周辺の大名領や旗本領を幕府の直接支配地にしようと考えました。しかし，この政策は，大名たちから強い反発にあうなど，わずか２年で改革は行き詰まり，（　７　）は，老中を辞めさせられました。

問１　（　１　）～（　８　）にふさわしい語句を選び答えなさい。

| | | | | |
|---|---|---|---|---|
| **水野忠邦** | **打ちこわし** | **松平定信** | **公事方御定書** | **株仲間** |
| **蔵屋敷** | **目安箱** | **徳川吉宗** | **徳川綱吉** | **朱子学** |

問２　下線部①を制度化した江戸幕府の３代将軍を答えなさい。

問３　下線部②について，1830年代の天保のききんでの江戸幕府の対応に不満を持ち，1837年に大阪で弟子たちとともに反乱を起こした，大阪町奉行所の元役人を答えなさい。

問４　下線部③について，鎌倉時代にも同様の法令（御家人の生活を救おうとするもの）が出されたが，その法令を答えなさい。

問５　右記は，寛政の改革を風刺した狂歌です。この狂歌では，「寛政の改革があまりにも厳しいので，以前の老中の政治の方が良かった」と述べています。寛政の改革以前の９・10代将軍の頃に，江戸幕府の政治を主導した人物を答えなさい。

白河の
清きに魚も
住みかねて
もとの濁りの
田沼恋しき

**5** 図を参照して，あとの問いに答えなさい。

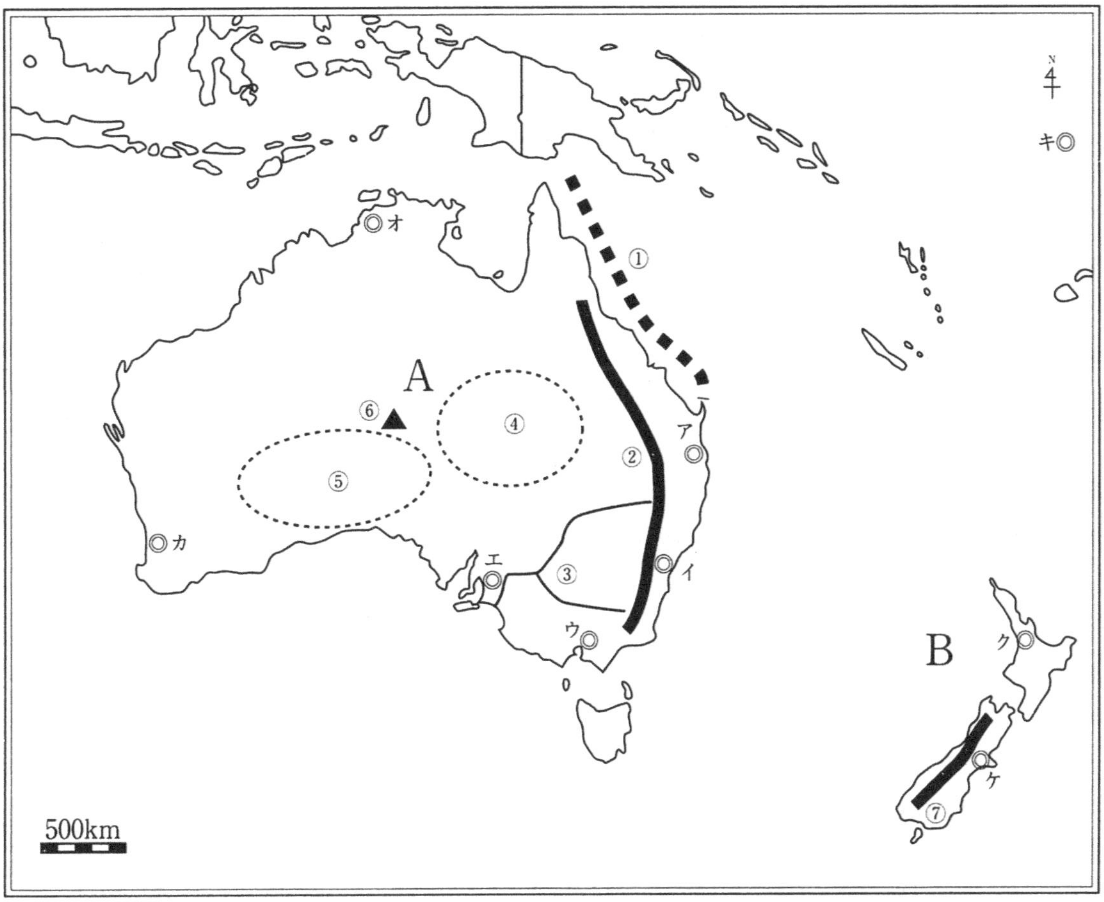


問1　A国の大半をしめる大陸の地形の特徴に当てはまる記号を選び，答えなさい。

　ア．**山岳地形が発達して，急流の河川が多い**

　イ．**なだらかな地形や平原が広がり地震も少ない**

　ウ．**氷河地形が発達して海岸は入り江が多い**

　エ．**火山活動が活発で，各地に温泉が湧きでる**

問2　①の海域に広がる世界最大規模のサンゴ礁を何というかカタカナで答えなさい。

問3　②の山脈の名称を答えなさい。

問4　A国では牧畜が盛んです。③の河川の流域で主に飼育されている動物を漢字で答えなさい。

問5　④の盆地の名称を答えなさい。また，その地域の牧畜で，主に飼育されている動物を答えなさい。

問6　問5の動物は加工された後，輸出されます。日本での，その商品名をカタカナで答えなさい。

問7　⑤に広がる地形と同じ地形として，アフリカ大陸にある世界最大のものを答えなさい。

問8　⑥は世界最大の一枚岩である。その名称を答えなさい。

問９　⑦の山脈の特徴として当てはまる記号を選び，答えなさい。

**ア．山岳地形と氷河が発達している**

**イ．なだらかな丘陵地形が連なる**

**ウ．火山が多く，各地に温泉が湧く**

**エ．台地状の地形が広がり，大きな落差のある滝が多数存在する**

問10　Ａ国の先住民の名称を答えなさい。

問11　Ａ国で，過去に行われていた移民の制限政策を漢字で答えなさい。

問12　世界各地からの移民や先住民の，お互いの文化的背景を尊重し共生し合う社会を何というか答えなさい。

問13　Ｂ国の先住民の名称を答えなさい。

問14　問13の先住民の文化で，現在ではスポーツの試合前などにも披露する伝統的な踊りを答えなさい。

問15　Ａ国の最大都市をア～カの中から選択し，その都市名と合わせて答えなさい。

問16　オのようなＡ国の北西部の港湾都市は，鉱物資源の輸出港として利用されている。それらの港での主要な鉱物資源として，誤っている記号を選び答えなさい。

**ア．石炭　　イ．ウラン　　ウ．金　　エ．鉄鉱石　　オ．硫黄**

問17　ア～カの内，温帯に属さない都市を答えなさい。

問18　Ａ国が，アジア諸国との関係強化を進める中で加入している貿易に関する組織として，適切な記号を選び答えなさい。

**ア．NATO　　イ．APEC　　ウ．UN　　エ．EU　　オ．UNICEF**

問19　キはフナフティという都市である。このような洋上の島が直面する地球環境問題として，適切な記号を選び答えなさい。

**ア．大気汚染　　イ．水質汚濁　　ウ．海面上昇**

**エ．土壌汚染　　オ．騒音公害**

令　和　5　年　度

# 大商学園高等学校　入学考査問題

# 国　語

（50分）

## 注　意

＊「開始」の合図があるまでは開いてはいけません。

＊「開始」の合図のあと、解答用紙に受験番号と氏名を書きなさい。

＊ 答えはすべて解答用紙の指定された解答欄に書きなさい。

＊「終了」の合図ですぐ筆記用具を置きなさい。

【一】 次の文章を読み、後の問いに答えなさい。

①人は初対面の人と話すときに10分間に3回ウソをつくという研究結果があります。

マサチューセッツ大学で心理学を研究しているロバート・フェルドマン教授が行った実験です。初対面の被験者を集め、「10分間で親しくなってください」と伝えて話をしてもらいます。その様子を(a)ロクガし、後から被験者にそれぞれ自分の発言で不適切（②「ウソ」というと言いづらくなるのでこう表現したそうです）と思われる箇所を指摘してもらったところ、１００人以上の実験で平均して１人３回の不適切箇所＝ウソがあったと認めたのです。

この結果に驚かれる人もいるでしょう。

でも、正直なところ私の実感としては、人間はより多くのウソを、ほぼ無意識のうちに日頃から使ってしまっているように思います。

A、そのほうが相手に対してよりよい印象を与え、会話をスムーズに進めることができる、と私たちは教育されてきているからです。

ウソというと、相手を騙《だま》したり、陥れたりするためのものであり、けしからんものと思われがちです。B むしろ相手とより良好な関係を築き、互恵的なコミュニケーションをとるのにウソは必要だと、被験者たちは感じていたということを、この実験は浮き彫りにしたのではないでしょうか。C、ウソは、自分が疑われたり、攻撃されるのを避ける「保身のため」や、好かれたい、褒められたいという「(b)ショウニン欲求を満たすため」、さらには相手を傷つけたくないという「思いやり・気遣い」から生じるものも多いはずです。

例えば、大事な人と会う約束をすっかり失念してしまったとき、理由を問われたら「約束を忘れていました」と正直に伝えるよりも、「X」などと伝えるほうが、③「角が立たない」と思う人は多いでしょう。

新しい服を着てきた友人に対し、本心ではあまり似合っていないと思ったとしても、「それ、君には似合わないよ」ともし言ったとしたら、二人の関係はギクシャクしたものになってしまいかねないのではないでしょうか。もちろん、④「そんなことでは私たちの友情はビクともしない」と自信をもっている人も少なからずいるとは思いますが……。

「正直に話すことはいいことだ」と教えられてはいても、ありのままに伝えることで相手に Y を与えたり、いらぬ誤解を与えて面倒なことになったりという経験を繰り返して、私たちは「大人」になっていきます。本音を口にするリスクを(c)コウリョし、当たり障りのないウソをつき、会話の自然な流れを促して時間を節約し、できるだけ良好な人間関係を築くことのできる人が、社会性の高い人であると見なされることが、⑤人間のつくる社会の暗黙のルールとして存在するのです。

（中略）

ウソという言葉を善悪で捉え、ウソを(d)戒める倫理・道徳は⑥古今東西、様々な形で存在してきました。これは、それだけで人間社会にウソが多いということの裏返しでもあり、人間がそのままにしておけば、フェイクに満ちたコミュニケーションばかりをとるようになりかねないという基本的な性質をもつことを考えれば、やむをえないのかもしれません。

とはいえ、人は確かに信じている人に(e)欺かれると、信頼を踏みにじられた気持ちになり、深く傷つくものです。ウソは人間同士の美しい信頼関係をも破壊しうるものです。狡猾《こうかつ》な手段で人の弱みに付け込み、ウソをついて(f)搾取しようとする人を簡単に許すべきではありません。

一方で、人間が共同体の中で生きていくには、ウソは必要不可欠である…。ウソの淵源《えんげん》にあるのは、単なる悪意だけでなく、⑦私たちはその狭間で苦しみます。

この苦しみは、人間が社会性をもって存在する種であり続ける限り、根本的には解消されることはないでしょう。この状況の中で、最も価値的なあり方を(g)モサクするとしたら、それは正直さとウソをつくことのリスクとメリットを考え、上手に選択できる(h)術を身に付けることの中にあるのではないでしょうか。

私たちには考える余地が残されています。何のためにウソをつくのかを含めて、ウソ・フェイクについて考察していく中に、ウソやフェイクをより深く(i)ブンセキし、(j)ムダにそれらに振り回されず、容易に騙されるリスクを回避できる知恵があるのではないでしょうか。

『フェイク』中野信子より　設問の都合上、一部変更がある

問1　傍線部(a)～(j)の漢字はひらがなに、カタカナは漢字に直しなさい。

問2　空欄 A ～ C にあてはまる適切な語をそれぞれ次の中から選び、記号で答えなさい。

**ア** そして　**イ** しかし　**ウ** なぜなら　**エ** すると　**オ** また　**カ** さて

問3　傍線部①「人は初対面の人と話すときに10分間に3回ウソをつく」とありますが、何のためにそうするのですか。適切なものを次の中から選び、記号で答えなさい。

ア　相手を傷つけないため　　イ　相手を騙すため　　ウ　相手を喜ばせるため

エ　相手に良い印象を与えるため　　オ　相手に信頼してもらうため

問4　傍線部②『「ウソ」というと言いづらくなるのでこう表現した』とありますが、その理由を解答欄に続く形で、本文から四十五字以内で探し、初めと終わりの五字を答えなさい。

問5　空欄 X にあてはまる会話として適切なものを次の中から過不足なく選び、記号で答えなさい。

ア　初めから行く気がなかった　　イ　日付を間違えた　　ウ　他の人からの誘いを断れなかった

エ　体調を崩してしまった　　オ　身内に不幸があった

問6　傍線部③「角が立たない」とありますが「角が立つ」という言葉の意味として適切なものを次の中から選び、記号で答えなさい。

ア　話がうまく、口達者である　　イ　才知に優れていて、利口である

ウ　物事が穏やかでなく、人との関係を損なう　　エ　積極的に物事に取り組み、先導する

問7　傍線部④「そんなこと」を簡潔に説明しなさい。

問8　空欄 Y にあてはまる適切な言葉を次の中から選び、記号で答えなさい。

ア　優越感　　イ　不快感　　ウ　劣等感　　エ　快感　　オ　正義感　　カ　罪悪感

問9　傍線部⑤「人間のつくる社会の暗黙のルール」として適切なものを次の中から選び、記号で答えなさい。

ア　様々なウソをつき、相手を傷つけ、騙し、陥れてでも人の上に立とうと考える人こそが社会性の高い人である。

イ　何一つウソをつかず、正直に相手に全て打ち明けながら、時間をかけて人間関係を作り上げる人こそが社会性の高い人である。

ウ　当たり障りのないウソをつき、短い時間でできるだけ良好な人間関係を築ける人こそが社会性の高い人である。

エ　ウソをつき、狡猾な手段で人の弱みに付け込み搾取し、うわべだけの美しい人間関係を築く人こそが社会性の高い人である。

オ　自己評価を高めるために事実を無視し、誰とも深く関わらずウソで塗り固めた人生を送れる人こそが社会性の高い人である。

問10　傍線部⑥「古今東西」と同じ構成の四字熟語を次から選び、一つ記号で答えなさい。

ア　十人十色　　イ　老若男女　　ウ　弱肉強食　　エ　温故知新　　オ　馬耳東風

問11　傍線部⑦「私たちはその狭間で苦しみます」とありますが、「狭間」を説明したあとの文章の空欄に入る言葉を指定された字数で本文から抜き出して答えなさい。

ウソは人間同士の［Ⅰ（八字）］しうるものである一方、その淵源にあるものは［Ⅱ（二字）］だけではなく、人間が［Ⅲ（二字）］で生きていくには［Ⅳ（五字）］なものであるということ。

問12　次の文章は、本文の一部を抜粋したものです。次の文章を読み、後の問いに答えなさい。

ウソには様々な種類があります。自分を守るためのウソ、自分をよく見せて誰かに認められるためのウソ、誰かを守るためのウソ、誰かを騙し自分の利益を得ようとするウソなど、私たちの身の回りにはいろいろなウソがあります。

心理学辞典によれば、「嘘《うそ》とは意図的に騙す陳述を指し、単なる不正確な陳述とは異なる」とされています。心理学者のウィルソンらはウソを以下の５つのタイプに分けています。①自己保護のためのウソ　②自己拡大のためのウソ　③忠誠のウソ　④利己的なウソ　⑤反社会的・有害なウソ

・二重傍線部ではウソには５つのタイプがあると述べられています。次の㋐～㋔は二重傍線部内の①～⑤のどのウソのタイプに分類されるか、記号で答えなさい。

㋐　周囲からねたまれないためにわざと自分は「実力」「財産」「学力」などをもっていないように装って見せる

㋑　会社のため、まだ先は長いと分かっていても「あと少しだよ」などと言って激励し、利益を出そうとする

㋒　インターネットの未払いがあるなどと言い、実際には使用していない料金を支払わせようとする

㋓　実際には起こっていないのに、地震により動物園からトラが逃げたとツイッターに投稿する

㋔　恋愛において、相手の気をひき、好感度を上げるために自分を偽り相手の好みに合わせる

【二】次の文章を読み、後の問いに答えなさい。

真乗院に、盛親僧都《じょうしんそうず》とて、Aやんごとなき智者ありけり。芋頭《いもがしら》といふ物を好みて多く食ひけり。談義の座にても、大きなる鉢にうづたかく盛りて、膝《ひざ》元に置きつつ、食ひながら、文をも読みけり。患ふ事あるには、七日・二七日※1など、(a)れうじとて籠《こも》り居て、思ふやうによき芋頭を選びて、ことに多く食ひて万《よろず》の病を癒しけり。人に食はする事なし。ただひとりのみぞ食ひ X 。極めて貧しかりけるに、師匠、死にさまに、銭二百貫《かん》と坊※2ひとつを譲りたりけるを、坊を百貫に売りて、かれこれ三万疋《ひき》※3を芋頭の銭と定めて京なる人に預け置きて、十貫づつ取り寄せて、芋頭を乏しからずB召しけるほどに、また、他用に(b)用ゐることなくて、①その銭皆に成りにけり。「三百貫の物を貧しき身に(c)まうけて、かく計らひける、まことに有り難き道心者なり」とぞ、人申し X 。

この僧都、或《ある》法師を見て、しろうるりといふ名をつけたりけり。「とは、何物ぞ」と人の問ひければ、「さる者を我も知らず。若《も》しあらましかば、②この僧の顔に(d)似てむ」とぞ言ひ X 。

この僧都、みめよく、力強く、大食にて、能書・学匠・弁舌、人にすぐれて、宗の法灯※4なれば、寺中にも重く思はれたりけれども、世を軽く思ひたる③曲者にて、万自由にして、大方、人に従ふといふ事なし。出仕して饗膳《きょうぜん》などにつく時も皆人の前据《す》ゑわたすを待たず我が前に(e)据ゑぬれば、Cやがてひとりうち食ひて、帰りたければ、ひとりつい立ちて行きけり。斎・非時※5も、人に等しく定めて食はず。我が食ひたき時、夜中にも暁にも食ひて、睡《ねむ》たければ、昼もかけ籠りていかなる大事あれども、人の言ふ事聞き入れず、目覚めぬれば、幾夜も寝ねず、心を澄ましてうそぶきありきなど、尋常ならぬさまなれども、人に厭《いと》はれず、万許されけり。徳の至れりけるにや。

『徒然草』第六十段より　設問の都合上、一部変更がある

※1 二七日…十四日間
※2 坊…僧の住むところ
※3 疋…銭十文を単位として数える語
※4 宗の法灯…宗派の中で重きをなす人
※5 斎・非時…「斎」食すべき時の意味、「非時」は正午を過ぎて食べること。

問1　太線部(a)～(e)を現代仮名遣いに直して答えなさい。（漢字はそのままでよい。）

問2　二重傍線部A～Cの現代語訳として適切なものを次の中から選び、記号で答えなさい。

A「やんごとなき智者」

**ア**　僧侶とは思い得ない者　　**イ**　貴重な知恵を持つ学者

**ウ**　不思議な力を持つ僧　　**エ**　並々でない偉い学僧

B「召しけるほどに、」

**ア**　お取り寄せになる間、　　**イ**　召し上がっているうちに、

**ウ**　仲間をお呼びになるうちに、　　**エ**　大量にお持ちになる間、

C「やがてひとりうち食ひて、」

**ア**　少し経ってから食べて、　　**イ**　そのうち、隠れて食べて、

**ウ**　段々、自宅で食べて、　　**エ**　すぐに自分だけ食べて、

問3　傍線部①「その銭皆に成りにけり」について。

1　結果的に「銭」は何に使われたのか、本文から二字で抜き出しなさい。

2　そのような行動はどのように評価されたか。本文から十字以内で抜き出しなさい。

問4　傍線部②「僧の顔」とあるが、どのような顔をしているか、本文から五字以内で抜き出しなさい。

問5　傍線部③「曲《くせ》者」の意味として適切なものを次の中から選び、記号で答えなさい。

**ア**　寺内において重宝される優れた者　　**イ**　自己陶酔的な見た目の良い人

**ウ**　周囲に気を掛けない変わり者　　**エ**　曲がったことが嫌いな人

問6　空欄Xに入る語として適切なものを次の中から選び、記号で答えなさい。

**ア**　けり　　**イ**　ける　　**ウ**　けれ　　**エ**　けら

問7　次の文章は五位（大夫殿）が「芋粥を満足するまで食べたい」と言ったのを利仁《としひと》が聞き、それをかなえましょうと言ってその場が終わった後に続く話である。この文章を読み、「盛親僧都」と「利仁」の性格の共通点を、後の選択肢から選び、記号で答えなさい。

　さて、四五日ほど過ぎて、五位が自分の部屋に下がっていたところへ、利仁が来て、「さあご一緒に参りましょう。お湯を浴びに。大夫殿」と言うと、「それはとてもありがたいことですな。今夜は体が痒《かゆ》かったところですから。ところで乗り物がありませんが」と言うと「ここに見苦しいですが馬を用意しております」と言うと、「おお、うれしや、うれしや」と言って、薄い綿入れの着物二枚ほどを重ね、青鈍色《あおにび》の指貫袴《ゆびぬきばかま》の裾《すそ》が破れたものをはき、同じ色の狩衣《かりぎぬ》の肩が少し落ちたものを着て、下袴もはいていない。

（中略）

　滑稽《こっけい》ではあるが、この五位を先に立て、利仁も五位も馬に乗って賀茂の川原の方向に向かって乗りだした。五位の供には賤《いや》しい召使の小者さえいない。利仁の供には、武具持ち、馬の口取り、雑役夫《ざつえきふ》が一人ずついた。川原を過ぎて粟田口《あわたぐち》を通りかかると、五位が「どこへ行くのですか」と聞くので、利仁はただ、「ここだ、ここだ」と言いながら山科も通り過ぎてしまった。「これはどうしたことだ。ここだ、ここだと言いながら山科も通り過ぎましたぞ」と五位が言うと、「あそこ、あそこ」と言って、関山も通り過ぎてしまった。「ここだ、ここだ」と言って、三井寺にいる利仁の知り合いの僧の所へ行ったので、五位は、「ここで湯を沸かしているのか」と思うのだが、「なんと馬鹿げて遠くへ来たものかな」と思う。ところが、ここにも湯はありそうにもなかった。五位が、「どこです。湯は」と言うと、「本当は敦賀へお連れ申すのです」と言うと、五位は、「まったく正気ではない。京でそう言ってくだされば、下男なども連れて来るはずでしたのに」と言うと、利仁は嘲笑《あざわら》って、「利仁一人いれば、千人力とお思いください」と言う。こうして、食事をしたりして急いで出発した。

**ア**　他人を驚かし、秘密裏に事を始めるのが好きな性格。

**イ**　マイペースで、細かいことに囚われない性格。

**ウ**　他者の名前をあだ名で呼ぶ、人なつっこい社交的な性格。

**エ**　他者を援助する、慈愛の精神に満ちた性格。

問8　本文は日本三大随筆の一つであるが、その三大随筆の中で最も成立年が古いものを漢字で答えなさい。

【三】次の①～⑤の内容と一致することわざを、それぞれ後の語群から選び、記号で答えなさい。

① 話がよどみなく巧みなこと。
② 元気がなくしょげている様子。
③ 態度に愛想がなく冷淡なこと。
④ 相手の出方しだいで応じ方も変わること。
⑤ 手近なところに意外な事件が起こること。

［語群］ア 立つ鳥あとを濁さず　イ 足元から鳥が立つ　ウ 木で鼻をくくる　エ 青菜に塩
オ 立て板に水　カ つめに火をともす　キ 魚心あれば水心

【四】次の①～⑤の慣用句の「□」に、それぞれ漢字一字をあてはめなさい。（　）内のことばは、その慣用句の意味を示しています。

① □が置けない（打ち解けている）
② □に乗る（調子に乗る）
③ □をさす（じゃまをする）
④ □に振る（努力を無にする）
⑤ □に衣を着せぬ（素直に言う）

【五】次の①～⑥の文の、傍線部の品詞をそれぞれ後の語群から選び、記号で答えなさい。

① あの木のところまで競走しよう。
② ぬかるんだ道をゆっくり歩く。
③ きれいな花が庭いっぱいに咲く。
④ 校内放送で自分の名を呼ばれる。
⑤ 高い山々が遠くに見える。
⑥ 青く透き通った秋の空を見上げる。

［語群］ア 名詞　イ 動詞　ウ 形容詞　エ 形容動詞　オ 副詞　カ 連体詞　キ 助動詞　ク 助詞

【六】次の①～④の文の、傍線部「の」の働きとして適当なものを後の語群から選び、記号で答えなさい。同じ記号を二度以上用いてもかまいません。

① 遠くで雷の鳴る音が聞こえる。
② 秋晴れのさわやかな朝を迎える。
③ 梅の香のにおう道をふたりで歩く。
④ すぐ怒ってしまうのが彼のよくないところだ。

［語群］ア 連体修飾語を示す　イ 主語を示す　ウ 体言と同じ資格を与える

令　和　5　年　度

# 大商学園高等学校　入学考査問題

# 数　学

（50分）

## 注　意

＊「開始」の合図があるまでは開いてはいけません。

＊「開始」の合図のあと、解答用紙に受験番号と氏名を書きなさい。

＊ 答えはすべて解答用紙の指定された解答欄に書きなさい。

＊「終了」の合図ですぐ筆記用具を置きなさい。

1 次の計算をしなさい。

(1) $77 - 7 \times 7 + (-77) \div 7$

(2) $1001 \times 5 - 77 \times 169$

(3) $\dfrac{4}{9} - \dfrac{2}{9} \times \left( \dfrac{3}{5} - \dfrac{1}{10} \right)$

(4) $\left( \dfrac{10}{\sqrt{5}} - \sqrt{80} \right)^2$

(5) $(2 + \sqrt{13})(2 - \sqrt{13})$

(6) $\dfrac{2 - 3x}{2} - \dfrac{4 - 3x}{4} + \dfrac{8 - 3x}{8}$

(7) $(-2a^2b)^3 \div 2a \div (-2a^2b^3)$

(8) $(x - y)^2 - (x - y)(x + 2y)$

2 次の式を因数分解しなさい。

(1) $9x^2-6xy$

(2) $x^2+13x+36$

(3) $4x^2-1$

(4) $(x-1)^2-(x-1)-12$

3 次の方程式を解きなさい。

(1) $\dfrac{x+5}{2}=\dfrac{2x-3}{3}$

(2) $x^2-18x+32=0$

(3) $(x-3)^2=x-3$

(4) $x^2=\dfrac{2x+1}{2}$

4 次の各問いに答えなさい。

(1) $x=1$，$y=-2$ のとき，$2x^2-4xy-6y^2$ の値を求めなさい。

(2) 等式 $m=\dfrac{m+3a}{4}-b$ を $a$ について解きなさい。

(3) $a$ を自然数とするとき，$9.8<\sqrt{a}<10$ を満たす $a$ の値は全部で何個あるか求めなさい。

(4) 2次方程式 $x^2+ax-10=0$ の解の1つが2であるとき，$a$ の値を求めなさい。

5 A社とB社はそれぞれ基本プランとプレミアムプランの 2 種類の月額プランを展開している。A社のプレミアムプランの料金は基本プランより 2 割高く，B社のプレミアムプランの料金は基本プランよりひと月あたり 200円 高い。A社，B社のひと月あたりの基本プランの料金をそれぞれ $x$円，$y$円として，次の問いに答えなさい。

(1) アキラさんはA社とB社の基本プランを利用した。2 社ともその月はセールのため 10％引きで利用することができたので，その月の支払額の合計は1350 円であった。次の □ に当てはまる $x$，$y$の式を求めなさい。

$$\boxed{\phantom{xxxxxxxx}} = 1350$$

(2) ヒロシくんはA社とB社のプレミアムプランを利用しており，ひと月の支払額の合計は1800 円であった。次の □ に当てはまる $x$，$y$の式を求めなさい。

$$\boxed{\phantom{xxxxxxxx}} = 1600$$

(3) (1) と (2) の式から $x$，$y$の値を求めなさい。

6 1，2，3，4，5の数字を1つずつ書いた5枚のカードが入った箱からカードを続けて3枚取り出して，1枚目の数字を百の位の数，2枚目の数字を十の位の数，3枚目の数字を一の位の数として3けたの整数をつくるとき，次の問いに答えなさい。

(1) 3けたの整数は全部で何個できるか求めなさい。

(2) できる3けたの整数のうち，小さい方から23番目の整数を求めなさい。

(3) 321より大きい整数ができる確率を求めなさい。

(4) 6の倍数ができる確率を求めなさい。

7 下の図のように，放物線 $y=\frac{1}{4}x^2$ と直線 $\ell$ が2点A，Bで交わっており，点Aの $x$ 座標は $-4$，点Bの $x$ 座標は6である。次の問いに答えなさい。

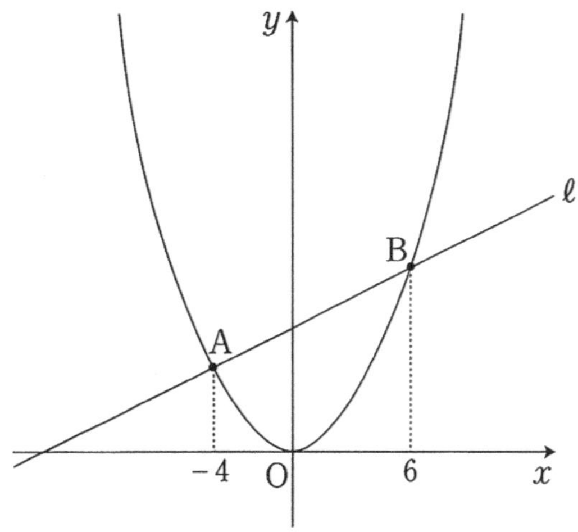


(1) 点Aの $y$ 座標を求めなさい。

(2) 直線 $\ell$ の式を求めなさい。

(3) △OABの面積を求めなさい。

(4) 直線 $\ell$ と $x$ 軸の交点をCとする。△OBCの面積は△OABの面積の何倍であるか求めなさい。

8 下の図のように，1 辺 4 cmの立方体の各辺の中点を結ぶ線分で切り取って残る立体をPとするとき，次の問いに答えなさい。

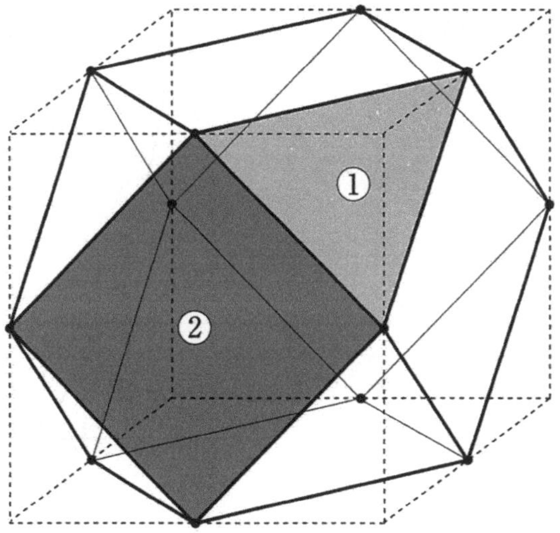


(1) 立体Pの色がついた部分①の面積を求めなさい。

(2) 立体Pの色がついた部分②の面積を求めなさい。

(3) 立体Pの表面積を求めなさい。

(4) 立体Pの体積を求めなさい。

令　和　5　年　度

# 大商学園高等学校　入学考査問題

# 英　語

**（50分）**

## 注　意

＊「開始」の合図があるまでは開いてはいけません。

＊「開始」の合図のあと、解答用紙に受験番号と氏名を書きなさい。

＊答えはすべて解答用紙の指定された解答欄に書きなさい。

＊「終了」の合図ですぐ筆記用具を置きなさい。

1 次の英文の（　　）内に最も適するものをア～エから１つずつ選び，記号で答えなさい。

1．I can see many (　　) in this section.

ア knife　イ televisions　ウ picture　エ information

2．Kenny's birthday party will (　　) next Sunday.

ア holding　イ to hold　ウ be held　エ hold

3．I can't find my pen.　I'm looking (　　) it now.

ア on　イ at　ウ for　エ to

4．Look over there.　(　　) are the people standing in line for?

ア Why　イ Where　ウ How　エ What

5．I'm (　　) my team lost the baseball game.

ア think that　イ know that　ウ glad that　エ sorry that

6．Let's ask (　　) here early tomorrow morning.

ア him come to　イ to come him　ウ to him come　エ him to come

7．He has used this computer (　　) last year.

ア yet　イ since　ウ for　エ once

8．Please call me when you (　　) at the station.

ア arrive　イ arrived　ウ will arrive　エ were arriving

9．That big dog (　　) brown hair is mine.

ア in　イ is　ウ has　エ which has

10．One of the twenty players I saw in London (　　) Japanese.

ア was　イ were　ウ am　エ which is

2 イギリスにホームステイした「松岡奈々」さんについての文章である。英文を読んで各問いに答えなさい。

**Nana's Homestay in London**

by Nana Matsuoka

*Nana Matsuoka, a college student from Japan, had a wonderful homestay in London. She lived with a British family and studied English.*

"What do you want for your 19th birthday?" my parents asked me. "A ring," I replied. However, instead of a ring, my parents gave me a homestay in London.

On February 11, I left Japan. On the plane, I worried about being all alone there – a stranger to London. But when I met the Flannery family (my host family), their warm welcome **made me feel at ease. Both my host father and mother were very kind and *treated me like their own ( 1 ).

**Getting Ready to Go**

Before going to London, I did some research on English schools in London and chose OHC (Oxford House College), mainly because it had *reasonable fees. Also, there weren't many Japanese students at OHC.

I took my parents' ( 2 ) and requested that my homestay family have both a mother and a father, be native-born, non-smoking, middle-class British people, and live near a subway station. I later found that this was very good advice, since some of my friends at the English school were having problems with their host families.

**Living in London**

My host family lived in an apartment in London. It was very close to a subway station, so it was easy for me to travel around the city. I visited the ( 3 ) sites in London. I study art history, so the museums were my favorite places. The British Museum is one of the most famous museums in the world. Also, there were many historic buildings in London. I enjoyed visiting Buckingham palace, The Tower of London, Westminster Abbey, and so on. They **made me feel the history.

Potatoes! It took me a little time to *get used to the many kinds of potato dishes served: fried potatoes, steamed potatoes, sliced potatoes, and different-colored potatoes. My host family mother was a good ( 4 ). She made delicious pasta and chicken dishes and even cooked rice for me. Also, **(a)[ <u>how / she / make / me / taught / potato dishes / to</u> ]**, and now I make them at home.

Carole, a French girl, was another homestay student living with us, and we often went around London together. On Saturdays, my host family would have a party at home with friends or family. When we returned from touring London, Carole and I would join the ( 5 ). On Saturday evenings, Mr. and Mrs. Flannery would go to their favorite *pub to spend time together.

**Spending School life**

Although I selected a school with few Japanese students, there were still at least two in each class. In class, I tried to speak English a lot, but many Japanese students didn't use English very much (even if they had large *vocabularies), and spoke only ( 6 ) with their friends.

Sometimes, I asked other people their *impression of Japan. "Japanese people work too hard," said my French friend. My teacher thought that Japanese people were very rich. I did not agree with these points, but I was very interested in knowing what foreign people thought. My homestay in London **made me realize that speaking English was very ( 7 ) because it is the language that people from many countries use the most. I would like to be more open-minded about people from different countries, like my host family.

**Going back to Japan**

I was sad when I left London on March 9, but I'll never ( 8 ) my wonderful time there. My host father and mother told me that they want to visit Japan for sightseeing in a few years. [ A ]

**made me ~　私に～させた　　made me feel at ease　私を安心させた
*treated ~　～を扱った　　*reasonable fees　手ごろな料金
*get used to ~　～に慣れる　　*pub　飲み屋・バー
*vocabularies　語い（知っている単語の数）　　*impression　印象

問題は次のページです

問1 （ 1 ）～（ 8 ）に当てはまる最も適切な語をア～エから１つずつ選び，記号で答えなさい。

| | | | | |
|---|---|---|---|---|
| （1） | ア brother | イ daughter | ウ student | エ Japanese |
| （2） | ア letter | イ advice | ウ telephone | エ pictures |
| （3） | ア new | イ web | ウ famous | エ center |
| （4） | ア speaker | イ teacher | ウ driver | エ cook |
| （5） | ア party | イ club | ウ class | エ team |
| （6） | ア one | イ teachers | ウ Japanese | エ English |
| （7） | ア difficult | イ careful | ウ serious | エ important |
| （8） | ア spend | イ forget | ウ make | エ take |

問2 下線部(a)が「彼女は私にジャガイモ料理の作り方を教えてくれた」という意味になるように並べかえなさい。

問3 次の各質問の答えとして最も適切なものをア～エから１つずつ選び，記号で答えなさい。

1．How did Nana go to London?

ア She wanted to visit London.

イ She went to London to study English.

ウ She flew to London.

エ She had to study British history.

2．Why did Nana decide to study at OHC?

ア OHC was not expensive.

イ OHC was a very famous school.

ウ There were a lot of Japanese students at OHC.

エ Her mother wanted her to study at OHC.

3．What problem did Nana's friends have?

ア Some of them didn't have enough money for school.

イ Some of them didn't live with good host families.

ウ Some of them didn't want to study English hard.

エ Some of them didn't get good grades.

4. How did Nana spend her weekends?

ア　She spent her time talking with her classmates.

イ　She spent her time studying English.

ウ　She enjoyed cooking with her host family.

エ　She enjoyed the party with her friend.

5. Who did Nana always talk with in school?

ア　She talked with her teachers.

イ　She talked with her friends from other countries.

ウ　She talked with her Japanese friends.

エ　She didn't talk with anyone.

6. How long did Nana study in London?

ア　About two weeks.

イ　About one month.

ウ　About three months.

エ　About half a year.

問4　本文の内容と一致するものには○，一致しないものには×で答えなさい。

(1) 奈々の両親は，最初ホームステイには反対だった。

(2) 奈々はイギリスの政治を勉強している。

(3) ロンドンではジャガイモ料理が多く，最後は飽きてしまった。

(4) 同じ家にホームステイしているフランス人の女性と仲良くなった。

(5) 日本に対する外国人の印象は，奈々の考えているものに近かった。

(6) 奈々は外国の人に対してもっと広い心を持ちたいと考えている。

問5　[ A ] に当てはまる最も適切な英文をア～エから１つ選び，記号で答えなさい。

ア　I can't speak well !

イ　I can't tell them the time !

ウ　I can't wait !

エ　I can't study more !

3 次の英文を読んで各問いに答えなさい。

## ★ The Olympic Games ★

**774 *BCE** The Olympic Games start in Greece. They happen every four years. But these Olympics only have running, boxing, and a few other sports. Only men can join.

**393 *CE** The last of the old Olympic Games happen.

**1896** The Olympic Games start again. The idea comes from a French man named Pierre de Coubertin. He wanted to bring people from all countries together. The 1896 Olympics have swimming, tennis, running, and many other sports.

**1900** The first Olympics with men and women happen in Paris. Women only play a few sports, such as golf, tennis, and sailing. Soccer becomes the first team sport.

**1924** The first Winter Olympic happen. Two of the big sports are skating and ice hockey. Skating is the only winter sport for women.

**1964** Volleyball becomes part of the Olympics. It's the first Olympic Games in Asia (Tokyo, Japan).

**2021** Surfing, climbing, and skateboarding become Olympic sports. There are now women players in most Olympic sports.

**20??** Some people want fishing, bowling and chess to be in the Olympics. Maybe someday!

*BCE 紀元前　*CE 西暦

次の各質問の答えとして最も適切なものをア～エから1つずつ選び，記号で答えなさい。

1. How many years did it take to start the Olympic Games again?

ア About 400 years.

イ About 800 years.

ウ About 1200 years.

エ About 1500 years.

2. Before 1964, which sport did women NOT join in the Olympic Games?

ア Golf.

イ Tennis.

ウ Ice hockey.

エ Skating.

3. Which sport may be in the Olympics in the future?

ア Surfing.

イ Skateboarding.

ウ Boxing.

エ Bowling.

4. What is the reading mainly about?

ア The first women in the Olympics.

イ The history of the Olympics.

ウ The future of the Olympics.

エ The most popular Olympic sports.

4 次のAdamとLizの会話を読んで，各問いに答えなさい。
(Adam = A　Liz = L　とします)

A： Hi, Liz! How was your volleyball practice?

L： Hey, Adam! [ A ] My team is doing well lately. I think we have a good chance of winning the *upcoming tournament.

A： That's great! Did I tell you that my grandparents were coming for a visit? They arrived this morning. They're staying for the whole week. We're planning to go to the beach tomorrow.

L： [ B ]

A： My grandparents asked me *if I wanted to invite some friends to come along. I was wondering if you would like to come with us. Do you have plans for tomorrow?

L： [ C ] I have a lot of housework to do. On Saturdays, I always wake up at 6:30 in the morning and make my bed. Then, I cook breakfast for my parents.

A： Your parents work in their store on Saturdays, don't they?

L： That's right. I always try to make breakfast for them before they go to work. Then, after breakfast, I have to take a shower at about eight o'clock. Next, I have to start the laundry at nine o'clock. After doing the laundry, I have to *do the dusting at ten, and then *do the vacuuming after that. That usually takes until around eleven. Finally, I make lunch around noon and take it to my parents at the store.

A： Wow! You are so busy in the mornings. [ D ] How about if we pick you up at one o'clock?

L： [ E ] I would like to *hang out at the beach.

*upcoming tournament　近いうちの行われる試合　　*if～　～かどうか
*do the dusting　床をモップで拭く　　*do the vacuuming　掃除機をかける　　*hang out　遊ぶ

問1　文中の空所［　A　］～［　E　］に入る最も適切なものを，ア～カからそれぞれ1つずつ選び，記号で答えなさい。

ア　I'm busy in the morning.
イ　No thanks.
ウ　Yes, that's OK.
エ　That sounds nice.
オ　It sounds very tiring.
カ　Practice was very good.

問2　次の各質問の答えとして最も適切なものをア～エから1つずつ選び，記号で答えなさい。

1．How long will Adam's grandparents stay?
ア　One day.
イ　Only tomorrow.
ウ　By Saturday.
エ　Seven days.

2．Why did Adam ask Liz about her plan for tomorrow?
ア　Because he wants to go on a date with her.
イ　Because they have volleyball tournament.
ウ　Because he wants to introduce Liz to his family.
エ　Because he has nothing to do tomorrow.

3．Who goes to work on Saturdays?
ア　Liz.
イ　Adam.
ウ　Liz's parents.
エ　Adam's grandparents.

4．What does Liz usually do on Saturdays around 12 o'clock?
ア　She takes a shower.
イ　She does the laundry.
ウ　She has lunch.
エ　She goes to the store.

5 次の各文の[　　]内の語(句)を日本語に合うように並べかえ，**[　　]内で2番目と5番目**にくる語(句)の数字の組み合わせとして適切なものをア～エから1つずつ選び，記号で答えなさい。ただし，文頭にくる語も小文字にしてあります。

1．あなたに彼女が撮った写真をお見せしましょう。
[ ① some pictures / ② show / ③ she / ④ you / ⑤ took / ⑥ I'll ].

ア　④－①　　イ　⑤－④　　ウ　②－③　　エ　②－①

2．あなたは毎週日曜日に部屋を掃除しなければならない。
[ ① be / ② cleaned / ③ every / ④ your / ⑤ must / ⑥ room ] Sunday.

ア　⑥－②　　イ　①－④　　ウ　⑤－④　　エ　②－⑥

3．もし明日晴れたら，どんなスポーツをしたいですか。
[ ① if / ② do you / ③ it's / ④ what / ⑤ sport / ⑥ want / ⑦ to play ] sunny tomorrow?

ア　⑤－⑦　　イ　③－④　　ウ　⑤－①　　エ　②－⑤

4．仕事に行く前に起こしてください。
[ ① before / ② go / ③ up / ④ wake / ⑤ you / ⑥ me ] to work.

ア　③－①　　イ　⑥－⑤　　ウ　②－④　　エ　⑤－②

5．あなたはケビンが何時に来るか知っていますか。
[ ① know / ② time / ③ Kevin / ④ do / ⑤ what / ⑥ you / ⑦ will ] come?

ア　②－①　　イ　⑦－④　　ウ　③－②　　エ　⑥－②

6 次の各組の文がほぼ同じ意味を表すように，（　　　）に１語入れなさい。

1．I am free tonight.
I don't have (　　　) to do tonight.

2．I went to many shrines while I was staying in Kyoto.
I went to many shrines (　　　) my stay in Kyoto.

3．Our school building is almost sixty years old.
Our school was (　　　) almost sixty years ago.

4．If you don't help me, I can't finish my report.
I can't finish my report (　　　) your help.

5．Will you go to Osaka by car?
Will you (　　　) to Osaka?

問題は以上です

令　和　5　年　度

# 大商学園高等学校　入学考査問題

# 理　科

**（50分）**

**注　意**

＊「開始」の合図があるまでは開いてはいけません。

＊「開始」の合図のあと、解答用紙に受験番号と氏名を書きなさい。

＊ 答えはすべて解答用紙の指定された解答欄に書きなさい。

＊「終了」の合図ですぐ筆記用具を置きなさい。

1 凸レンズの左側からスリットを通した光を当てたところ、図1のようになった。A～Jの点は凸レンズの中心から等間隔でつけているものとする。また、凸レンズの右側にあるスクリーンは光軸上を自由に動かすことが可能である。以下の問いに答えなさい。

図1

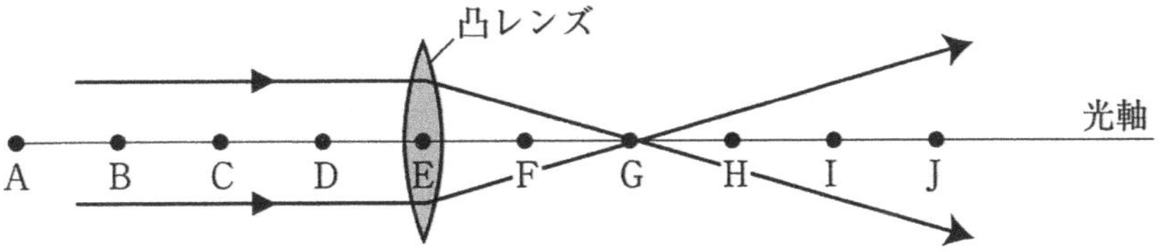


(1) 凸レンズが通った光が集まる点Gを何というか、名称を漢字で答えなさい。

(2) 凸レンズの中心から、Gまでの距離を何というか、名称を漢字で答えなさい。

(3) 物体（光源）をAに置いたときと、Bに置いたときでは、スクリーン上にできるはっきりとした像の大きさはどちらの点に置いたときが大きいか、記号で答えなさい。

(4) 物体（光源）の大きさが10cmのとき、10cmのはっきりとした像ができるのは物体（光源）をA～Dのどの点に置いたときか、記号で答えなさい。

(5) 物体（光源）をAにおき、凸レンズの上半分を紙でおおうと、できる像はどのようになるか、次のア～エから1つ選び、記号で答えなさい。

ア．像の大きさが小さくなる

イ．同じ大きさの像だが、明るさが暗くなる

ウ．像の上半分がなくなる

エ．像の下半分がなくなる

(6) Aの位置に図2のような物体（光源）を置いたとき、スクリーン上にどのような像がみえるか、次の①～⑤から1つ選び、番号で答えなさい。

図2

①

②

③

④

⑤

2 次の図は、ヒトの血管系の模式図である。以下の問いに答えなさい。

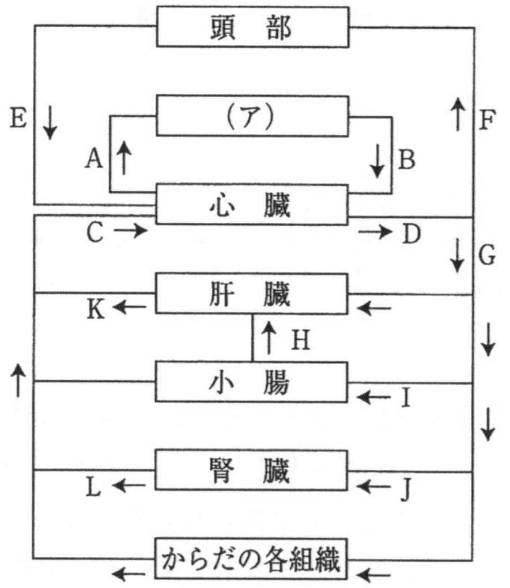


図中の矢印は、
血流の方向を示している。

(1) 図中の血管のうち、動脈血が流れているところとして正しいものを次のア～オから１つ選び、記号で答えなさい。

ア．A　B　C　D　E　F

イ．H　I　J　K　L

ウ．B　D　F　G　I　J

エ．A　C　E　K　L

オ．A　B　C　D　E　F　G　H　I　J　K　L

(2) （ア）にあてはまる器官を何というか、名称を漢字で答えなさい。

(3) 心臓は規則正しく収縮する運動を行っている。これを何というか、名称を漢字で答えなさい。

(4) 心臓から全身に血液が送られる循環を何というか、名称を漢字で答えなさい。

(5) 血管の中には血液が心臓から全身へ高い圧力で送り出されるため、血管の壁が厚くなるものがある。このような構造をもつ血管は、動脈と静脈のどちらか、答えなさい。

(6) 図のＣからの流れを表しているものを次の①～⑥から１つ選び、番号で答えなさい。

① 右心室 → 右心房 → （ア） → 左心室 → 左心房

② 左心室 → 左心房 → （ア） → 右心室 → 右心房

③ 右心房 → 右心室 → （ア） → 左心房 → 左心室

④ 左心房 → 左心室 → （ア） → 右心房 → 右心室

⑤ 右心房 → 右心室 → （ア） → 左心室 → 左心房

⑥ 左心室 → 左心房 → （ア） → 右心房 → 右心室

3 以下の問いに答えなさい。

(1) 現在、活発に活動もしくは最近１万年以内に噴火した記録のある火山を何というか、名称を漢字で答えなさい。

(2) (1) で答えた火山の数は日本におよそどのくらい存在するか、次の①～④から１つ選び、番号で答えなさい。

① 11　② 110　③ 220　④ 330

(3) 阿蘇山《あそさん》のように大量の火山噴出物を噴出するときに火口付近の広い範囲にわたって円形のかん没した地形ができる。この地形を何というか、答えなさい。

次のＡ～Ｃは火山を模式的に表したものである。

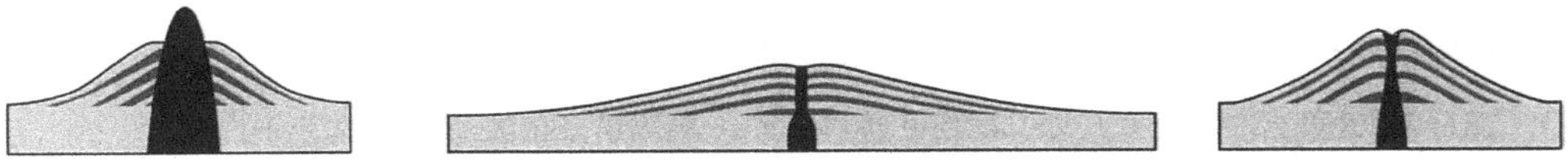

A　　B　　C

(4) マグマの粘りけが弱い火山から強い火山へとなるようにＡ～Ｃを順に並べ替えなさい。

(5) Ｂの火山にあてはまるものを次の①～④から１つ選び、番号で答えなさい。

① 富士山　② 昭和新山

③ マウナロア（マウナケア）　④ 雲仙普賢岳《うんぜんふげんだけ》

(6) 次の文の（Ｘ）、（Ｙ）にあてはまる名称をそれぞれ、漢字で答えなさい。

マグマが冷えて固まった岩石を（ Ｘ ）という。地下深くで、十分に時間をかけて冷え固まった（Ｘ）を（Ｙ）という。

4 次の表は硝酸カリウムと塩化ナトリウムが100gの水に溶ける最大の質量と温度の関係を表したものである。以下の問いに答えなさい。

| 水の温度〔℃〕 | 硝酸カリウム〔g〕 | 塩化ナトリウム〔g〕 |
|---|---|---|
| 0 | 13.3 | 35.6 |
| 20 | 31.6 | 35.8 |
| 40 | 63.9 | 36.3 |
| 60 | 109.2 | 37.1 |
| 80 | 168.8 | 38.0 |

(1) 硝酸カリウムは硝酸$HNO_3$と水酸化カリウムKOHの中和によってできる。この中和の化学反応式を答えなさい。

(2) 硝酸カリウムと塩化ナトリウムはどちらが再結晶に適しているか、答えなさい。

(3) 20℃の水150gに硝酸カリウムは何g溶けるか、小数第1位まで求めなさい。

(4) 塩化ナトリウム70g溶かすのに80℃の水は何g必要か、小数第1位まで求めなさい。

(5) 40℃の硝酸カリウムの飽和水溶液の質量パーセント濃度を整数で答えなさい。

(6) 40℃の硝酸カリウムの飽和水溶液300gから水50gを蒸発させたとき、何gの硝酸カリウムが結晶として出てくるか、整数で答えなさい。

(7) 80℃の水250gに硝酸カリウムを溶けるだけ溶かして、硝酸カリウムの飽和水溶液をつくった。この飽和水溶液を20℃まで冷やすと、何gの硝酸カリウムが結晶として出てくるか、整数で答えなさい。

5 次の表はＡさんの家の電気器具の消費電力である。電力会社との契約《けいやく》から、100Ｖの電圧で合計20Ａまでの電流しか同時に使うことはできない。Ａさんは風呂上りに、ヘアドライヤーで15分間髪を乾かした。以下の問いに答えなさい。

| | 電 気 器 具 | 消費電力〔W〕 |
|---|---|---|
| ア | アイロン | 1300 |
| イ | 炊飯器 | 750 |
| ウ | 電気ポット | 1000 |
| エ | 蛍光灯スタンド | 30 |
| オ | 白熱電球 | 60 |
| カ | LED電球 | 5 |
| | ヘアドライヤー | 1200 |

(1) 表のうち、ヘアドライヤーと同時に使えない電気器具を表のア～カからすべて選び、記号で答えなさい。

(2) 表のうち、熱を発生させて利用する電気器具を表のア～カからすべて選び、記号で答えなさい。

(3) ヘアドライヤーの消費した電力が1200Wだったとき、流れた電流は何Ａか、求めなさい。

(4) ヘアドライヤーを15分間使用したときに消費する電力は何kJか、求めなさい。

(5) Ａさんの家に設置してある白熱電球１つを、同じ明るさのLED電球に交換した。電気料金は年間いくら安くなるか、整数で答えなさい。ただし、電球は１日30分間、365日使用し電気料金は１kWhあたり20円とする。

6 以下の問いに答えなさい。

(1) 生物の体は細胞が分裂して数が増え、それぞれの細胞が大きくなることにより成長する。ア～クは細胞分裂をしていく過程を示した図である。分裂の順番に並べた際、7番目のものを記号で答えなさい。ただし、アを1番目とする。

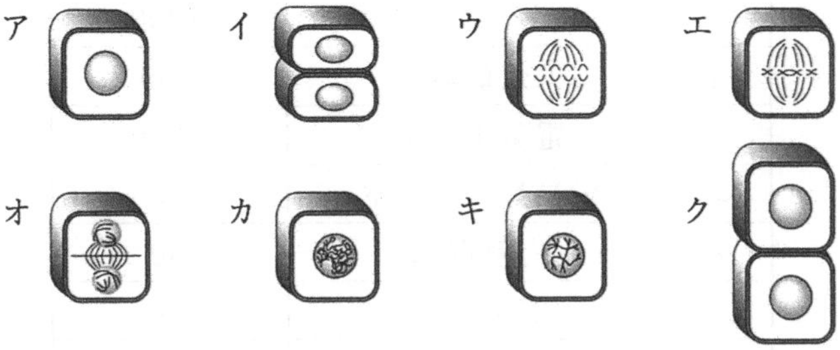


(2) 細胞分裂時に細胞の中に見られるひも状のものを何というか、答えなさい。

(3) 生物は子を残すときに、2つの異なる生殖方法をとる。無性生殖ともう1つを何というか、答えなさい。

次の遺伝の実験1～3を行った。

【実験1】
しわ形の種子をつくる純系のエンドウの花粉を、丸形の種子をつくる純系のエンドウのめしべにつけて交配すると、子の代の種子はすべて丸形となった。

【実験2】
実験1で得られた丸形の種子を育て、自家受粉させると、孫の代の種子は丸形としわ形ができた。

【実験3】
実験2で得られた種子をすべて育て、自家受粉させると、ひ孫の代の種子は丸形としわ形ができた。

顕性《けんせい》形質を表す遺伝子をA、潜性《せんせい》形質を表す遺伝子をaとして、以下の問いに答えなさい。

(4) 実験2で得られた孫の代の丸形の種子の遺伝子の組み合わせを、記号ですべて答えなさい。

(5) 実験2の孫の代にできた丸形の種子としわ形の種子の数の比はどのようになるか、最も適当なものを次のア～オから1つ選び、記号で答えなさい。ただし、丸形：しわ形として答えなさい。

ア．1：1　　イ．3：1　　ウ．3：2　　エ．4：3　　オ．5：3

(6) 孫の種子が1200個できたとすると、そのうち丸形の種子はおよそ何個あると考えられるか、次のア～オから1つ選び、記号で答えなさい。

ア．１２００個　　イ．１１００個　　ウ．１０００個　　エ．９００個　　オ．８００個

(7) 実験3のひ孫の代にできた丸形の種子としわ形の種子の数の比はどのようになるか、最も適当なものを (5) のア～オから1つ選び、記号で答えなさい。ただし、実験で得られた種子をすべて育てているとする。

7 次の文章を読み、以下の問いに答えなさい。

地表は水や大気、太陽光などから絶えず浸食作用や風化作用を受け、姿を変え続けている。浸食作用でできた岩石のかけらは、水や大気などによって運搬され、堆積することで新たな地形を生む。その過程では、特に河川の作用が大きく影響している。河川は一般に、流れの急な上流では（　①　）作用が活発で、流れの緩い下流では（　②　）作用が活発であると言われる。そして長い年月を経て一定の形に落ち着いた河川では、運搬作用のみが働いていると言え、それは洪水の時に活発になる。ところが、地殻変動が活発な日本では、地盤が隆起や沈降をしている地域が多く、そうすると河川の（　③　）作用が復活する。

また河川は長い年月をかけて山を削り、海を埋めるが、その過程で次のA・Bのように様々な地形を作る。

≪地形A≫ 山地から平地に出て、流速が急に衰えるので、砂や（　④　）がたまった。

≪地形B≫ 海に入り、流速が急に衰えるので、砂や（　⑤　）がたまった。

(1) 上の文章中の空欄①～③に適する語句の組み合わせとして正しいものを、次のア～エから1つ選び、記号で答えなさい。

| | ① | ② | ③ |
|---|---|---|---|
| ア | 浸食 | 堆積 | 浸食 |
| イ | 浸食 | 堆積 | 堆積 |
| ウ | 堆積 | 浸食 | 浸食 |
| エ | 堆積 | 浸食 | 堆積 |

(2) 空欄④、⑤に適する堆積物の名称を何というか、それぞれ答えなさい。

(3) 地形A・Bの名称を何というか、それぞれ答えなさい。

(4) 次の図は、ある地層のスケッチである。この地層からわかることを、次のア～エから1つ選び、記号で答えなさい。

ア．Aの層は最も古い時代に堆積した。

イ．Bの層はあたたかい海で堆積した。

ウ．Cの層は最も深い海で堆積した。

エ．Dの層は最も浅い海で堆積した。

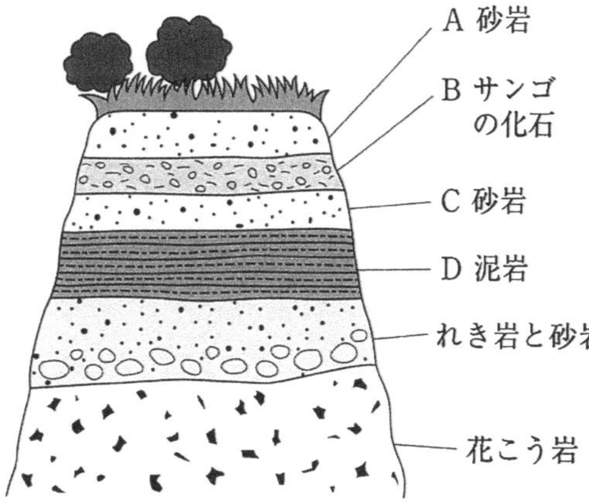

8 次の文章を読み、以下の問いに答えなさい。

古代ローマ時代の顔料、平安時代の建築物、水道管や食器など、昔から人類が深く付き合ってきた金属の1つが、鉛（Pb）であり、現在も広く、私たちの生活に関わっています。その鉛の特徴として、次の3つが挙げられます。

≪特長①≫ 軟らかい

≪特長②≫ 比較的 $_A$融点が低い

≪特長③≫ $_B$密度が大きい

(1) 金属は無機物である。次のア～カのうち無機物であるものを、すべて選び、記号で答えなさい。

ア．窒素　　　イ．マグネシウム　　　ウ．砂糖

エ．プラスチック　　　オ．紙　　　カ．水

(2) 下線部Aについて、融点とは何か、説明しなさい。ただし、次の語句を必ず用いなさい。

＜語句＞固体　液体　温度

(3) 下の表は様々な物質の融点、沸点、密度をまとめている。表の中の物質から、常温（20℃）で液体の物質はいくつあるか、答えなさい。

(4) 下線部Bについて、ある物質の体積は6.0cm$^3$、質量は47.4 g であった。この物質の密度は何g/cm$^3$か、小数第1位まで求めなさい。また、この物質の物質名として、最も適当なものを表から1つ選び、物質名で答えなさい。

(5) （4）と同じ体積のアルミニウムでできた物質の質量は何gか、小数第1位まで求めなさい。

| 物　質 | 融点〔℃〕 | 沸点〔℃〕 | 密度〔g/cm$^3$〕 |
|---|---|---|---|
| 金 | 1063 | 2857 | 19.30 |
| 銀 | 961 | 2162 | 10.49 |
| 銅 | 1083 | 2567 | 8.96 |
| 鉄 | 1535 | 2750 | 7.87 |
| アルミニウム | 660 | 2467 | 2.70 |
| 塩化ナトリウム | 801 | 1413 | 2.17 |
| 水銀 | -39 | 357 | 13.53 |
| エタノール | -115 | 78 | 0.79 |
| 酸素 | -218 | -183 | 0.0013 |

表　　　※密度は２０℃のときの値

令 和 5 年 度

# 大商学園高等学校 入学考査問題

# 社 会

**（50分）**

**注 意**

＊「開始」の合図があるまでは開いてはいけません。

＊「開始」の合図のあと、解答用紙に受験番号と氏名を書きなさい。

＊ 答えはすべて解答用紙の指定された解答欄に書きなさい。

＊「終了」の合図ですぐ筆記用具を置きなさい。

## 1 次の文章を読み，あとの問いに答えなさい。

2022年4月にわが国の成人年齢が（　1　）歳に引き下げられたことは記憶に新しいことです。今回の①成人年齢の引き下げは，②自己決定権を尊重するもので，若年層の積極的な社会参加を促すことが目的であると言われています。

この変更にともなって，私たちの消費活動にも変化が生じると予想されます。例えば成人になると，親の同意なしに（　2　）を作れるようになるため，収入と支出のバランスを考えずに買い物をしてしまえば，多額の支払いに追われてしまいます。また，携帯電話などの契約も可能になります。どのような内容の契約を，どのような方法で結ぶのかは基本的に自由です。その中で③消費者問題が起こる可能性も大いに考えられます。2004年に改正された（　3　）では，国や地方公共団体が，消費者が被害にあうことを防ぎ，自立した消費生活を送れるように支援することを定めています。これまでの④クーリングオフ制度や，製造物責任法（PL法）などの改善は，今後の課題と言えそうです。また，私たちは自立した消費者として，⑤自分で知識や情報を集めて精査し，的確な判断をし，⑥企業や社会に対する影響も考えて，行動する必要があります。

すでに2016年には選挙年齢が（　1　）歳に引き下げられ，若い世代の意見を政治に反映してきました。選挙に参加することで，私たちの代表となる⑦国会議員を選出し，政治に興味・関心を持つことが望まれます。民主政治は（　4　）による政治であり，この政治や社会について，国民が持っている多様な意見に応える活動を，政府や政党は⑧国会の場で話し合い，実行していくのです。また，（　4　）のあり方に大きな影響を及ぼすのがテレビや新聞などの（　5　）です。（　6　）を持つ国民へ，情報を正確に伝える重要な役割を担っています。最近では政党と国民が双方向の関係を築くことのできるインターネットを使った（　7　）も活用されています。

問1　文中の空欄（　1　）～（　7　）に適切な語句を選び，答えなさい。

**プライバシーの権利　18　20　15　首相　消費者保護基本法　消費者基本法**

**知る権利　マスメディア　世論　SNS　衆議院　ICカード　クレジットカード**

問2　下線部①について，新成人になった時にできるようになることとして**不適切な**ものを選び，記号で答えなさい。

**ア．ローンを組むことができる**

**イ．公認会計士や医師免許などの国家資格が取れる**

**ウ．飲酒・喫煙が可能となる**

**エ．結婚ができる**

問3　下線部②について，病気にかかった時に，医師から正しい説明を受け，理解して，治療などの医療行為を自分の責任において選択することを何というか。カタカナ12字で答えなさい。

問4　下線部③について，消費者問題などの消費者政策をまとめて行う省庁を答えなさい。

問５　下線部④について，（1）クーリングオフ制度，（2）製造物責任法（PL法）の説明として，適切なものを選び，記号で答えなさい。

ア．**訪問販売等で商品を購入した場合，購入後8日以内であれば消費者側から無条件で契約を解除できる**

イ．**欠陥商品で消費者が被害を受けたときの企業の責任について定めている**

ウ．**訪問販売等で商品を購入した場合，購入後14日以内であれば消費者側から無条件で契約を解除できる**

エ．**欠陥商品で企業が被害を受けたときの消費者の責任について定めている**

問６　下線部⑤について，このように情報を正しく活用する力を答えなさい。

問７　下線部⑥について，私たちは商品を選択することができます。商品選択の際の目安となる環境に関するマークとして**不適切な**ものを選び，記号で答えなさい。

ア．

イ．

ウ．

エ．

問８　下線部⑦について，国会議員には特有の権利や待遇が保障されています。その権利や待遇として適切なものを選び，記号で答えなさい。また全て誤っている場合は，「エ」と答えなさい。

ア．**秘書の給料や交通・通信費など政治活動に必要な資金が提供される**

イ．**たとえ現行犯であっても国会の開催中には逮捕されない**

ウ．**いかなる場面でも，行った演説・討論・評決において，その責任が問われない**

問９　下線部⑧について，以下に示す国会の特徴に関して，下線部が正しいものには○を，誤っている場合は訂正し，適切な語句を答えなさい。

ア．**国会は政治や国民生活の重要なルールとなる法律を作る権限を持つ，「唯一の司法機関」と定められている**

イ．**国会の議決は二院の議決の一致によって成立するが，重要な議決については，国の政治が停滞しないように，参議院の意思を優先させている**

ウ．**衆議院の任期は 6 年で解散がある**

エ．**参議院の被選挙権は 25 歳である**

オ．**内閣不信任の決議は衆議院だけができる**

## 2 次の文章を読み，あとの問いに答えなさい。

大商学園高校の最寄り駅の服部天神駅近くには，縄文時代の地層を調査できる穂積遺跡がある。この遺跡は弥生時代後期の集落跡として古くから有名であったが，現在までの調査で縄文時代から江戸時代にいたる複合遺跡であることがわかっている。

縄文時代には，①現在の日本列島の形がほぼできあがったといわれている。この時期は，石器のほかに縄文土器と呼ばれる土器を使っていたとされているため，縄文時代と呼ばれている。縄文時代，海に近い場所では，食べ終わった後の貝殻や魚の骨などを捨てた（　1　）ができた。また，人々は移動しながら生活するのをやめて，食料を得やすい場所に集団で定住するようになり，掘り下げた地面に柱を立てて屋根をかけた，（　2　）を造って住んだ。また，日本各地の遺跡調査の結果，②当時はまじないや祭祀など呪術的風習があったと考えられている。

③弥生時代になると，稲作が九州北部に伝播し，生活様式も大きく変化した。この結果，集団で行う稲作が盛んになると，ムラの人々を従える有力者や，いくつかのムラをまとめる王が現れ，④クニ同士の争いも行われた。そして，当時の日本の状況を知る上で，遺跡調査の他に中国の歴史書も重要な史料になる。中国の歴史書には，紀元前１世紀ごろ，日本には100あまりの小国があったことや，１世紀の中ごろ，倭の奴国が漢の皇帝に使節を送り，⑤金印をもらったことが記されている。３世紀には，邪馬台国があったといわれている。中国の歴史書には，邪馬台国の（　3　）が，女王になって日本の30ほどの国々をまとめていたこと，人々の間に身分の差があったことが記されている。

大商学園高校に入学後は，穂積遺跡などの遺跡めぐりをしてみてもいいかもしれません。

問１　文中の空欄（　1　）に適切な語句を答えなさい。

問２　文中の空欄（　2　）に適切な語句を答えなさい。

問３　文中の空欄（　3　）に適切な語句を答えなさい。

問４　下線部①について，次の文章は，日本列島形成の理由を説明している。空欄にあてはまる語句を選び答えなさい。

「縄文時代になると，気温が(1)（ **上昇・低下** ）し，海水面が(2)（ **上昇・下降** ）した結果，日本列島が大陸から切り離されたため」

問５　下線部②について，この時期につくられた女性をかたどったとされるものを何というか答えなさい。

問６　下線部③について，収穫した米は，ねずみや湿気から守るため，倉庫に保管した。この倉庫を何というか答えなさい。

問７　下線部④について，この時期に争いが行われていたことを示すことで有名な佐賀県の遺跡を何というか，適切な語句を選び，答えなさい。

**登呂遺跡**　　**三内丸山遺跡**　　**板付遺跡**　　**吉野ヶ里遺跡**

問８　下線部⑤について，この金印に刻まれた文字を漢字５字で答えなさい。

## 3 次のA君とBさんの会話文を読み，あとの問いに答えなさい。

A： 今年になっても，マスクが必要な生活が続いているね。

B： ええ，早く何も気にせず遊べるようになりたいけど。

A： 日本では今までも，こんなに病気がまん延することってあったのかな？

B： もちろん。伝染病や災害が起こり，日本が危機的状況になることは何度もあったよ。

A： でも，今みたいにワクチンやマスクはもちろんないよね？当時の人たちはどのように対処したの？

B： それは，もちろん神頼みよ。

A： 神頼み？

B： 正確には仏頼みかな。６世紀に仏教が日本に伝来してから，仏教は日本と大きく関わってきているんだ。

A： 具体的には？

B： ８世紀には，（　１　）天皇と光明皇后が，仏教の力により，伝染病や災害などの不安から国家をまもろうとした。そのために，国ごとに国分寺・国分尼寺を建て，奈良には（　２　）寺の大仏を作ったりしたんだよ。唐からは（　３　）が来日し，日本に本格的な仏教の教えを伝えて，さらに仏教は発展していったんだ。

A： へえ，それだけ仏教が国の保護を受けていたら，お坊さんなんかも，かなり権力が強くなるんじゃない？

B： その通り。だから，平安時代はそういった古くからの仏教勢力を政治から切り離そうとしたんだ。そのために（　４　）天皇は794年に都を平安京に移したんだ。

A： じゃあ平安時代では仏教はそこまで，重要視されなかったの？

B： そんなこともないよ。平安時代の初め，①最澄と空海が遣唐使とともに唐にわたり，仏教を学んで，新しい宗派を日本で開いたんだ。10世紀中ごろには，死後に極楽浄土へ往生することを願う浄土信仰が流行するんだ。例えば，関白として活躍した②藤原頼通は③平等院鳳凰堂という阿弥陀堂を造らせたんだ。

A： ぼくも死後は天国へ行きたいし，気持ちはわかるなあ。

B： この信仰は，鎌倉時代の④浄土宗や浄土真宗にもつながり，多くの人々の心をとらえたよ。⑤鎌倉時代には他にも臨済宗などの禅宗も流行し，室町時代は幕府の保護を受けたんだ。

A： でも，やっぱり死んだ後よりも，今の世の中をなんとかしてほしいな。ぼくもコロナ禍がはやく収束するように仏様に頼んでおこう。

（解答用紙）

令和五年度入学考査

# 国語

大商学園高等学校

受験番号

氏名

得点

※100点満点

【一】

問1

a

b

c

d

e

f

g

h

i

j

問2

A

B

C

問3

問4

〜

だから

問5

問6

問7

問8

問9

問１．１点×10
問２．１点×３
問３．１点
問４．１点
問５．完答１点
問６．２点
問７．２点
問８．２点
問９．２点
問10．２点
問11．１点×４
問12．２点×５

| | | | | |
|---|---|---|---|---|
| **5** | (1) | | (2) | |
| | (3) | $x=$ 　　　, $y=$ | | |
| **6** | (1) | 個 | (2) | |
| | (3) | | (4) | |
| **7** | (1) | | (2) | |
| | (3) | | (4) | 倍 |
| **8** | (1) | $cm^2$ | (2) | $cm^2$ |
| | (3) | $cm^2$ | (4) | $cm^3$ |

| | | | | | |
|---|---|---|---|---|---|
| 受験番号 | | 氏　名 | | 得　点 | |

※100点満点

**4**

| | | | | | | | | | | |
|---|---|---|---|---|---|---|---|---|---|---|
| 問1 | A | | B | | C | | D | | E | |
| 問2 | 1 | | 2 | | 3 | | 4 | | | |

**5**

| | | | | | | | | | |
|---|---|---|---|---|---|---|---|---|---|
| 1 | | 2 | | 3 | | 4 | | 5 | |

**6**

| | | | |
|---|---|---|---|
| 1 | | 2 | |
| 3 | | 4 | |
| 5 | | | |

| | | | | | |
|---|---|---|---|---|---|
| 受験番号 | | 氏名 | | **得点** | |



※100点満点

| (4) | (5) |
|---|---|
| kJ | 円 |

**6**

| (1) | (2) | (3) | (4) |
|---|---|---|---|
| | | | |

| (5) | (6) | (7) |
|---|---|---|
| | | |

**7**

| (1) | (2) | | (3) | |
|---|---|---|---|---|
| | ④ | ⑤ | 地形A | 地形B |

| (4) |
|---|
| |

**8**

| (1) | (2) |
|---|---|
| | |

| (3) | (4) | | (5) |
|---|---|---|---|
| 個 | 密度 g/cm³ | 物質名 | g |

| | | | | | |
|---|---|---|---|---|---|
| 受験番号 | | 氏　名 | | 得　点 | |

※100点満点

| 問5 | | 問6 | 問7 | 問8 |
|---|---|---|---|---|
| (1) | (2) | | | |

| 問9 | |
|---|---|
| (1) | (2) |

問9(1)１点
他…２点×10

## 4

| 問1 | | |
|---|---|---|
| ブラジル： | ベネズエラ： | アルゼンチン： |

| 問2 | | 問3 | 問4 |
|---|---|---|---|
| (1) | (2) | | |

| 問5 | 問6 | | 問7 |
|---|---|---|---|
| | (1) | (2) | 運河 |

| 問8 | 問9 | 問10 | 問11 | 問12 | 問13 | 問14 |
|---|---|---|---|---|---|---|
| | 高地 | 川 | | 湖 | | |

| 問15 | 問16 | 問17 | 問18 |
|---|---|---|---|
| 海峡 | | | |

問1. １点×３
問2. １点×２
問3. ２点
問4. ２点
問5. ２点
問6. １点×２
問7. ２点
問8. ２点
問9. １点
問10. １点
問11. ２点
問12 １点
問13. ２点
問14. ２点
問15. １点
問16. ２点
問17. ２点
問18. ２点

| 受験番号 | | 氏　名 | | 得　点 | |
|---|---|---|---|---|---|

※100点満点

（解答用紙）

令和５年度入学考査　　**社　　会**　　大商学園高等学校

## 1

| 問１ | | | | |
|---|---|---|---|---|
| (1) | (2) | (3) | (4) | (5) |

| | |
|---|---|
| (6) | (7) |

| 問２ | 問３ | 問４ | 問５ | |
|---|---|---|---|---|
| | | | (1) | (2) |

| 問６ | 問７ | 問８ |
|---|---|---|
| | | |

| 問９ | | | | |
|---|---|---|---|---|
| ア | イ | ウ | エ | オ |

問１．２点×７
問２．２点
問３．１点
問４．１点
問５．２点×２
問６．１点
問７．２点
問８．２点
問９．１点×５

## 2

| 問１ | 問２ | 問３ | 問４ | |
|---|---|---|---|---|
| | | | (1) | (2) |

| 問５ | 問６ | 問７ |
|---|---|---|
| | | |

| 問８ |
|---|
| |

問１．２点
問２．２点
問３．１点
問４．１点×２
問５．２点
問６．２点
問７．２点
問８．１点

【解答

（解答用紙）

令和５年度入学考査　**理　科**　大商学園高等学校

２点×50

**1**

| (1) | (2) | (3) | (4) | (5) |
|---|---|---|---|---|
| | | | | |

| (6) |
|---|
| |

**2**

| (1) | (2) | (3) | (4) | (5) |
|---|---|---|---|---|
| | | | | |

| (6) |
|---|
| |

**3**

| (1) | (2) | (3) | (4) |
|---|---|---|---|
| | | | 弱　⇒　⇒　強 |

| (5) | (6) | |
|---|---|---|
| | X | Y |

**4**

| (1) | (2) |
|---|---|
| | |

| (3) | (4) | (5) | (6) | (7) |
|---|---|---|---|---|
| g | g | % | g | g |

【解答

（解答用紙）

令和５年度入学考査　**英　語**　大商学園高等学校

1 … 1点×10　他… 2点×45

## 1

| | | | | | | | | | |
|---|---|---|---|---|---|---|---|---|---|
| 1 | | 2 | | 3 | | 4 | | 5 | |
| 6 | | 7 | | 8 | | 9 | | 10 | |

## 2

| | | | | | | | | | | | |
|---|---|---|---|---|---|---|---|---|---|---|---|
| 問1 | (1) | | (2) | | (3) | | (4) | | (5) | | |
| | (6) | | (7) | | (8) | | | | | | |
| 問2 | | | | | | | | | | | |
| 問3 | 1 | | 2 | | 3 | | 4 | | 5 | | 6 | |
| 問4 | (1) | | (2) | | (3) | | (4) | | (5) | | (6) | |
| 問5 | | | | | | | | | | | |

## 3

| | | | | | | | |
|---|---|---|---|---|---|---|---|
| 1 | | 2 | | 3 | | 4 | |

【解答

（解答用紙）

令和５年度入学考査

# 数　学

大商学園高等学校

1 …２点×８　6 (2)～(4)…４点×３　他…３点×24

| | | | | |
|---|---|---|---|---|
| **1** | (1) | | (2) | |
| | (3) | | (4) | |
| | (5) | | (6) | |
| | (7) | | (8) | |
| **2** | (1) | | (2) | |
| | (3) | | (4) | |
| **3** | (1) | $x=$ | (2) | $x=$ |
| | (3) | $x=$ | (4) | $x=$ |
| **4** | (1) | | (2) | $a=$ |

【解答

問12 ㋐ ㋑ ㋒ ㋓ ㋔

問11 Ⅳ

## 【二】

| 問1 | 問2 | 問3 | | 問4 | 問5 | 問6 | 問7 | 問8 |
|---|---|---|---|---|---|---|---|---|
| (a) | A | 1 | 2 | | | | | |
| (b) | B | | | | | | | |
| (c) | C | | | | | | | |
| (d) | | | | | | | | |
| (e) | | | | | | | | |

問1．２点×５
問2．３点×３
問3．３点×２
問4．３点
問5．３点
問6．３点
問7．３点
問8．３点

## 【三】

① ② ③ ④ ⑤

１点×５

## 【四】

① ② ③ ④ ⑤

１点×５

## 【五】

① ② ③ ④ ⑤ ⑥

１点×６

## 【六】

① ② ③ ④

１点×４

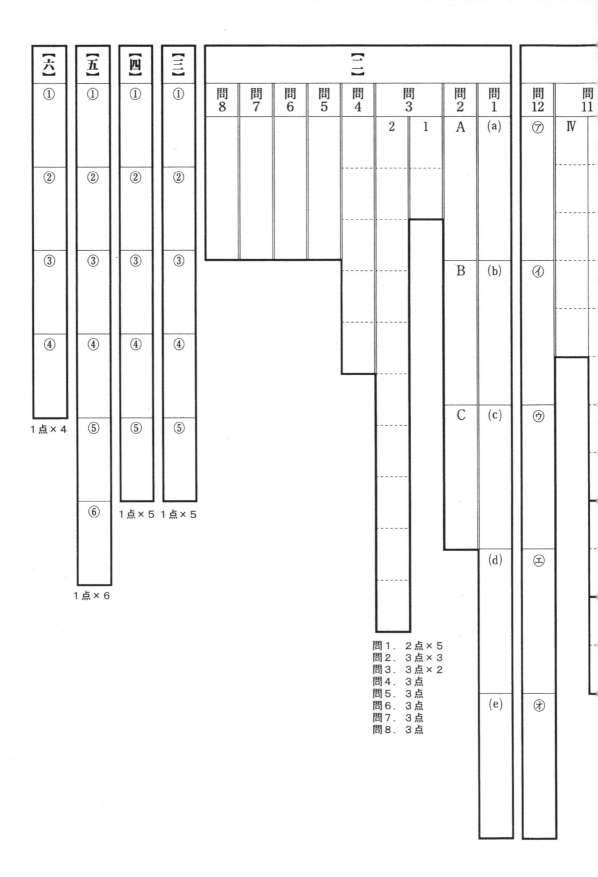

問１　文中の空欄（　１　）に適切な語句を選び，答えなさい。

　　**天智　　天武　　持統　　聖武**

問２　文中の空欄（　２　）に適切な語句を選び，答えなさい。

　　**東大　　本願　　飛鳥　　法隆**

問３　文中の空欄（　３　）に適切な語句を選び，答えなさい。

　　**行基　　鑑真　　空也　　日蓮**

問４　文中の空欄（　４　）に適切な語句を選び，答えなさい。

　　**元明　　文武　　白河　　桓武**

問５　下線部①について，あとの問いに答えなさい。

⑴空海が開いた宗派を何というか答えなさい。

⑵最澄が開いた天台宗の総本山の寺院を何というか答えなさい。

問６　下線部②について，４人の娘を天皇のきさきとした藤原頼通の父の名前を答えなさい。

問７　下線部③について，平等院鳳凰堂は現在日本で使用されている貨幣に描かれていることでも有名である。その貨幣を選び答えなさい。

　　**1円　　10円　　100円　　500円**

問８　下線部④の宗派を開いた人物は誰か答えなさい。

問９　下線部⑤について，あとの問いに答えなさい。

⑴道元が開いた禅宗を何というか答えなさい。

⑵室町幕府３代将軍として適切な語句を選び，答えなさい。

　　**足利義昭　　足利義満　　足利義政　　足利尊氏**

**4** 以下の地図を参照し，あとの問いに答えなさい。

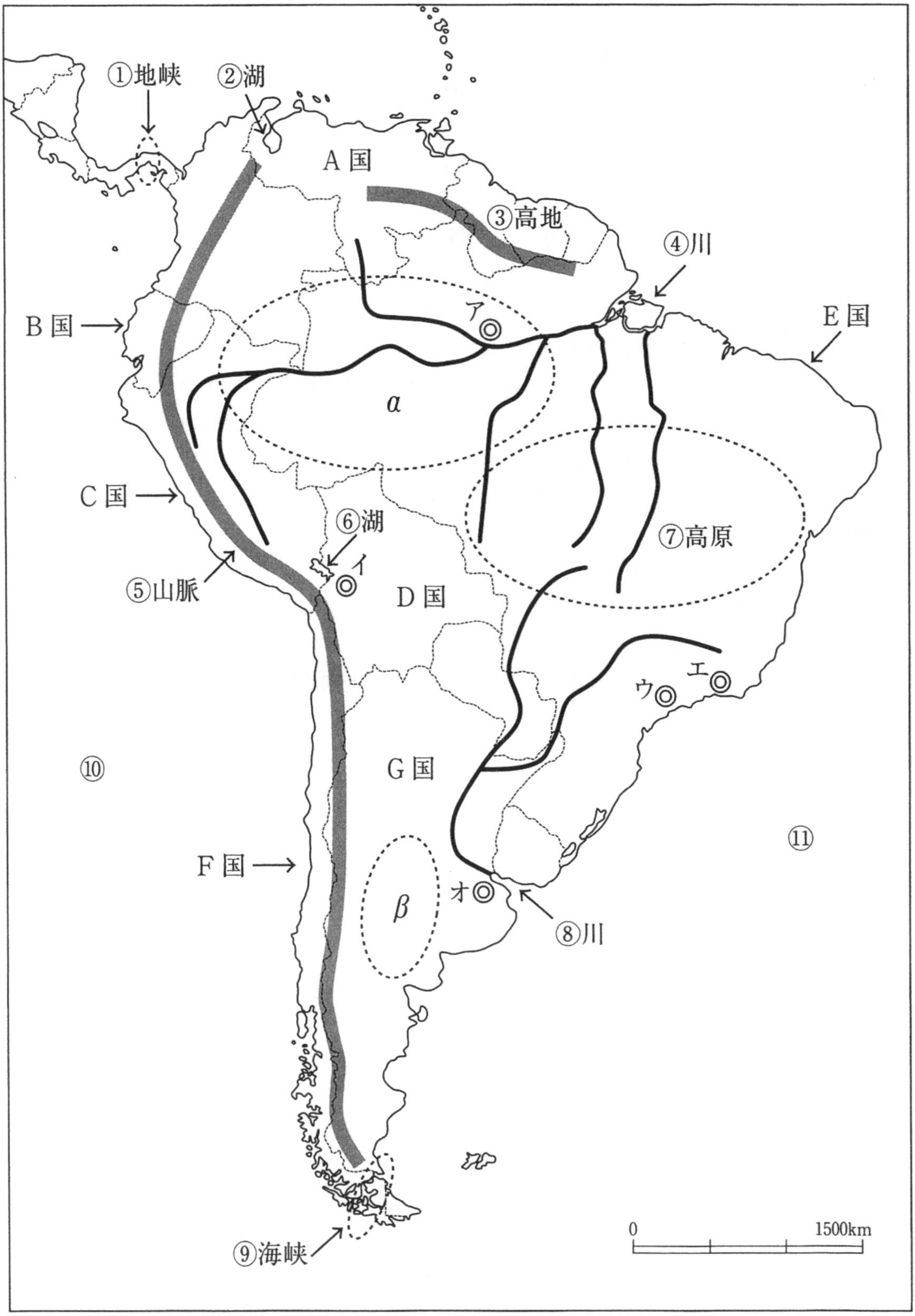

問１　ブラジル，ベネズエラ，アルゼンチンに該当する国を，図中のA～Gの記号からそれぞれ選び，記号で答えなさい。

問２　⑴銅の産出が世界１位の国を図中のA～Gより記号で選び，また⑵その国名も答えなさい。

問３　E国などで行われてきた自然の再生力を利用して，移動しながら農地を営む伝統農業を漢字４字で答えなさい。

問４　近年，E国を中心に生産が伸びている，この地域のバイオ燃料（バイオエタノール）の原材料を答えなさい。

問５　地図の大陸でも見られる，ヨーロッパ人が開発した大規模な農場を何というかカタカナ８字で答えなさい。

問６　問５の農場で，歴史的に労働力として，⑴どういう立場の人々が　⑵どこの大陸から連れてこられたか答えなさい。

問７　①地峡にある，⑩と⑪の海洋の交通を最短で結ぶ運河をカタカナ３字で答えなさい。

問８　②湖周辺を中心にA国で産出される鉱物資源を選び，記号で答えなさい。

**ア．石炭　　イ．ボーキサイト　　ウ．原油　　エ．金**

問９　③高地の名称を答えなさい。

問10　流域面積が世界最大の④川の名称を答えなさい。

問11　⑤山脈のように高くて険しい山地がない大陸を選び，記号で答えなさい。

**ア．北アメリカ大陸　　イ．オーストラリア大陸**

**ウ．ユーラシア大陸　　エ．南アメリカ大陸**

問12　⑥湖の名称を答えなさい。

問13　⑦高原の大規模農園で，盛んに栽培されている主な農作物を選び，記号で答えなさい。

**ア．タロいも　　イ．稲　　ウ．大豆　　エ．カカオ　　オ．なつめやし**

問14　⑧川の流域にあるブラジルとアルゼンチンの国境にまたがる大規模な滝を選び，記号で答えなさい。

**ア．イグアス滝　　イ．ナイアガラ滝　　ウ.ビクトリア滝**

**エ．華厳の滝　　オ．那智の滝**

問15　⑨海峡の名称を答えなさい。

問16　④川の流域である $\alpha$ の一帯に広がる熱帯林を何というかカタカナ３字で答えなさい。

問17　$\beta$ の一帯に広がる，農業が盛んな温帯草原を何というかカタカナ３字で答えなさい。

問18　次の雨温図Aに当てはまる都市（　◎　）を図中のア～オより選び，記号で答えなさい。

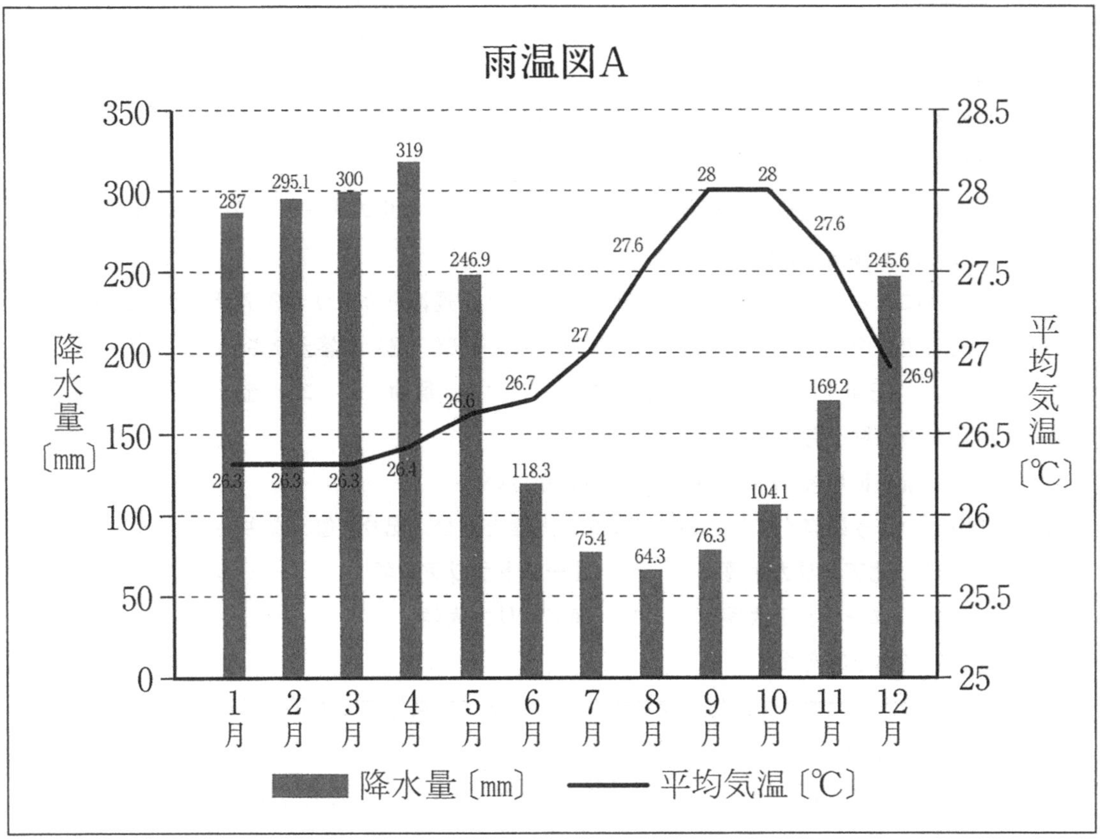

令　和　4　年　度

# 大商学園高等学校　入学考査問題

# 国　語

**（50分）**

## 注　意

＊「開始」の合図があるまでは開いてはいけません。

＊「開始」の合図のあと、解答用紙に受験番号と氏名を書きなさい。

＊答えはすべて解答用紙の指定された解答欄に書きなさい。

＊「終了」の合図ですぐ筆記用具を置きなさい。

【一】次の文章をよく読んで後の問いに答えなさい。

「日本人は親切だ」「日本人は礼儀正しい」「日本人は真面目だ」「日本人は協調性がある」というお決まりの褒め言葉があります。

確かにそのとおりでしょう。でも、日本人として日本に長く暮らしていると、手放しで喜んでよいものなのかどうか(a)イチマツの不安もよぎります。これは一面的な見方であって、本当に美しい心からそういう振る舞いがなされているのだろうか。そんなきれいごとで説明できるような国民性であったら、あっという間に悪意を持った他者／他国の餌食《えじき》にされてしまうのでは？

コーネル大学のベス・A・リビングストン、ノートルダム大学のティモシー・A・ジャッジ、ウェスタンオンタリオ大学のチャーリス・ハーストが行った研究によれば、①協調性の高さと収入のレベルは反比例するといいます。(b)ゴカイを恐れずに言えば、いい人は搾取《さくしゅ》されてしまうということです。

冷静に考えれば、親切で礼儀正しいのは、相手に対して(c)無礼に振る舞ったことが広まって※1誹謗《ひぼう》されることによる不利益を被るリスクを抑えるためであったり、真面目なのは誰かから後ろ指をさされて②村八分にならないための自衛行為であったりもします。協調性があるというのも、そうしなければ本当に困ったときに誰も助けてくれないかもしれないからという理由がかくれていたりもします。

表向き、整った姿が見えているだけで、その裏には見なかったことにしなければならない③闇《やみ》の部分が口を開けている・・・。日本人は自身の力で独立性を保っていられるのだとも言えます。きれいに整った(d)穏やかな笑顔の下に、適切な量だけ毒々しさを隠し持っている日本の共同体の姿を、多くの人は、私などよりずっと、[Ⅰ]的に知っているはずだと思います。

そんな日本社会の中で、生きづらさや息苦しさを感じたり、なぜ[Ⅱ]的な仕組みを築くことができないのかと憤慨したりする人も多いでしょうが、根本的には日本人のこうした逆説的な良い意味での「悪い」性格が原因となっているとも言えます。

残念ながら（?）、日本人は他国よりも(e)顕著に「スパイト行動」をしてしまうという結果が報告されたわけですが、このスパイト行動とは、相手の得を許さない、という振る舞いのことです。

大阪大学社会経済研究所の実験をご紹介します。

実験としては、おたがいにお金を出資して公共財（道路）を造ろうというゲームをしてもらいます。プレイヤー同士がおたがいにどんな行動をとるかによって自分の④損得が決まるというルールで、Ⅲ的な駆け引きが見えてくるようになっています。

この実験によれば、日本人は「スパイト行動」、つまり「自分が損してでも他人をおとしめたいという嫌がらせ行動」が顕著であったというのです。日本人は他人が利益を得ようとして自分を出し抜くことを嫌います。いわゆる「フリーライダー」を許さないのです。

タダ乗りするやつを許してはならない、なぜなら許せば社会の損失となるからだ――そうした内的な動機づけが行われて、自分が損をしてでも他人の足を引っ張ろうとするのです。そして、⑤この傾向は世界のほかの国の人々には見られなかったというのです。

なぜ、日本でだけこの現象が見られるのでしょうか。日本人が、人の足を引っ張る行動をとる背景には、何があるのでしょうか。

「出る杭《くい》は打たれる」ということわざがありますが、これは非常に日本的な発想であると言えます。海外ではそれに(f)該当することわざがないようです。

一方で、⑥日本人の社会的振る舞いは、たいへん(g)セツドのあるものであり、控えめで美しいと、海外から賞賛されることもしばしばです。親切さ、礼儀正しさ、真面目さ、協調性など、われわれ自身も誇らしく思えるものでもあります。しかし、これらは一見、美しく見えますが、本質的なところはどうでしょうか。

もし、これらの性質が、実際はスパイト行動で自分が怖い目に遭わないための同調圧力に(h)キインするものだとしたら。

※2『空気を読む脳』で詳述しましたが、日本特有のこういった(i)フウチョウの成り立ちについては、遺伝的な要素も絡む、一定の生理的な理由が考えられます。※3セロトニンの動態によってその人の、他者の得に対する態度が左右されるのです。

面白いことに、この実験では、ゲームが進むにつれて、プレイヤーは協力的になっていきました。これは、協力せずに自分が出し抜こうとしたら仕返しされるリスクが高いため、その恐怖が大きくなっていくからであると考えられます。

この結果についても、他国ではこのような傾向が見られませんでした。要するに、日本人は他人が得するのを許せない、そして、意地でも他人の足を引っ張りたいと考えている、ということが(j)図らずも証明されてしまったわけです。Ⅳ的な姿勢になるのは自分も同じ目に遭うのが怖いからなのだ、ということにあるでしょうか。

ただ、私はこのことをもって、単純に日本人が性悪だとは思いません。美しい国を守るためには、ときにはこういった毒をうまく使いこなすことも必要なのでしょう。

いずれにしても、とても興味深い結果です。

『生贄探し　暴走する脳』中野信子　ヤマザキマリ　より　設問の都合上、一部変更がある

※1　誹謗《ひぼう》…悪口を言うこと　※2　『空気を読む脳』…問題文には含まれていない前述までの章

※3　セロトニン…人間の精神面に大きな影響を与える神経伝達物質で「レアルアドレナリン」「ドーパミン」と並び体内で特に重要な役割を果たす『三大神経物質』の一つ。

問1　傍線部(a)〜(j)の漢字はひらがなに、カタカナは漢字に直しなさい。

問2　空欄 Ⅰ 〜 Ⅳ にあてはまる適切な語をそれぞれ次から選び、記号で答えなさい。（同じ記号を二度以上使えない）

ア　一面　イ　協力　ウ　合理　エ　物理　オ　国民　カ　閉鎖　キ　心理　ク　経験

問3　本文には次の一文が抜けています。一文が入る直前の十字を書きなさい。（句読点も字数に含む）

**もっと言えば、「自分が損をしてでも他人をおとしめたいという嫌がらせ行動」とでも言えばよいでしょうか。**

問4　傍線部①「協調性の高さと収入のレベルは反比例する」とはどのような意味か、最も適切なものを次から選び、記号で答えなさい。

ア　協調性のある人間は仕事が速く正確なので社会でも必要とされ収入もおのずと高くなる。

イ　協調性のある人間は周囲とコミュニケーション能力に長けているので交渉術を駆使し高収入を得られる。

ウ　協調性のある人間は周囲に合わせてばかりいるので利用され収入はおのずと低くなる。

エ　協調性のある人間は優しく配慮ができるので全てを周囲に譲ってしまい高収入を得ることができない。

問5　傍線部②「村八分」と同じ意味の言葉を次から一つ選び、記号で答えなさい。

ア　リーダー　イ　犯罪者　ウ　笑いもの　エ　仲間外れ　オ　傍観者

問6　傍線部③「闇の部分」について。

(1)　「闇の部分」と同じ意味を持つ表現を本文中から四字で探し書き抜きなさい。

(2) 「闇の部分」としてふさわしくないものを次から選び、記号で答えなさい。

**ア** 根拠のない悪口を言いふらされたくないので礼儀正しく振る舞うこと。

**イ** 他人から非難されて孤立しないように真面目に行動すること。

**ウ** 困ったときに助けてもらえるように周囲に協力すること。

**エ** 周囲の人間の笑顔が見たいので常に気を配り親切にすること。

問7 (1) 傍線部④「損得」と同じ構成の熟語を次の中から一つ選び、記号で答えなさい。

**ア** 希望　**イ** 巧拙　**ウ** 否定　**エ** 航海　**オ** 私立

(2) i～iiiの熟語の構成の説明として適切なものを次から選び、それぞれ記号で答えなさい。

i 非常　ii 着席　iii 動画

**ア** 同じような意味の漢字を重ねたもの　**イ** 反対または対応の意味を表す漢字を重ねたもの

**ウ** 上の字が下の字を修飾しているもの　**エ** 下の字が上の字の目的語・補語になっているもの

**オ** 上の字が下の字の意味を打ち消しているもの

問8 傍線部⑤「この傾向」とはどのようなものか、本文より二十五字以内で抜き出し、解答欄に続く形で、答えなさい。

問9 傍線部⑥「日本人の社会的振る舞い」として適切なものを過不足なく全て選び、記号で答えなさい。

**ア** 控えめで美しい振る舞い　**イ** 親切で礼儀正しい振る舞い　**ウ** 意地でも自分だけが得をしようとする振る舞い

**エ** みんなが平等に得をする振る舞い　**オ** 積極的にコミュニケーションを図る振る舞い

問10 この文章の内容としてもっとも適切なものを次から選び、記号で答えなさい。

**ア** 日本人は心が美しく、心の底から他人に親切にし、礼儀正しい振る舞いをすることができる。

**イ** 日本人は美しい国民性ゆえに、悪意を持った他者／他国の餌食となり、過労死など労働上の問題が増加している。

**ウ** 日本人は協調性があるが、それは自分が不利益を被るリスクを少しでも抑えるためである。

**エ** 日本人は本来、性悪で、何をするにも、他人の足を引っ張りおとしめてやりたいと考えている。

【二】次の文章を読み、後の問いに答えなさい。

今は昔、①村上天皇の御代に、玄象といふ琵琶にはかにうせにけり。これは世の伝はりものにて、Aいみじき公の財にてあるを、かくうせぬれば、天皇極めて嘆かせ給ひて、かかるやむごとなき伝はりものの、我が代にしてうせぬることとおぼし嘆かせ給ふもことわりなり。これは人の盗みたるにや(a)あらむ、ただし、人盗み取らば、(b)保つべきやうなきことなれば、天皇をよからず思ひ奉《たてまつ》る者世にありて、取りて損じ失ひたるなめりとぞ疑はれける。

しかるあひだ、源博雅といふ人、殿上人にてあり。この人、管弦の道極めたる人にて、②この玄象のうせたることを思ひ嘆きけるほどに、人皆静かなる後に、博雅清涼殿にして聞きけるに、南の方に当たりて、かの玄象を弾く音あり。極めてあやしく思へば、もし僻耳《ひがみみ》※1かと思ひて、よく聞くに、まさしく玄象の音なり。博雅③これを聞き誤るべきことにあらねば、返す返す驚きあやしんで、人にも告げずして、直衣《のうし》※2姿にて、ただ一人沓《くつ》ばかりを履きて、小舎人童《こどねりわらわ》※3一人を具して、衛門《えもん》※4の陣を出でて、南ざまに行くに、なほ南にこの音あり。近きにこそありけれと思ひて行くに、朱雀門に至りぬ。なほ同じやうに南に聞こゆ。しかれば、朱雀の大路を南に向かひて行く。心に思はく、これは玄象を人の盗みて、楼観《ろうかん》にしてひそかに弾くに X ありぬれと思ひて、急ぎ行きて楼観に至り着きて聞くに、なほ南にいと近く聞こゆ。しかれば、なほ南に行くに、既に羅城門に至りぬ。

門の下に立ちて聞くに、門の上の層に、玄象を弾くなりけり。博雅これを聞くに、Bあさましく思ひて、これは人の弾くにはあらじ、定めて鬼などの弾くこそはあらめと思ふほどに、弾きやみぬ。しばらくありてまた弾く。そのときに博雅の言はく、「こはたが弾き給ふぞ。玄象日ごろうせて、天皇求め尋ねさせ給ふあひだ、今夜清涼殿にして聞くに、南の方にこの音あり。よりて尋ね来れるなり。」と。

そのときに弾きやみて、天井より下るるものあり。恐ろしくて立ちのきて見れば、玄象に縄を付けて下ろしたり。しかれば、博雅恐れながらこれを取りて内裏に帰り参りて、この由を奏して、C玄象を奉りたりければ、天皇いみじく感ぜさせ給ひて、「鬼の取りたりけるなり。」となむ仰せられける。これを聞く人、皆博雅を Y 褒めける。

その玄象、今に公の財として、世の伝はりものにて内裏にあり。この④玄象は生きたるもののやうにぞある。つたなく弾きて弾きおほせざれば、腹立ちて鳴らぬなり。また塵《ちり》(c)ゐてのごはざるときにも、腹立ちて鳴らぬなり。その気色あらはにぞ見ゆなる。あるときには内裏に焼亡※5あるにも、人取り出でずといへども、玄象おのづから出でて庭にあり。

これ奇異のことどもなり、となむ語り伝へたるとや。

『今昔物語』巻二四　第二四より　設問の都合上、一部変更がある

※1　僻耳…聞き間違えること　※2　直衣…貴人の常用の略服

※3　小舎人童…召使いの童子　※4　衛門の陣…衛門府の官人の控えどころ　※5　焼亡…火事

問1　太線部(a)～(c)を現代仮名遣いに直して答えなさい。

問2　二重傍線部A～Cの現代語訳として適当なものを次の中から選び、記号で答えなさい。

A「いみじき公の財にてあるを、」

**ア**　ひどく税金を使った宝であるのに、　**イ**　とても世間の人々に知られた宝であるのに、

**ウ**　すばらしい皇室の宝であるのに、　**エ**　すばらしい由来のある宝であるのに、

B「あさましく思ひて、」

**ア**　魅力的に感じて、　**イ**　驚きあきれて、　**ウ**　かわいそうに思って、　**エ**　見苦しく思って、

C「玄象を奉りたりければ、」

**ア**　玄象を差し上げたところ、　**イ**　玄象をお与えになったところ、

**ウ**　玄象を演奏したところ、　**エ**　玄象をきれいに磨き上げたところ、

問3　傍線部①「村上天皇」が発した最初の発話文を本文中から探し、その発話の終わりの五文字を本文中より抜き出しなさい。

問4　傍線部②「この玄象のうせたること」について。

(1)　当初、何が原因と考えられていたか、本文中より十字程度で抜き出しなさい。

(2)　最終的に原因はなにか、単語で抜き出しなさい。

問5　傍線部③「聞き誤るべきことにあらねば」とあるが、その根拠はなにか、解答欄に続く形で十字以内で抜き出しなさい。

問6　傍線部④「玄象は生きたるもののやう」とあるが、そのように言える具体的な描写が二つある。(1)は十字以内で、(2)は十五字以内で抜き出しなさい。

（句読点は含まない）

問7　空欄 X に入る語を本文中よりひらがな二字で抜き出しなさい。

問8　空欄 Y に入る語を本文中よりひらがな二字で抜き出しなさい。

問9　波線部「羅城門」について調べた生徒たちが説明したものとしてふさわしくないものを次の①～④の中から選び、記号で答えなさい。

生徒A：①　「羅城門」は大内裏からまっすぐ伸びた南の端に位置する正門だったらしいですよ。元々は城壁のことを表すものだったそうです。

生徒B：②　「羅城門」は楼、つまりは高層階があって、はしごによって上がれたみたいです。実際、本文でも上から玄象が下りてきていますしね。

生徒C：③　ただ「羅城門」は「朱雀門」と比べて格の低い門だったそうです。本文でも、主人公の源博雅は「朱雀門」を優先して、その後「羅城門」に向かっています。

生徒D：④　「羅城門」は平城京にもあったそうだよ。平城京は平安京と同様に碁盤の目のような形で作られていたんだって。

参考図

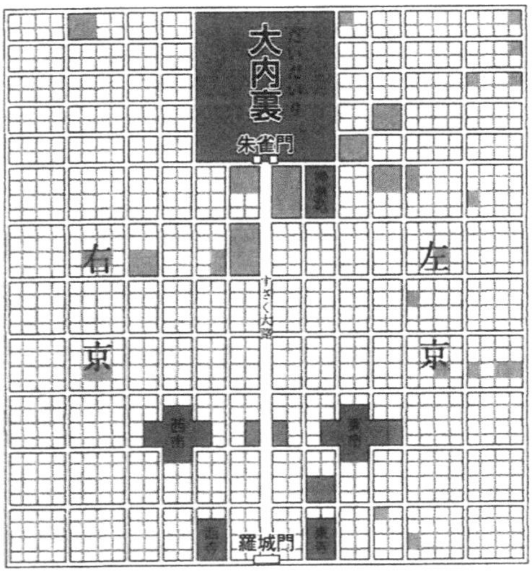


平安京図



2022(R4) 大商学園高
K 教英出版

【三】次の①～⑩の文の、傍線部の品詞として適当なものをそれぞれ後の語群から選び、記号で答えなさい。

（同じ記号を二度以上用いてもかまわない）

① 電車に数分の遅れが出ている。

② 約束の時間に遅れてしまった。

③ あの人はこまかなことによく気がつく。

④ こまかいところまで注意をはらう。

⑤ 美しい夕日が沈んでいく。

⑥ 赤く輝いているのは夕日ではない。

⑦ どんなことが起こってもあきらめない。

⑧ すぐにあきらめてしまうのはよくない。

⑨ 彼はある町に大きな時計台を作った。

⑩ 私の町には大きな時計台がある。

ア 動詞　イ 形容詞　ウ 形容動詞　エ 名詞　オ 副詞
カ 連体詞　キ 接続詞　ク 助動詞　ケ 助詞　コ 感動詞

【四】次の①～⑤の「□」にあてはまる漢字をそれぞれ後の語群からさがし、三字熟語を完成させなさい。

① 有□天　② 立□生　③ 向□心　④ 一□倒　⑤ 不□出

上・下・世・辺・頂・地・往・来

【五】次の①～⑤の「□」に共通してあてはまる漢字をそれぞれ後の語群から選び、記号で答えなさい。

① 解□・□放・□然　② 奇□・選□・□群　③ □重・□台・集□

④ □感・□速・鋭□　⑤ □信・□路・□子

ア 敏　イ 決　ウ 道　エ 迷　オ 釈
カ 出　キ 荷　ク 抜　ケ 合　コ 快

令　和　4　年　度

# 大商学園高等学校 入学考査問題

# 数　学

**(50分)**

**注　意**

＊「開始」の合図があるまでは開いてはいけません。

＊「開始」の合図のあと、解答用紙に受験番号と氏名を書きなさい。

＊ 答えはすべて解答用紙の指定された解答欄に書きなさい。

＊「終了」の合図ですぐ筆記用具を置きなさい。

1 次の計算をしなさい。

(1) $1 + 2 - 3 \times 4 + 56 \div 7 - 8 + 9$

(2) $35^2 - 15^2$

(3) $\left(\frac{2}{3} - \frac{1}{4}\right) \div \frac{3}{2} \times \left(1 - \frac{2}{5}\right)$

(4) $\frac{27}{\sqrt{6}} - \sqrt{\frac{3}{2}} + \sqrt{24}$

(5) $(2\sqrt{3} - 3)(2\sqrt{3} + 3)$

(6) $\frac{2x + y}{3} - \frac{3x - 2y}{6}$

(7) $5(xy^2)^2 \div (-2x^2y^3)^2 \times \frac{8}{5}x^3y^2$

(8) $(x + 4)^2 - (x + 5)(x - 3)$

2 次の式を因数分解しなさい。

(1) $x^2 - 64$

(2) $x^2 - 5x$

(3) $x^2 - 13x + 30$

(4) $x^2 + 12x + 36$

3 次の方程式を解きなさい。

(1) $x - 1.6 = 0.4(x+2)$

(2) $x^2 - 3x - 10 = 0$

(3) $x^2 - 9x + 14 = 0$

(4) $x^2 - x - 1 = 0$

**4** 次の各問いに答えなさい。

(1) S，T，G，Cの4チームが下のトーナメント表をもとに野球の試合をするとき，全部で何通りのトーナメント表ができるか。

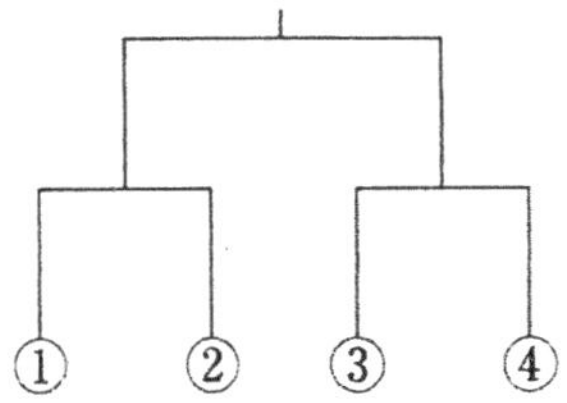


(2) Dさんが最初の所持金の $\frac{2}{5}$ をA店で使い，さらに，その残りの20％をB店で使ったところ，1200円残った。最初の所持金を求めなさい。

(3) 3つの直線 $y=x-4$，$y=ax+2$，$y=-2x+5$ が1点で交わるとき，$a$の値を求めなさい。

(4) $\sqrt{\frac{96}{n}}$ が整数となる自然数$n$のうち，もっとも小さい$n$を求めなさい。

5 次の各問いに答えなさい。

(1) 下の図の円Oにおいて，$\angle x + \angle y$の大きさを求めなさい。

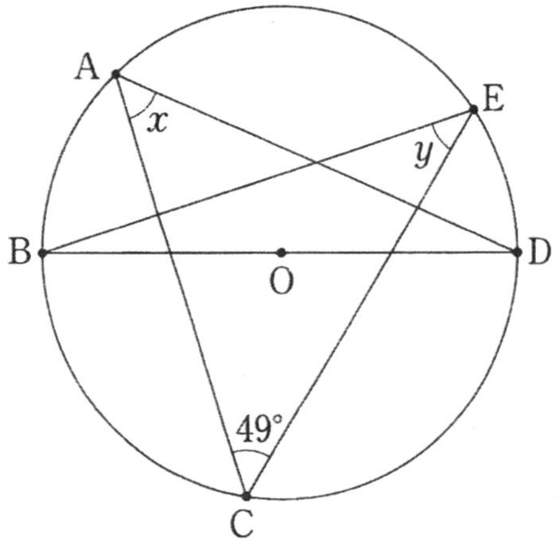


(2) 下の図において，円Oの半径は3cmである。辺BCの長さを求めなさい。

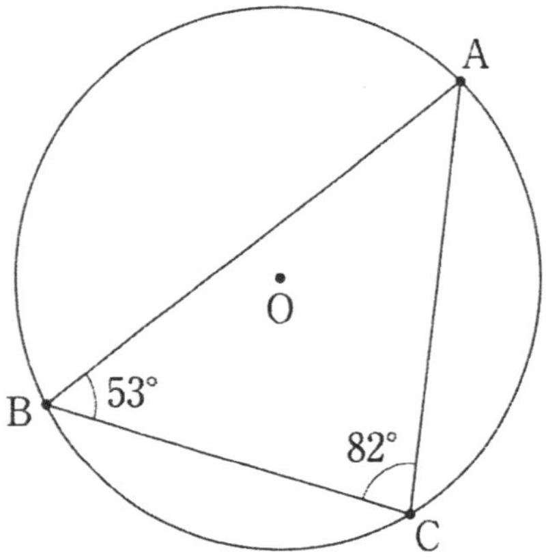


(3) 下の図において，△ABCと△ECDは合同な正三角形である。
$\angle x$の大きさを求めなさい。

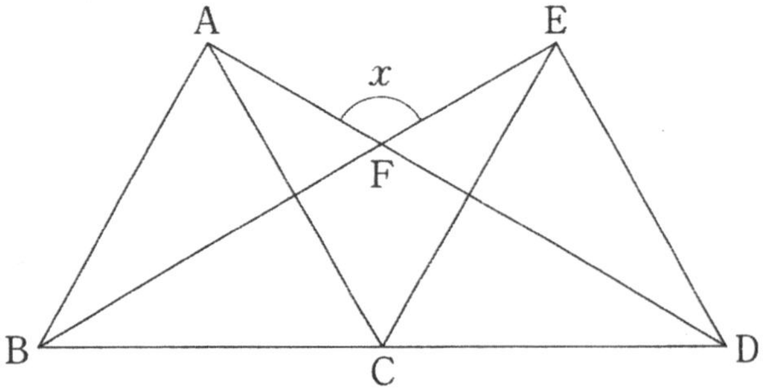

(4)　下の図において，四角形ＡＢＣＤは正方形である。ＢＣ＋ＢＥの長さを求めなさい。

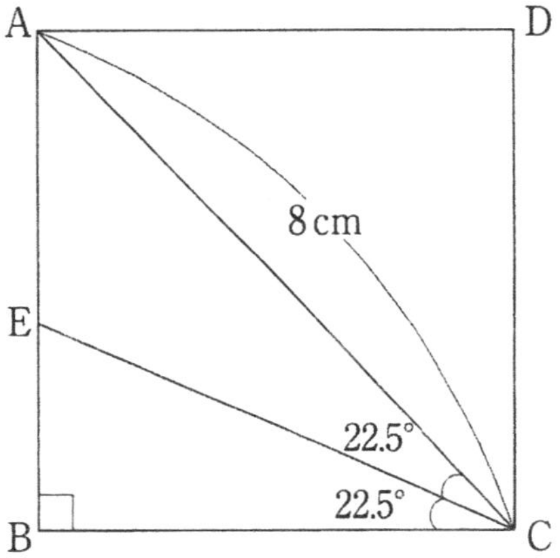


(5)　下の図において，四角形ＡＢＣＤは正方形である。$\angle x$の大きさを求めなさい。

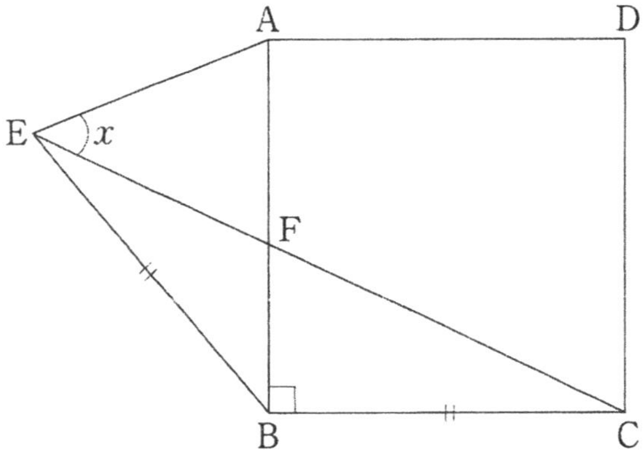


(6)　下の図において，四角形ＡＢＣＤは長方形である。斜線の部分の面積が 17cm$^2$ となるように，$x$の長さを求めなさい。

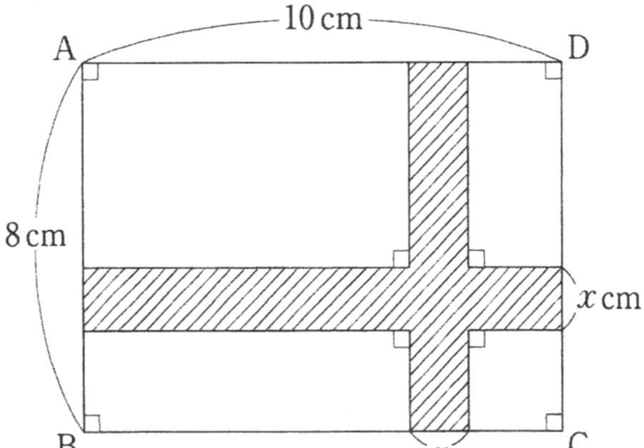

6 下の図において，１辺が４cmの正方形ABCDの辺BC上に点Eをとると，DEがCEの３倍の長さになった。このとき，次の各問いに答えなさい。

(1) CE＝$x$cmとする。DEの長さを$x$を用いて表しなさい。

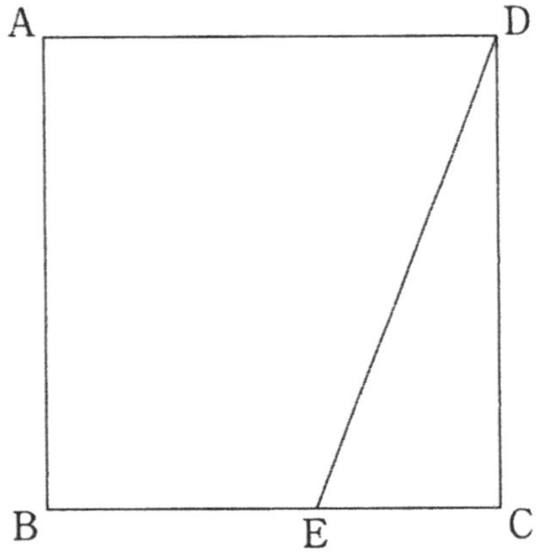


(2) BEの長さを求めなさい。

7 下の図のように，２つの放物線 $y=ax^2$と $y=-ax^2$の曲線上の４点で正方形ABCDをつくることを考える。このとき，次の各問いに答えなさい。

(1) $a=1$のとき，Dの座標を求めなさい。

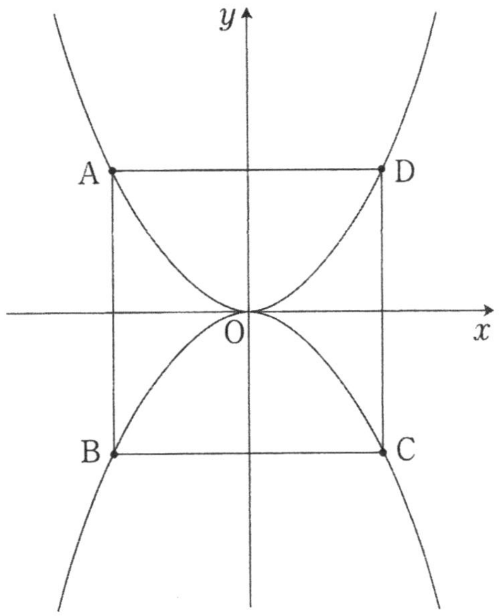


(2) $a=\frac{1}{2}$のとき，正方形ABCDの面積を求めなさい。

(3) $a=5$のときの正方形ABCDと $a=3$のときの正方形ABCDの面積比をもっとも簡単な整数の比で求めなさい。

(4) 正方形ABCDの面積が１になるとき，$a$の値を求めなさい。

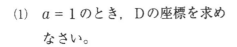

8 1けたの数字が書かれている番号札がある。箱Xには1と2が1枚ずつ，箱Yには1から4までが1枚ずつ，箱Zには1から6までが1枚ずつ入っている。Aさんは箱Xと箱Yから番号札を1枚ずつ取り出し，その数字の合計をAさんの得点とする。Bさんは箱Zから番号札を1枚取り出し，その数字をBさんの得点とする。得点が高い方を勝者とし，得点が同じ場合は引き分けとする。このとき，次の各問いに答えなさい。

(1) AさんとBさんが引き分ける確率を求めなさい。

(2) AさんがBさんに勝つ確率を求めなさい。

(3) AさんとBさんの勝つ確率について，正しいものを以下から選び番号で答えなさい。

①Aさんが勝つ確率の方が高い

②Bさんが勝つ確率の方が高い

③Aさんが勝つ確率とBさんが勝つ確率は等しい

令　和　4　年　度

# 大商学園高等学校 入学考査問題

# 英　語

**（50分）**

**注　意**

＊「開始」の合図があるまでは開いてはいけません。

＊「開始」の合図のあと、解答用紙に受験番号と氏名を書きなさい。

＊ 答えはすべて解答用紙の指定された解答欄に書きなさい。

＊「終了」の合図ですぐ筆記用具を置きなさい。

1 次の英文の（　　）に入る最も適切な語（句）をア～エから１つ選び，記号で答えなさい。

(1) Do you know the girl (　　) in that room?

ア. is singing　イ. singing　ウ. sings　エ. sing

(2) My father told me (　　) to the hospital.

ア. go　イ. going　ウ. to go　エ. gone

(3) What were you (　　) when I called you?

ア. do　イ. did　ウ. to do　エ. doing

(4) Tommy always thinks (　　) from other people.

ア. different　イ. difficult　ウ. differently　エ. difference

(5) You were (　　) to hear the news.

ア. surprise　イ. surprised　ウ. surprising　エ. surprisingly

(6) He tried these shoes (　　), but he didn't buy them.

ア. on　イ. off　ウ. out　エ. in

(7) This is the museum (　　) visited five years ago.

ア. which　イ. that　ウ. has　エ. we

(8) (　　) textbook is this? It has no name on it.

ア. How　イ. Who　ウ. Whose　エ. Where

(9) She is good (　　) English.

ア. at　イ. of　ウ. with　エ. in

(10) My sister bought a car (　　) me.

ア. at　イ. about　ウ. to　エ. for

2 以下の設問に答えなさい。

(A) 教室の掲示板に，高橋先生から新学期の「教室でのルール」についてのプリントが貼られていました。質問に対して最も適切なもの，または文を完成させるのに最も適切なものを１～４から１つ選び，番号で答えなさい。

**Classroom Rules**

Welcome back!  I hope you had a nice summer.  School starts today.  Here are my rules.  Please follow them.

Always bring a *tablet computer to class.  You can use a tablet computer to support your study.  Stay at your desk during lessons.  Listen carefully while I teach.  Do not talk to your friends.  Put your hand up when you have a question.  Walk when you use the stairs.  Do not run!  Please be good friends with your classmates.  I hope you understand these important rules.

Thank you!
Mr. Takahashi

問１ If you have something to ask,
　１．you need to bring a tablet computer.
　２．you must listen carefully.
　３．you have to put your hand up.
　４．you should be good friends with your classmates.

問２ When are these rules shown?
　１．On the first day of the 1st *term.
　２．On the first day of the 2nd term.
　３．On the first day of the 3rd term.
　４．On the first day of the new year.

*tablet computer タブレット型コンピューター　　*term 学期

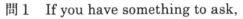

(B) メグ ( Megu ) に友達のブライアン ( Brian ) からパーティのお誘いのメールが届きました。質問に対して最も適切なものを１～４から１つ選び，番号で答えなさい。

**Come to My Party**

**From**: brian@netmail.com
**To**: megu@netmail.com
**Subject**: Come to my party!

Hi, Megu,

My birthday is this Saturday. I will have a small party at my home. We will have lunch and play games. My parents will cook a lot of great food. We can drink juice, tea, or water. My sister will make a big cake. About eight people will come. I hope to see you there.

Can you come? Please send me an e-mail. I need to know by Thursday. Let's have fun!

**Day**: Saturday, June 17
**Time**: 1:00 to 5:00 in the afternoon
**Address**: 760 14th Street

Your friend,
Brian

問１ What should Megu do by Thursday?

1. She should make a cake.
2. She should call back Brian.
3. She should talk to her parents about the party.
4. She should answer Brian's e-mail.

問２ How long will the party be?

1. Three hours.
2. Four hours.
3. Five hours.
4. Six hours.

3 次のEメールを読んで，以下の設問に答えなさい。

To: Hanako Tanaka
Date: August 15
Subject: Your movie tickets?

---

Hi, Hanako,
Are you enjoying the vacation? I have spent so ( ア ) time on my homework, and finally finished it this morning. It was really hard work! Thank you for lending me the novel at school. When I was reading it last night, I found two movie tickets between the pages. ②They say that the *deadline is next Sunday, so you must use them soon. Do you want me to bring them to your home? I ( イ ) go any day except tomorrow.
Let me know ...
Taro

To: Taro Suzuki
Date: August 15
Subject: Thank you so much!

---

Hi, Taro,
I am having a lot of fun. Yesterday, I went to a local summer festival and watched fireworks. I know that I ( ウ ) do my homework, but I am just too busy! I have been looking for the tickets, so I am happy you found them. I was planning to go to the movie with my sister. But, she has almost no free time because she has basketball practice every day for her next game. If you are free next Saturday, how about going to the movie together? You can bring the tickets with you then. According to the theater website, there are two shows on the same day: 10 a.m. and 2 p.m. ( エ ) time is best for you?
See you soon...
Hanako

*deadline 最終期限

問１　（ア）～（エ）に入る最も適切な語(句)を１～４から１つ選び，番号で答えなさい。

| | | | | |
|---|---|---|---|---|
| （ア） | 1. many | 2. much | 3. a lot of | 4. more |
| （イ） | 1. am | 2. should | 3. must | 4. can |
| （ウ） | 1. want to | 2. have to | 3. am able to | 4. am going to |
| （エ） | 1. What | 2. When | 3. Which | 4. That |

問２　下線部② They は何を指しますか。本文より**英語３語**で抜き出しなさい

問３　このあとHanakoは何をすると考えられますか。適切なものを１～４から１つ選び，番号で答えなさい。

１．Check the movie schedule on the website.

２．Decide which show to watch with Taro.

３．Tell Taro the deadline of the movie tickets.

４．Go to see the movie with other friends.

4 次の会話文を読んで，以下の設問に答えなさい。

Ken : I'm Ken. I'm the captain of the Music Club. ( ア ). Also, if you have any questions, please put your hand up. I'm happy to answer any questions about our club.

Rika: ( イ ).

Ken : Yes? Before I answer your question, can you please introduce yourself to everyone?

Rika: Good afternoon, everyone. I'm Rika. ( ウ ).

Ken : Hi, Rika. Thank you for coming to our club meeting. What's your question?

Rika: I'm ( A ) in joining the club, but my parents are worried. They are afraid that I may have little time to study if I become a member. In junior high school, I had a lot of time to study. When I was in *the third grade, I was at the top of my class. So they want me to study harder in high school. I would like to know *how often the Music Club meets.

Ken : ( エ ), a week after the mid-term exams. We practice three times a week, for three hours. Here is a poster with our schedule. You can look at it later. Don't worry. ( オ ). All our members always study hard and must *have a high grade average.

Rika: Thank you. I'll explain that to ( B ).

*the third grade 3年生 *how often どれ位の回数で
*have a high grade average 成績が良いこと

問1　(ア)～(オ)に入る最も適切な表現を1～5からそれぞれ1つ選び，番号で答えなさい。

1. Our concert will be held next month
2. I'm 15 years old
3. I would like to thank everyone for coming today
4. You will still have a lot of time to study
5. I have a question

問2　(　A　)に入る最も適切な語を1～4から1つ選び，番号で答えなさい。

1. believed　　2. coming　　3. interested　　4. feeling

問3　(　B　)に入る語句を本文より**英語2語**で抜き出しなさい。

問4　次の質問に対する答えとして最も適切なものを1～4から1つ選び，番号で答えなさい。

(a) What is the problem if Rika joins the club?

1. She has to go to school earlier every morning.
2. She needs to think about her study hours.
3. She needs to support the captain of the club.
4. She has to help her parents every day.

(b) How many hours a week do the club members practice for the next concert?

1. Seven hours.
2. Eight hours.
3. Nine hours.
4. Ten hours.

5 次の英文を読んで，以下の設問に答えなさい。

English is now an international （　ア　） and you can make many friends all over the world by using English. I think ①this is wonderful. Then, how can you *improve your English?

Many Japanese people （　イ　） abroad ②to study English. That is a good way to improve your English because you can practice it every day. But even in foreign countries, if you use Japanese a lot, your English won't get （　ウ　）. It is （　エ　） to use English.

But you can improve your English in Japan, too. You are studying English at school. You have many chances ③to use it in class. Do you answer in English when your teachers speak it to you? It is easy to say "***Wakarimasen,***" but your English won't improve if you don't （　オ　） it. You don't have to speak ④it well. If your teachers and your classmates don't *misunderstand, that's good enough.

You ⑤[ better / can / your English / make ] by studying abroad or studying in Japan. But the （　カ　） important thing is to use it. You should remember this if you really （　キ　） to improve your English.

*improve ~　～を上達させる　　misunderstand　誤解する

問1　（ア）～（キ）に入る最も適切な語を1～4からそれぞれ1つ選び，番号で答えなさい。

（ア）1. culture　2. language　3. country　4. style
（イ）1. go　2. run　3. enjoy　4. visit
（ウ）1. worse　2. difficult　3. better　4. easy
（エ）1. great　2. simple　3. interesting　4. important
（オ）1. get　2. use　3. play　4. have
（カ）1. much　2. most　3. very　4. more
（キ）1. enjoy　2. play　3. want　4. work

問2　下線部① this の指す内容を表す以下の文を完成させるとき，（　　　）に入る適切な語を1～4から1つ選び，番号で答えなさい。

**「英語を使うことによって世界中に多くの（　　　）を作ることができること」**

1. 家族　2. 言語　3. 学校　4. 友達

問3　下線部② to study、③ to use と同じ用法を含む文を1～5からそれぞれ1つ選び，番号で答えなさい。

1．My dream is to become a doctor.
2．I want something to eat.
3．I ran to the station to catch the last train.
4．I'm glad to see you again.
5．I'd like to take a walk with my dog.

問4　下線部④ it は何を指しますか。該当するものを1～4から1つ選び，番号で答えなさい。

1. speech　2. Japanese　3. language　4. English

問5　下線部⑤を意味が通るように並べかえなさい。

問6　次の各文が本文の内容と一致していれば○，一致していなければ×で答えなさい。

1．もし海外に留学すれば，あなたの日本語の力は落ちてしまう。
2．言語を学ぶことで，世界中の国々のことを知ることができる。
3．海外に留学して，毎日英語を練習することができれば，英語は上達する。
4．授業で先生と英語で話す時，わからない時は「わかりません」というべきだ。

6 次の各文の[　　]内の語(句)を並べかえた時，**[　　]内で2番目と4番目**にくる語(句)の組み合わせとして適切なものをア～エから1つ選び，記号で答えなさい。ただし文頭の語も小文字にしています。

(1) 家まで車で送ってくれませんか。
[ ① home　② me　③ can　④ drive　⑤ you ] ?
ア. ⑤－②　　イ. ③－④　　ウ. ⑤－①　　エ. ②－①

(2) 秋の京都は美しい景色で有名です。
Kyoto [ ① famous　② its　③ for　④ beautiful　⑤ is ] views in fall.
ア. ②－④　　イ. ①－③　　ウ. ①－②　　エ. ③－①

(3) この花はフランス語で何と言うのですか。
What [ ① flower　② in　③ called　④ this　⑤ is ] French?
ア. ④－①　　イ. ⑤－③　　ウ. ④－⑤　　エ. ④－③

(4) 私は娘に人形を与えた。
[ ① gave　② to　③ I　④ my　⑤ doll　⑥ a ] daughter.
ア. ①－⑤　　イ. ①－②　　ウ. ⑤－③　　エ. ①－④

(5) 駅への行き方を教えていただけませんか。
[ ① tell　② could　③ me　④ the way　⑤ to　⑥ you ] the station ?
ア. ③－⑤　　イ. ⑥－③　　ウ. ③－④　　エ. ⑥－④

7 各組の文がほぼ同じ意味を表すように，(　　　) 内にあてはまる**英語1語**を入れなさい。

(1) Shall we go shopping this weekend?
(　　　) go shopping this weekend.

(2) Mt. Fuji is the highest mountain in Japan.
Mt. Fuji is (　　　) than any other mountain in Japan.

(3) This book is easy to read.
(　　　) is easy to read this book.

(4) Mr. Sasaki is an English teacher at our school.
Mr. Sasaki (　　　) English at our school.

(5) His sister went to Canada.  She is still there.
His sister has (　　　) to Canada.

問題は以上です。

2022(R4) 大商学園高
K 教英出版

令　和　4　年　度

# 大商学園高等学校 入学考査問題

# 理　科

**（50分）**

**注　意**

＊「開始」の合図があるまでは開いてはいけません。

＊「開始」の合図のあと、解答用紙に受験番号と氏名を書きなさい。

＊ 答えはすべて解答用紙の指定された解答欄に書きなさい。

＊「終了」の合図ですぐ筆記用具を置きなさい。

1 次の会話文を読んで、以下の問いに答えなさい。

R君：みんな夏休みに何してたの？

S君：僕は家でx打ち上げ花火を見てた。とてもきれいだった。

I君：花火見たかったなあ。僕はバンドを組んで、ライブがあったからYギターの練習をしてたんだ。

R君：へえ。次いつライブあるの？見に行きたいな。

(1) 下線部Xの打ち上げ花火が打ちあがったあと、5秒後にS君は音を聞いた。打ち上がった花火の位置とS君の家は何〔m〕離れているか、求めなさい。音の速さを340m/sとする。

(2) 下線部Xの打ち上げ花火は自ら光を放っている。このような物体を何というか、答えなさい。

(3) 下線部Yのギターのある音と同じ高さの音を出すおんさの音をオシロスコープで観測すると図1のような波形が観測された。図1のAを何というか、答えなさい。

図1

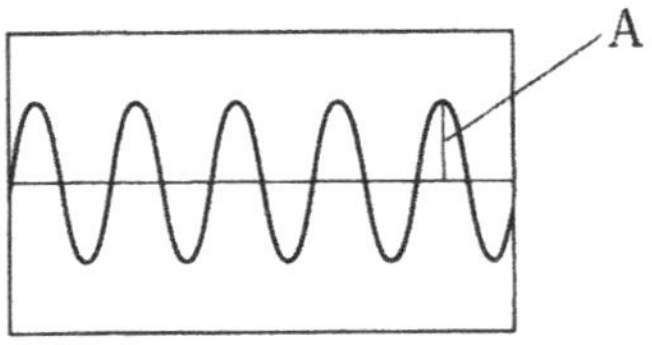


(4) (3) のおんさの音を大きくすると図1と比べてどのように波形が変化するか、次の①～④から1つ選び、番号で答えなさい。

①

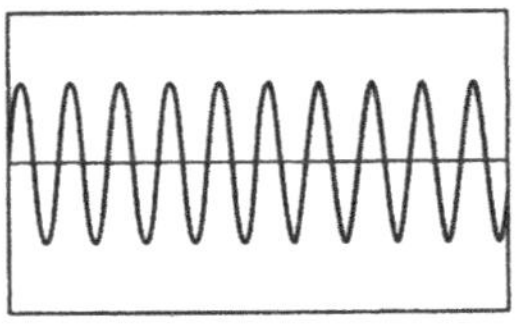

②

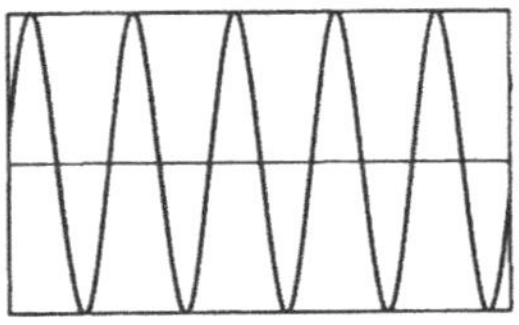

③

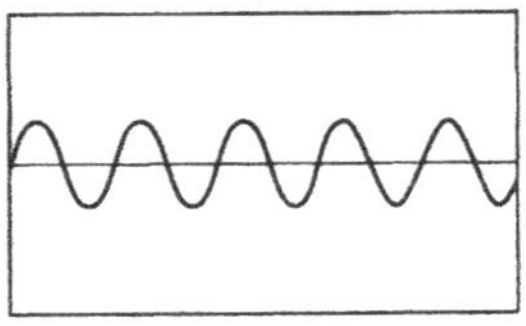

④

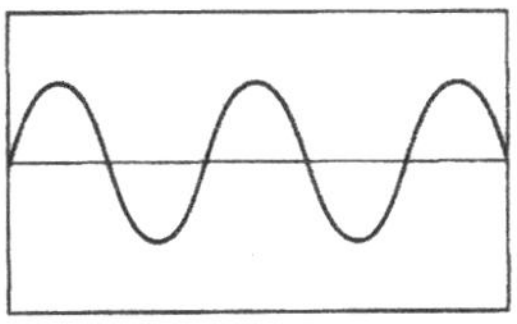

(5) 下線部Yのギターの音を低音のド（図2）から高音のド（図3）に変えるためには、弦をどのようにして弾けばよいか、次の①～④から1つ選び、番号で答えなさい。

① 弦を強く弾く　　② 弦を弱く弾く

③ 弦を長くして弾く　　④ 弦を短くして弾く

図2

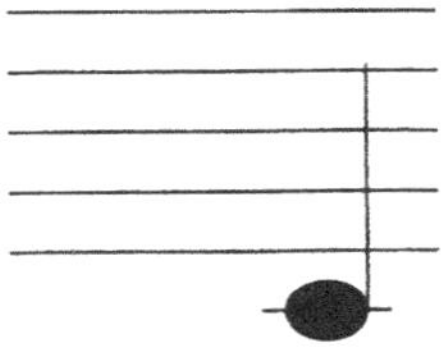

図3

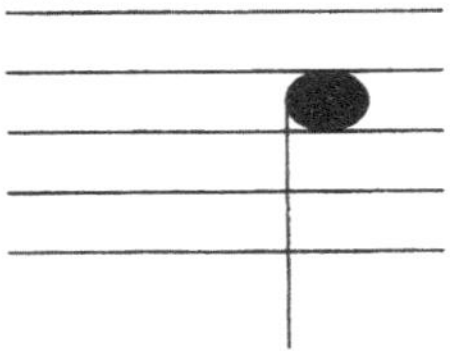

2 下の表は、いろいろな動物Ａ～Ｇとクジラについて、それぞれの特徴をまとめたものである。以下の問いに答えなさい。

| | A | B | C | D | E | F | G | クジラ |
|---|---|---|---|---|---|---|---|---|
| あしがある：○<br>あしがない：× | × | × | × | ○ | ○ | ○ | ○ | × |
| 体をつくる細胞数 | 1 | 多数 | 多数 | 多数 | 多数 | 多数 | 多数 | 多数 |
| 背骨がある：○<br>背骨がない：× | × | × | ○ | ○ | ○ | × | × | ① |
| えら呼吸をする：○<br>えら呼吸をしない：× | × | × | ○ | × | × | × | ○ | ② |
| 卵生：○<br>それ以外：× | × | ○ | ○ | ○ | × | ○ | ○ | ③ |

(1) 動物ＢとＥについて、次のア～コから１つ選び、それぞれ記号で答えなさい。

ア．ハチ　イ．イヌ　ウ．イカ　エ．ゾウリムシ
オ．コイ　カ．ヤモリ　キ．カニ　ク．クモ
ケ．ツバメ　コ．ミミズ

(2) 動物Ａのように「体をつくる細胞数」が１つの生物を何というか、答えなさい。

(3) 動物Ｃ～Ｅのように「背骨がある」動物を何というか、答えなさい。

(4) 表の①～③にあてはまるものは何か、○か×のどちらかをそれぞれ答えなさい。

3 下のグラフは、ある地震が発生したとき、P波とS波が震源から伝わる様子を表したものである。以下の問いに答えなさい。

(1) 次の文章は震度とマグニチュードについて述べられた文章である。①~③にあてはまる数字は何か、それぞれ答えなさい。

日本では地震の揺《ゆ》れの大きさは人が揺れを感じない0から最大震度の（ ① ）までの（ ② ）段階である。地震の規模はマグニチュードといい、マグニチュードの数値が1大きくなるとエネルギーが約（ ③ ）倍になる。

(2) P波が到着してからS波が到着するまでの時間を何というか、漢字で答えなさい。

(3) S波は大きな揺れを観測する。この揺れを何というか、答えなさい。

(4) P波を表すのはA、Bのどちらか、答えなさい。

(5) 震源から120km地点でP波が到着してからS波が到着するまで揺れが続いている時間は何秒か、整数で求めなさい。

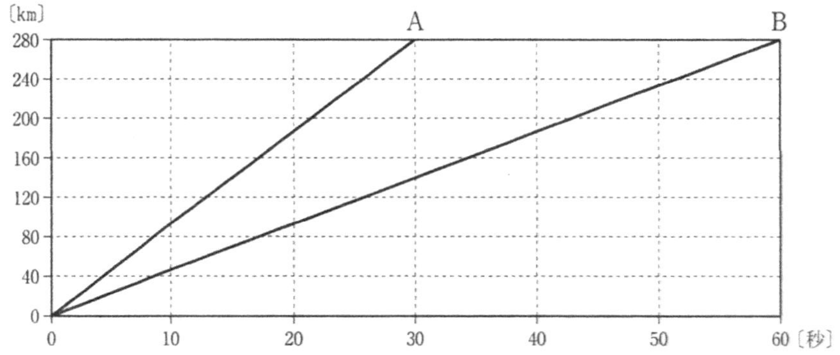

4 以下の問いに答えなさい。

(1) 冬の特徴的な天気図と梅雨の特徴的な天気図を次の①～③から1つ選び、それぞれ番号で答えなさい。

①

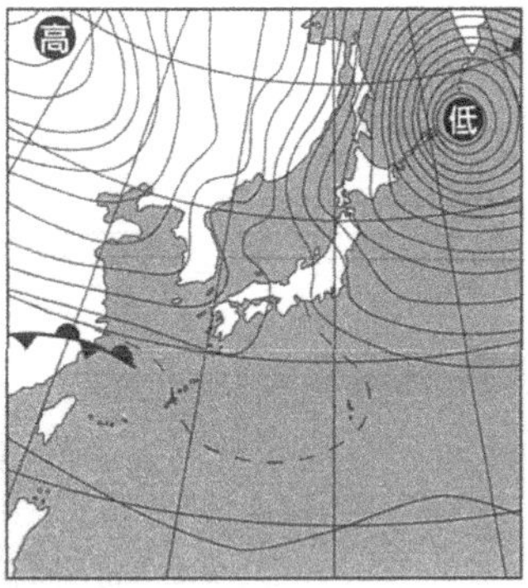


②

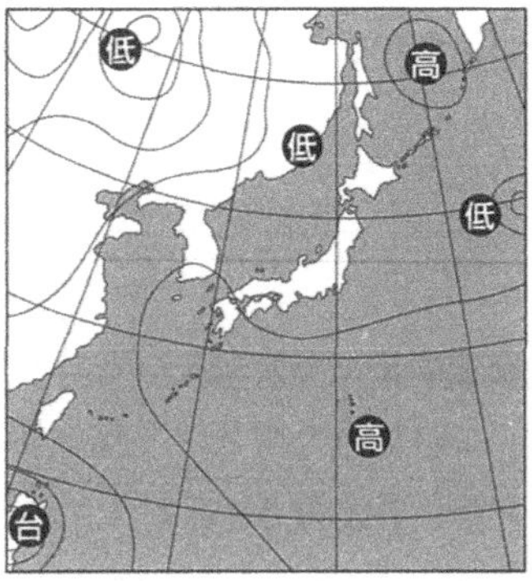


③

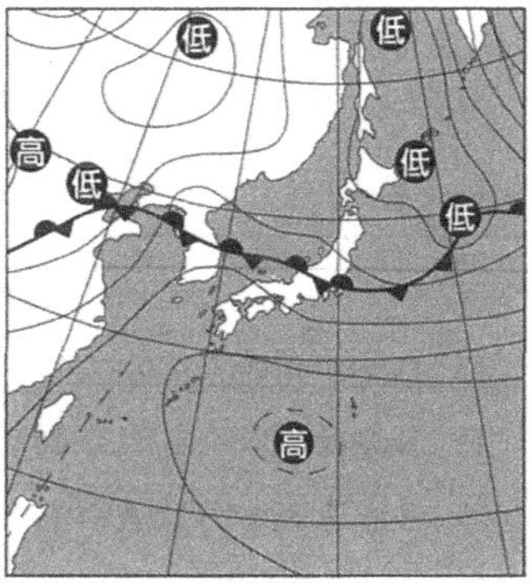


(2) 春の天気は高気圧と低気圧が次々に日本列島を通る。この移動する高気圧を何というか、答えなさい。

図1

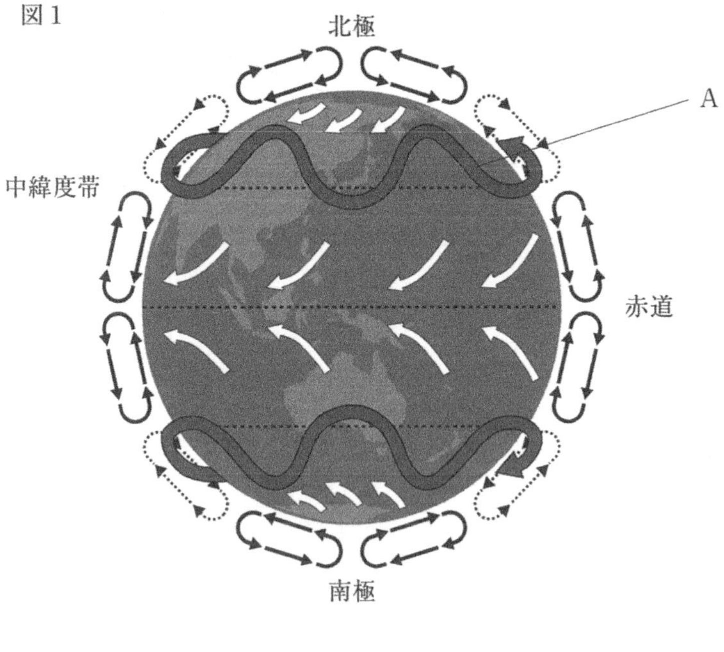


(3) 図1は地球規模での大気の動きを表している。図1のAは南北に蛇行《だこう》しながら地球の中緯度帯《ちゅういどたい》を西から東へ1周している大気の動きである。これを何というか、答えなさい。

(4) 図1の赤道付近では上昇気流と下降気流のどちらの気流が起こっているか、答えなさい。

5 光合成について実験１・２を行った。以下の問いに答えなさい。

【実験１】

操作１　試験管Ａ～Ｄに水を入れて、試験管ＡとＢにオオカナダモを入れた。

操作２　試験管Ａ～Ｄにストローで息を吹き込み、試験管Ａ～Ｄにゴム栓をした。

操作３　試験管ＢとＤをアルミニウムはくでおおい、試験管Ａ～Ｄに光を十分にあてた。

操作４　試験管Ａ～Ｄに石灰水を少し加えて、ゴム栓をし、試験管をよく振った。

図１

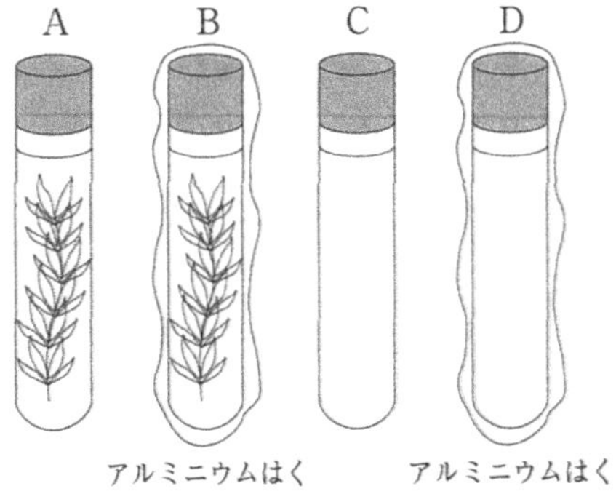


(1) 操作４で石灰水に変化があったものをＡ～Ｄからすべて選び、記号で答えなさい。

(2) 操作４で石灰水の変化はどのように変化したか、次の①～④から１つ選び、番号で答えなさい。

① 赤褐色《せきかっしょく》の沈殿《ちんでん》ができる。　② 白色の沈殿ができる。

③ 青紫色の沈殿ができる。　④ 黒色の沈殿ができる。

(3) 操作４で石灰水を変化させる原因となる気体は何か、漢字で答えなさい。

【実験２】

ふが入った植物の葉の一部をアルミニウムはくでおおい、光をよくあてた。その後、エタノール溶液につけて脱色して、ヨウ素液でひたすと変化した部分があった。

図２

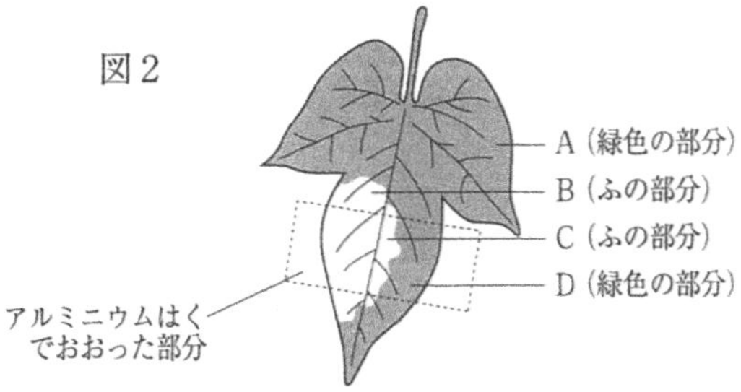


(4) ヨウ素液で変化した部分はどこか、図２のＡ～Ｄから１つ選び、記号で答えなさい。

(5) ヨウ素液で変化した部分は何色になったか、次の①～④から１つ選び、番号で答えなさい。

① 赤褐色　② 白色　③ 青紫色　④ 黒色

(6) ヨウ素液で変化した部分ではある物質ができていることがわかる。この物質は何か、答えなさい。

## 6 以下の問いに答えなさい。

(1) 物質が水に溶けて、陽イオンと陰イオンに分かれることを何というか、答えなさい。

(2) 物質が水に溶けて、水溶液になったとき電流が流れる物質を何というか、答えなさい。

(3) 次のア～エから正しいものを1つ選び、記号で答えなさい。

ア．精製水は電流が流れる。

イ．原子が電気を帯びたものを電子という。

ウ．砂糖水は電流が流れない。

エ．原子が電子を受け取ってマイナスの電気を帯びたものを陽イオンという。

(4) 次の式はHClがイオンに分かれるときの反応を化学反応式で表したものである。（ ① ）にあてはまるイオンの化学式を答えなさい。

$HCl \rightarrow$ （ ① ） $+ Cl^-$

(5) (4) のように水溶液中に（ ① ）が生じる物質を何というか、答えなさい。

(6) (4) のように水溶液中に（ ① ）が生じるものを、次のア～エから1つ選び、記号で答えなさい。

ア．水酸化ナトリウム

イ．食塩

ウ．硫酸

エ．アンモニア

(7) 水溶液Ａ～ＣにＢＴＢ溶液を加えたところ、水溶液Ａは黄色、水溶液Ｂは青色、水溶液Ｃは緑色に変化した。水溶液Ａ～Ｃは次のア～ウのどの性質を持つか、それぞれ選び、記号で答えなさい。

ア．無色のフェノールフタレイン溶液を赤色に変える。

イ．pHの値は7を示す。

ウ．マグネシウムを入れると、水素を発生させる。

7 R君は調理実習でホットケーキを作っています。次の会話文を読んで、以下の問いに答えなさい。

先生：ボールに小麦粉と卵と牛乳と砂糖とベーキングパウダーをいれて、よくかき混ぜて生地《きじ》を作りましょう。
R君：けっこう混ざりにくいな。
先生：混ぜ終わったら、フライパンにバターを入れて加熱し、とけたら、生地を入れましょう。
R君：わかりました。
先生：火は中火にしてください。
R君：バターがとけたから生地を入れるね。
≪しばらくして≫
R君：うわぁ！生地がふくらんだ。先生、なんで生地がふくらむのですか。
先生：ホットケーキにはXベーキングパウダーがはいっているからです。
R君：ベーキングパウダーがはいっているとなぜふくらむのですか。
先生：Yベーキングパウダーが熱によって反応しているからです。詳しく知りたければ理科のK先生に聞きなさい。

(1) 下線部Xのベーキングパウダーにふくまれている物質の中で生地がふくらむ原因となる物質の化学式を次の①～④から1つ選び、番号で答えなさい。

① $BaSO_4$　② $NaOH$　③ $CuSO_4$　④ $NaHCO_3$

(2) 下線部Yによって1つの物質から複数の物質ができた。この反応を何というか、答えなさい。

(3) 下線部Yによって気体が発生した。その気体を化学式で答えなさい。

(4) 下線部Yによって水が発生した。水を確認する方法として塩化コバルト紙を用いる。塩化コバルト紙の変化を次の①～④から1つ選び、番号で答えなさい。

① 赤色から青色に変化　② 無色から赤色に変化

③ 青色から赤色に変化　④ 白色から青紫色に変化

(5) 下線部Yを化学反応式で答えなさい。ただし、(1) で答えた物質の化学式を用いること。

(6) 下線部Yによってできた固体の物質をBTB溶液に入れるとどうなるか、次の①～④から1つ選び、番号で答えなさい。

① 赤色に変化　② 黄色に変化　③ 緑色に変化　④ 青色に変化

## 8 次の文を読み、以下の問いに答えなさい。

図１のように台を水平面に固定し、小球の運動を調べた。Ａで静かに手を放したところ、小球はＢＣを通過し地面Ｄに落下した。図２、図３はそれぞれ運動エネルギー（縦軸）と速さ（横軸）の関係、位置エネルギー（縦軸）と高さ（横軸）の関係を表している。小球はＡからすべり出してＢＣ上を速さ4.0m/sで通過したとする。また、高さおよび位置エネルギーは水平面ＢＣを基準としてはかるものとし、斜面とＢＣはなめらかに接続されているものとする。ただし、摩擦力や空気抵抗ははたらかないものとする。

(1) 運動エネルギーと位置エネルギーの和を何というか、答えなさい。

(2) 小球の初めの高さｈは何〔m〕か、答えなさい。

(3) 小球がＢＣ上を運動しているときの運動エネルギーは何〔Ｊ〕か、答えなさい。

(4) 斜面上を運動している小球の速さが2.0m/sになったときの物体の位置エネルギーは何〔Ｊ〕か、答えなさい。

(5) 小球が地面Ｄに落下したときの速さを$v_D$とする。$v_D$の大きさについて正しいものをア～ウから１つ選び、記号で答えなさい。

ア．$v_D = 4.0$m/s

イ．$v_D < 4.0$m/s

ウ．$v_D > 4.0$m/s

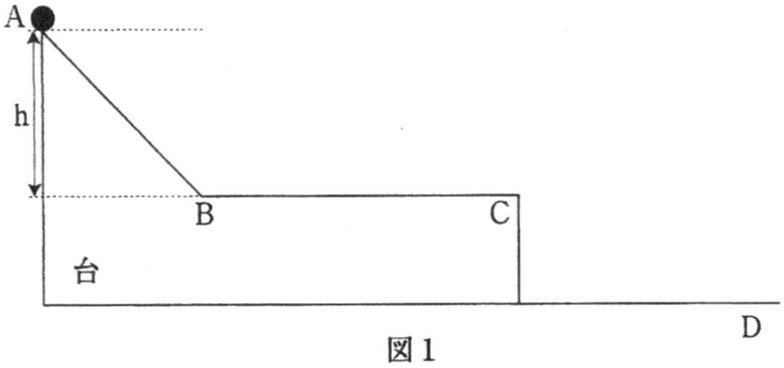


図１

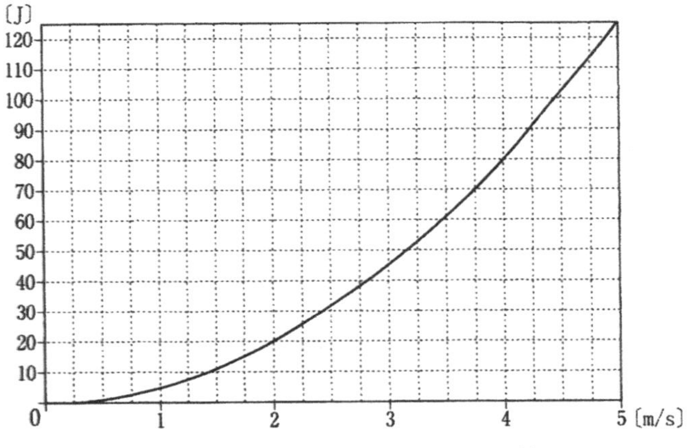


図２　運動エネルギーと速さの関係

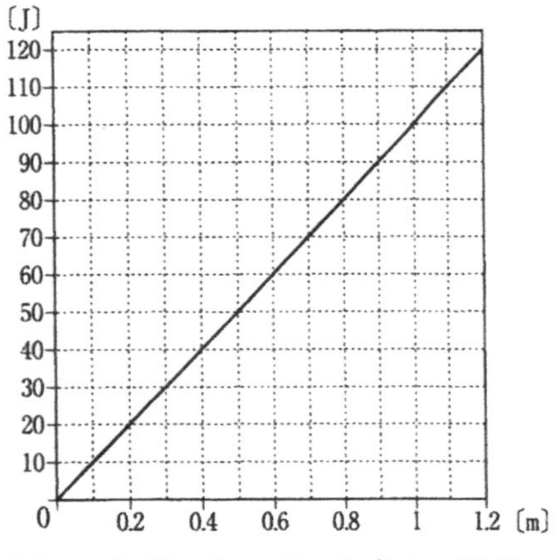


図３　位置エネルギーと高さの関係

2022(R4) 大商学園高
K 教英出版

令 和 4 年 度

# 大商学園高等学校 入学考査問題

# 社 会

**（50分）**

**注 意**

＊「開始」の合図があるまでは開いてはいけません。

＊「開始」の合図のあと、解答用紙に受験番号と氏名を書きなさい。

＊ 答えはすべて解答用紙の指定された解答欄に書きなさい。

＊「終了」の合図ですぐ筆記用具を置きなさい。

**1** **次の文章を読み，あとの各問に答えなさい。**

2019年末から始まった新型コロナウイルスの感染拡大にともなって，世界中が混乱におちいっている。日本も同様に厳しい状況が続き，経済面では①国内総生産の低調な数字が記録されている。そのような状況では，②企業が果たすべき社会的責任が注目され，教育の現場においても授業の形態が見直されたことは記憶に新しいことである。

労働環境にも変化が起きている。2017年には，日本の労働者の約４割を占めていた（　1　）もその一例である。企業はこういった労働者を雇うことで賃金をおさえることが一般化した。彼らは終身雇用ではないため，③コロナ禍においてはより一層，失業したときの備えが必要不可欠である。また，外国人労働者もその増加率は大幅に低下しているものの，150万人以上の人々が届け出，申請を行なっている。（　2　）による人口減少が進む日本では，彼らを必要な労働力として受け入れる方針に切り替わりつつある。このようにして，④働き方の見直しがなされているのである。

わが国の経済は，戦後これまでいく度も苦境に立たされてきた。⑤国民総生産が資本主義国第二位となった1968年以降でも，1973年の（　3　）や1991年の（　4　），さらには2008年の（　5　），不況と呼ばれる困難に立ち向かってきた歴史がある。現在は不況と呼ばれる状況ではあるが，社会全体の需要と供給の動きに応じて，好景気と不景気を交互に繰り返す景気変動は起こるのである。

また日本だけでなく世界中で，商品購入に際して，現金通貨を使用しないケースが増えてきており，⑥クレジットカードやスマートフォンを利用した決済が増加している。このような現象は，コロナ禍により普及していった文化の一つであると言える。

問１　文中の空欄（　1　）～（　5　）にふさわしい語句を選び答えなさい。

**正規労働者**　　**世界金融危機**　　**バブル崩壊**
**少子高齢化**　　**非正規労働者**　　**石油危機**

問２　下線部①・②・⑤を意味する語をそれぞれアルファベットで答えなさい。

問３　下線部③について，人々が助けあいの精神で，政府の責任において国民生活の不安を取り除くための仕組みとして作られたのが社会保障制度です。この制度について，あとの問に答えなさい。

（A）この制度は「すべて国民は，健康で文化的な最低限度の生活を営む権利を有する。」という日本国憲法第25条に基づいている。この日本国憲法第25条では何の権利が定められているか。記号を選び答えなさい。

**ア．生存権**　　**イ．自由権**　　**ウ．財産権**　　**エ．平等権**　　**オ．請願権**

(B) この制度は４つの柱から成立している。以下に示すその特徴より，その４つの柱をそれぞれ答えなさい。

あ. 予防接種・感染症予防・健康診断・公害対策など，人々が健やかに生活するための様々な事項について，健康と安全を保つ制度

い. 生活保護や社会手当など，生活で経済的に困っている人々に対して，生活費・医療費・教育費などの保障を行う制度

う. 保育所や高齢者施設の設置や，障害者等へのサービスを提供し，生活の安定や自己実現を支援する制度

え. 人々の様々なリスクに備えて，人々があらかじめお金を出し合い，実際にリスクにあった人に必要なお金やサービスを支給する制度

問４　下線部④について，あとの問に答えなさい。

(A) 賃金システムの見直しとして，以前までの年功序列型賃金にかえて労働者の能力や成果を反映させるシステムをとる企業も増加している。これを何というか。

(B) 日本では勤労の権利を守るため，労働基準法などの法律が定められている。以下の表の空欄（あ）～（う）にふさわしい数字を答えなさい。

| | |
|---|---|
| 労働条件 | 労働者と使用者が対等の立場で決定し，差別は禁止 |
| 最低年齢 | （あ）歳未満の児童の使用は禁止 |
| 時　　間 | １日（い）時間以内 |
| 休　　日 | 毎週最低（う）回の休日を設ける |

(C) 働き方改革の実現を試みた当時の首相は，歴代首相在任期間が最も長いことで知られている。その首相を漢字４文字で答えなさい。

問５　下線部⑥について，このような決済方法を□□□□□□□決済という。空欄にふさわしい語句をカタカナ７文字で答えよ。

## 2 次の文章を読み，あとの各問に答えなさい。

「天は人の上に人を造らず人の下に人を造らず」と言えり。されば天より人を生ずるには，万人は万人みな同じ位にして，生まれながら貴賤上下の差別なく，万物の霊たる身と心との働きをもって天地の間にあるよろずの物を資り，もって衣食住の用を達し，自由自在，互いに人の妨げをなさずしておのおの安楽にこの世を渡らしめ給うの趣意なり。…学問に入らば大いに学問すべし。農たらば大農となれ，商たらば大商となれ。…読書は学問の術なり学問は事をなすの術なり。…

※一部書き改めています。

奥野君：この文章は（　1　）の『学問のすゝめ』の一部分ですね。

先　生：よく知っているね。（　1　）は中津藩（現大分県の中津市）の下級武士百助とお順の間に二男三女の末っ子として生まれたんだ。わずか1歳で父親を亡くし，貧しい生活の中でも学問に励んだよ。19歳になると兄の誘いで長崎へ遊学することになり，そこで（　2　）の砲術を学び，西洋砲術の第一人者となったんだ。次に向かった先が①大坂だよ。

奥野君：そういえば大坂生まれとも聞いた事があります。

先　生：よく知っているね。当時の大坂は長崎にも劣らないくらい蘭学が盛んで，（　1　）は緒方洪庵という有名な蘭学者が開く適塾に入門し，塾頭にまでのぼりつめたよ。その門下生に野口鉒太郎先生がいたんだよ。その野口先生が山中先生と共に大商学園を創設したんだ。野口先生の教えもまさに（　1　）の『学問のすゝめ』の内容に合っているんだよ。

奥野君：大商学園って歴史のある学校なんですね。

先　生：次に江戸に向かい，蘭学塾を開いたよ。また②勝海舟が船頭を務めた③咸臨丸に乗って太平洋を横断しサンフランシスコへも渡米しているんだ。自由と平等に象徴されるアメリカ文化が，彼の『学問のすゝめ』に大きな影響を与えたんだ。

奥野君：そうなんですね！外国語で外国語を学んだ人だとも聞きました。

先　生：本当によく知っているね。貿易が盛んに行われていた（　3　）港が開港された時に（　2　）語が通用しない事を知り，衝撃を受けたと言われているよ。また英語で書かれた看板を読めないことに，彼の自尊心は大きく傷つけられた。それが彼と英語の出会いだったんだ。当時は和英辞書がない時代だから，蘭英辞典を購入し学習に励んだと言われているよ。

奥野君：すさまじい努力…

先　生：本当に努力家なんだよ。彼は人に学問をすすめるだけではなく，必死に勉強していたそうです。だからいち早く知識を吸収でき，また謙虚な姿勢があれだけ立派な活躍となって現れるんだね。それを優しくかみ砕いた授業を（　4　）で行っていたそうです。

奥野君：いつでも学ぶ姿勢は大切なのですね！

先　生：そんな彼が，明治26年6月11日発行の新聞④『時事新報』に「一覚宿昔青雲夢」という記事を掲載しているよ。内容は，「役人で出世を目指す風潮のなか，役人を辞め，経済を発展させるための実業家としての道を選んだ生き方に共感した。」というものなんだ。人は大きな志を持てば，すばらしい成長を遂げられる。

奥野君：僕も何か大きな志を持とう！

問１　（　１　）にふさわしい人物名を答えなさい。

問２　（　２　）にふさわしい国名を答えなさい。

問３　（　３　）にふさわしい地名を選び答えなさい。

**新潟**　　**長崎**　　**兵庫**　　**横浜**

問４　（　４　）にふさわしい学校名を選び答えなさい。

**早稲田**　　**同志社**　　**慶應義塾**

問５　下線部①について，全国の商業の中心地のために「天下の□□」と言われた。□□にあてはまる語句は何か答えなさい。

問６　下線部②の人物と，誰との会談で戊辰戦争下の江戸城の明けわたしが実現したか。人物名を答えなさい。

問７　下線部③について，この船は条約を批准する（効果のあるものにする行為）ために派遣されたが，1858年に結ばれたこの条約は何か答えなさい。

問８　下線部④について，次の１万円札に起用される人物に宛てたものである。誰か答えなさい。

（解答用紙）

令和四年度入学考査

# 国語

大商学園高等学校

| 受験番号 | |
|---|---|
| 氏名 | |
| 得点 | |

※100点満点

【一】

問1 a b c d e f g h i j

問2 Ⅰ Ⅱ Ⅲ Ⅳ

問3

問4

問5

問6 (1) (2)

問7 (1) (2) i ii iii

問8 傾向

問1．１点×10
問2．１点×４
問3．２点
問4．２点
問5．２点
問6．２点×２
問7．２点×４
問8．３点
問9．完答２点
問10．３点

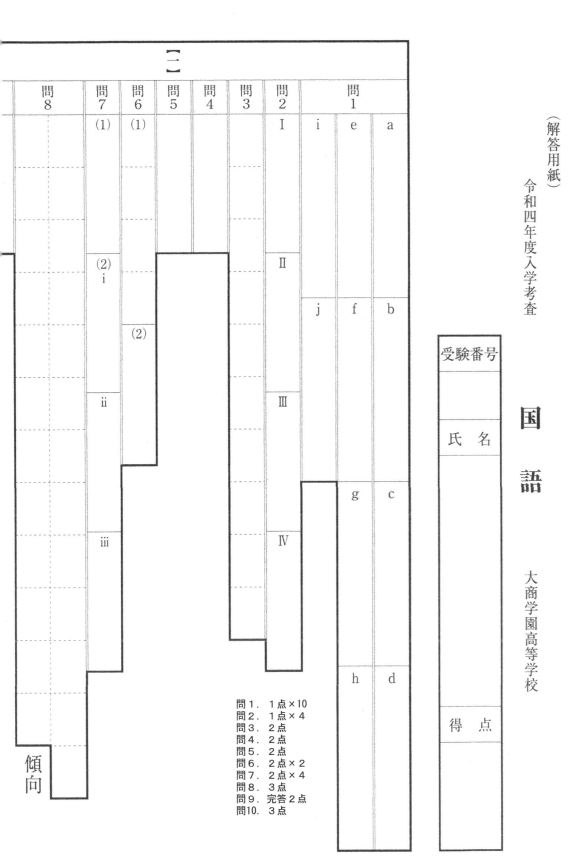

| | | | | |
|---|---|---|---|---|
| **5** | (1) | ° | (2) | cm |
| | (3) | ° | (4) | cm |
| | (5) | ° | (6) | cm |
| **6** | (1) | | (2) | cm |
| **7** | (1) | D（　　　，　　　） | (2) | |
| | (3) | ： | (4) | $a=$ |
| **8** | (1) | | (2) | |
| | (3) | | | |

| | | | | | |
|---|---|---|---|---|---|
| 受験番号 | | 氏　名 | | 得　点 | |

※100点満点

| | | | | | | | | |
|---|---|---|---|---|---|---|---|---|
| 5 | 問1 | (ア) | (イ) | (ウ) | (エ) | (オ) | (カ) | (キ) |
| | 問2 | | | | | | | |
| | 問3 | ② | ③ | | | | | |
| | 問4 | | | | | | | |
| | 問5 | | | | | | | |
| | 問6 | 1 | 2 | 3 | 4 | | | |

| | | | | | |
|---|---|---|---|---|---|
| 6 | (1) | (2) | (3) | (4) | (5) |
| 7 | (1) | (2) | (3) | (4) | (5) |

| | | | | | |
|---|---|---|---|---|---|
| 受験番号 | | 氏　名 | | 得　点 | |



※100点満点

| (5) | (6) |
|---|---|
| | |

## 6

| (1) | (2) | (3) | (4) |
|---|---|---|---|
| | | | |

| (5) | (6) | (7) | | |
|---|---|---|---|---|
| | | 水溶液A | 水溶液B | 水溶液C |

## 7

| (1) | (2) | (3) | (4) |
|---|---|---|---|
| | | | |

| (5) | (6) |
|---|---|
| | |

## 8

| (1) | (2) | (3) |
|---|---|---|
| | m | J |

| (4) | (5) |
|---|---|
| J | |

| | | | | | |
|---|---|---|---|---|---|
| 受験番号 | | 氏　名 | | 得　点 | |



※100点満点

| | | | | |
|---|---|---|---|---|
| 高原 | | 山脈 | | |

| 問７ | | 問８ | 動物 | 問９ | 動物 | 問10 |
|---|---|---|---|---|---|---|
| a | b | 宗教名 | | 宗教名 | | |

| 問11 | 問12 | 問13 | 問14 | 問15 |
|---|---|---|---|---|
| | | 時間 | 政策 | |

山脈　２点
最高峰…２点
問６．２点
問７．１点×２
問８．宗教名…２点
動物…１点
問９．宗教名…２点
動物…１点
問10．１点
問11．２点
問12．１点
問13．２点
問14．２点
問15．１点

**4**

| 問１ | | | |
|---|---|---|---|
| (1) | (2) | (3) | (4) |

| 問１ | | | 問２ | 問３ |
|---|---|---|---|---|
| (5) | (6) | (7) | | |

| 問４ | 問５ | 問６ |
|---|---|---|
| | | |

２点×12

| 受験番号 | | 氏　名 | | 得　点 | |
|---|---|---|---|---|---|

※100点満点

（解答用紙）

令和４年度入学考査　**社　会**　大商学園高等学校

## 1

| 問１ | | | | |
|---|---|---|---|---|
| (1) | (2) | (3) | (4) | (5) |

| 問２ | | |
|---|---|---|
| ① | ② | ⑤ |

問１．１点×５
問２．１点×３
問３．（A）１点　（B）２点×４
問４．（A）２点　（B）１点×３　（C）２点
問５．２点

| 問３ | (B) | | | |
|---|---|---|---|---|
| (A) | あ | い | う | え |

| 問４ | (B) | | | (C) | 問５ |
|---|---|---|---|---|---|
| (A)　　主義 | あ | い | う | | 決済 |

## 2

| 問１ | 問２ | 問３ | 問４ | 問５ |
|---|---|---|---|---|
| | | | | |

| 問６ | 問７ | 問８ |
|---|---|---|
| | | |

２点×８

## 3

| 問１ | | 問２ | 穀物 | 問３ | 穀物 |
|---|---|---|---|---|---|
| A | B | 川 | | 川 | |

問１．１点×２
問２．川…２点
　　　穀物…１点

【解答

（解答用紙）

令和４年度入学考査　**理　科**　大商学園高等学校

２点×50

**1**

| (1) | | (2) | (3) |
|---|---|---|---|
| m | | | |
| (4) | (5) | | |
| | | | |

**2**

| (1) | | (2) |
|---|---|---|
| 動物B | 動物E | |

| (3) | (4) | | |
|---|---|---|---|
| | ① | ② | ③ |

**3**

| (1) | | | (2) |
|---|---|---|---|
| ① | ② | ③ | |

| (3) | (4) | (5) |
|---|---|---|
| | | 秒 |

**4**

| (1) | | (2) |
|---|---|---|
| 冬 | 梅雨 | |
| (3) | (4) | |
| | | |

【解答

（解答用紙）

令和４年度入学考査　**英　語**　大商学園高等学校

1 …１点×10　他…２点×45

| 1 | | | | | |
|---|---|---|---|---|---|
| | (1) | (2) | (3) | (4) | (5) |
| | (6) | (7) | (8) | (9) | (10) |

| 2 | | | |
|---|---|---|---|
| | (A) | 問１ | 問２ |
| | (B) | 問１ | 問２ |

| 3 | | | | | |
|---|---|---|---|---|---|
| | 問１ | (ア) | (イ) | (ウ) | (エ) |
| | 問２ | | | | |
| | 問３ | | | | |

| 4 | | | | | | |
|---|---|---|---|---|---|---|
| | 問１ | (ア) | (イ) | (ウ) | (エ) | (オ) |
| | 問２ | | | | | |
| | 問３ | | | | | |

（解答用紙）

令和４年度入学考査　**数　学**　大商学園高等学校

1 (1)〜(3), 6 …２点×５　他…３点×30

| | | | | |
|---|---|---|---|---|
| **1** | (1) | | (2) | |
| | (3) | | (4) | |
| | (5) | | (6) | |
| | (7) | | (8) | |
| **2** | (1) | | (2) | |
| | (3) | | (4) | |
| **3** | (1) | $x=$ | (2) | $x=$ |
| | (3) | $x=$ | (4) | $x=$ |
| **4** | (1) | 通り | (2) | 円 |

【解答

【二】

問1 (a) (b) (c)

問2 A B C

問3

問4 (1) (2)

問5

だから

問6 (1) (2)

問7

問8

問9

問1．２点×３
問2．２点×３
問3．３点
問4．３点×２
問5．３点
問6．３点×２
問7．３点
問8．３点
問9．４点

【三】

① ② ③ ④ ⑤ ⑥ ⑦ ⑧ ⑨ ⑩

１点×10

【四】

① ② ③ ④ ⑤

１点×５

【五】

① ② ③ ④ ⑤

１点×５

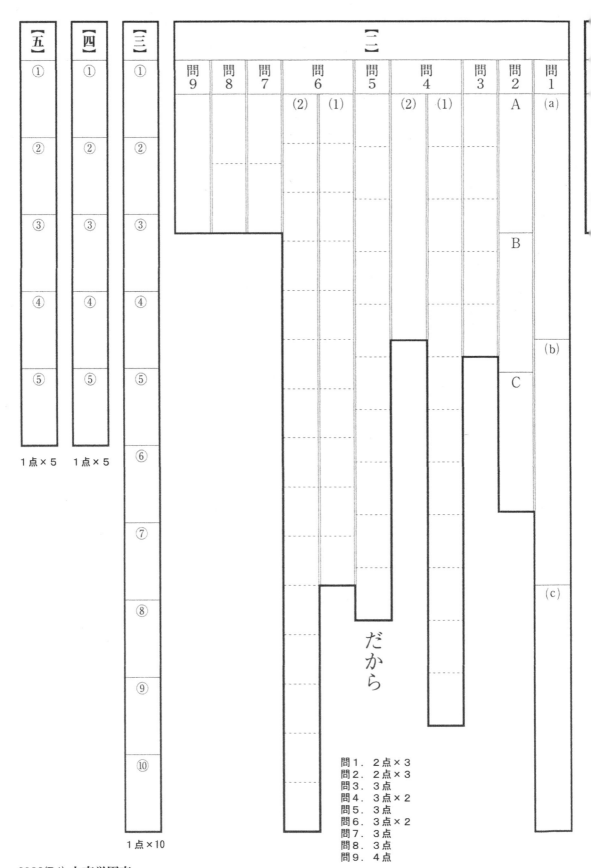

3 地図１を参照し，あとの各問に答えなさい。

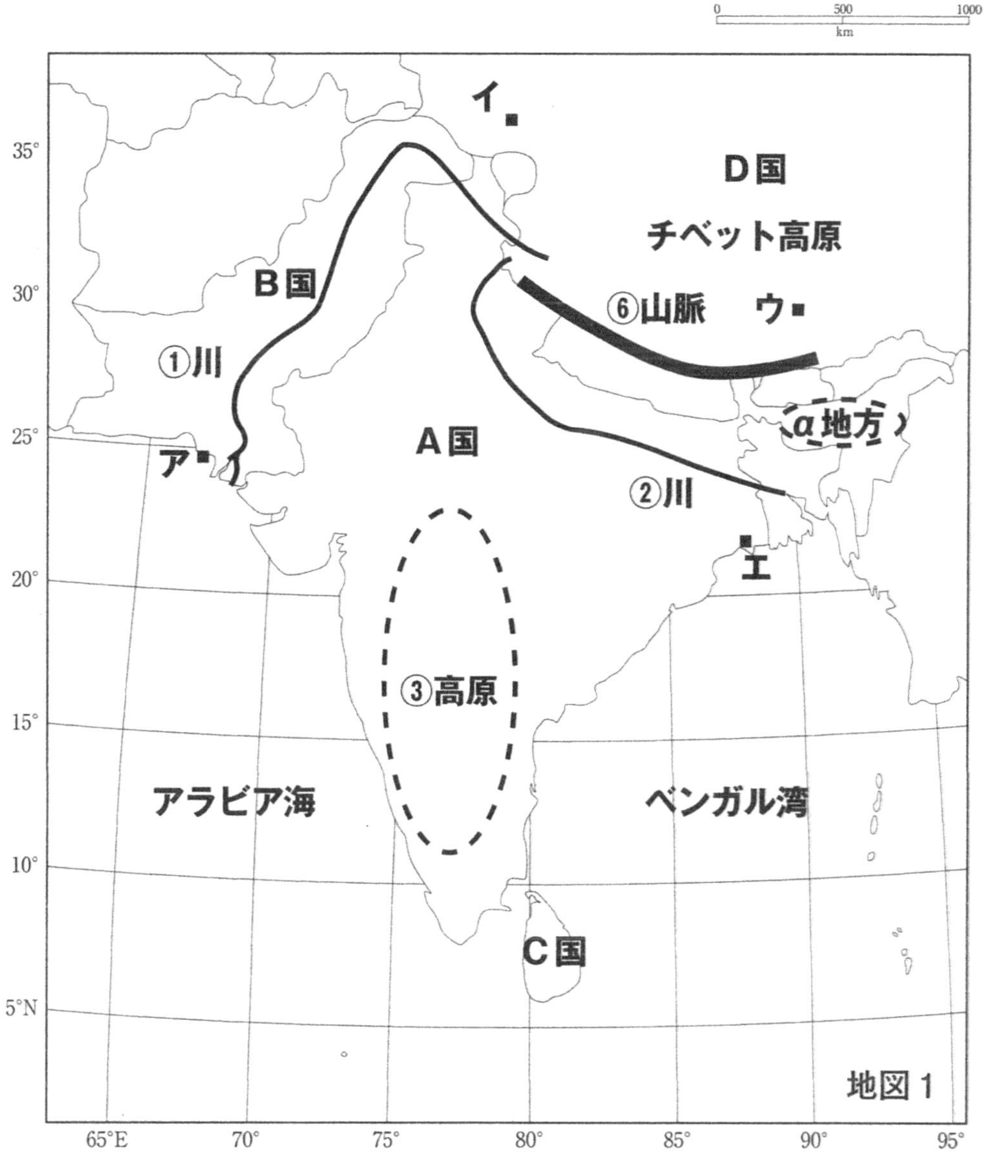


問１　A国とB国に該当する国名を以下の記号から選び答えなさい。

ア．ベトナム　　イ．パキスタン　　ウ．アフガニスタン

エ．韓国　　オ．インド　　カ．タイ

問２　①川の名称を答え，その流域で生産されている主な穀物を以下の記号から選び答えなさい。

ア．米　　イ．トウモロコシ　　ウ．小麦　　エ．大豆

問３　②川の名称を答え，その流域で生産されている主な穀物を以下の記号から選び答えなさい。

ア．小麦　　イ．米　　ウ．タロイモ　　エ．小豆

問4　③高原の名称と，その高原で主に栽培されているＡ国の輸出用作物を以下の記号から選び答えなさい。

**ア．カカオ　　イ．綿花　　ウ．大豆　　エ．コーヒー豆**

問5　⑥山脈の名称と，その山脈の最高峰の山の名称を答えなさい。

問6　過去にＤ国から密輸のかたちで導入され，α地方で盛んに栽培されているＡ国の輸出用作物を答えなさい。

問7　以下の雨温図ａとｂは，それぞれ図中の**ア～エ**の，どの地点のものか記号で答えなさい。

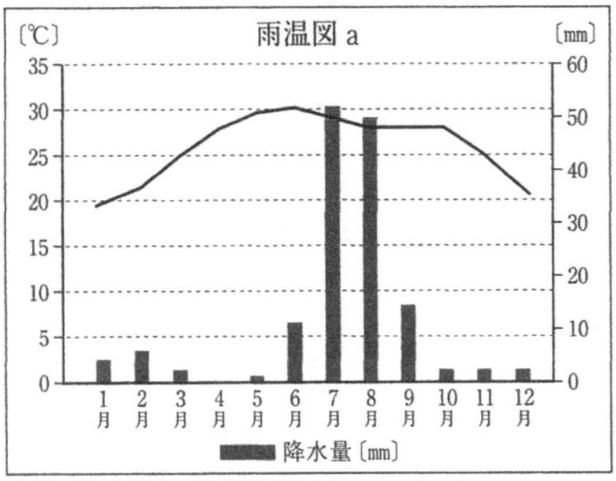

雨温図ａ

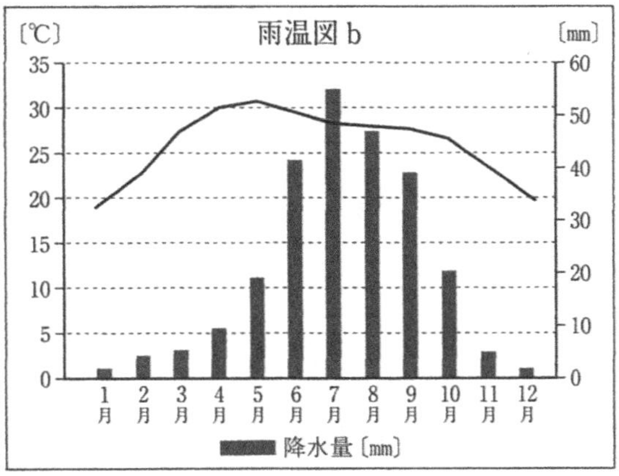

雨温図ｂ

問8　Ａ国で多数派の宗教を答え，その宗教で神聖な動物とされ，食べない動物を以下の記号から選び答えなさい。

**ア．羊　　イ．鶏　　ウ．牛　　エ．豚**

問9　Ｂ国で多数派の宗教を答え，その宗教で食すことを禁止している動物を以下の記号から選び答えなさい。

**ア．豚　　イ．牛　　ウ．羊　　エ．鯨**

問10　Ｃ国に該当する国名を以下の記号から選び答えなさい。

**ア．シンガポール　　イ．イギリス　　ウ．スリランカ**

**エ．香港　　オ．マダガスカル**

問11　Ｃ国で多数派の宗教を答えなさい。

問12　英語話者やアメリカ西海岸との時差などを活用し，近年，Ａ国で発達した産業を以下の記号から選び答えなさい。

**ア．情報通信技術産業　　イ．畜産業　　ウ．鉄鋼業　　エ．航空機製造業**

問13　問12に関して，アメリカ西海岸とＡ国の時差を答えなさい。

※アメリカ西海岸は標準時子午線を西経120°，Ａ国は標準時子午線を東経75°とする。

問14　Ｄ国は，過去に人口増加を抑える政策を行った。その政策を答えなさい。

問15　地図１は，どの大陸の一部か，該当する大陸を以下の記号から選び答えなさい。

**ア．南アメリカ大陸　　イ．オーストラリア大陸　　ウ．南極大陸**

**エ．ユーラシア大陸　　オ．北アメリカ大陸　　カ．アフリカ大陸**

## 4 次の文章を読み，あとの各問に答えなさい。

> 「私たちは，相手に敬意を示す時には帽子を取って立ち上がるが，日本人は反対に履物を脱いで座るのであり，立って迎える事はひどい無礼であると考えている。日本人は全員が一つの言葉を話すが相手の人物の階級に応じて言葉の使い分けをしなければならない。」
> 「国民は有能で，子どもたちは私たちの学問や規律をよく学びとり，ヨーロッパの子どもたちよりも，はるかに容易にかつ短期間に私たちの言葉を覚える…。日本人は忍耐強く，飢えや寒さ，また人間としての苦しみや不自由を耐え忍ぶ。…交際する時には思慮深く，人を訪ねたときに不愉快なことをいうべきでないと考えている。」ただ一方で，「日本人は主君への忠誠心に欠け，都合のよい機会に主君に対して反逆し，自分が主君となる。…交際する時の思慮深さも限度をこすと，それは悪意となり，その心の中を知るのが難しいほど陰険となる。」

これは，1582年に伊東マンショたちを（　1　）として派遣した宣教師ヴァリニャーニの報告書です。彼はヨーロッパと日本の習慣の違いに驚きました。しかし多くの宣教師が日本の習慣を「野蛮なものだ」と考えていたなかで，彼は上記にように冷静に見ていました。

1543年ポルトガル人を乗せた中国船が，暴風雨にあって種子島に流れ着きました。これが日本に来た最初のヨーロッパ人です。このとき日本に伝えられた（　2　）は，まもなく堺などで盛んに作られるようになりました。1549年には，イエズス会の宣教師（　3　）が来日しキリスト教を伝えました。上記のヴァリニャーニも（　3　）の後に続き来日した人物です。当時の日本は戦国の動乱期でした。その動乱期に頭角を現わしてきた武将は（　4　）で，①足軽鉄砲隊を組織し，甲斐の武田氏を破りました。また各地の一向一揆とも戦い，抵抗を続ける石山本願寺を降伏させるなど武力による天下統一を目指しました。楽市令などを発令し比較的キリスト教にも寛容でしたが，家臣である（　5　）に背かれて，京都の本能寺で自害しました。同じく，（　4　）の家臣であった（　6　）は，すぐに山崎の戦いで（　5　）を倒し，（　4　）の後継者となりました。（　6　）は②全国で検地を行い，大坂城を築いて政治の拠点とし，1590年に天下統一を実現しました。しかし長崎の地がイエズス会に寄進されていたことなどから，国内統一のさまたげになると考えてキリスト教の布教を禁止し，宣教師追放令も出しました。そのため，（　1　）にとっては帰国後，非常に厳しい状態となりました。その後，当時関東地方の開拓に力を入れていた（　7　）が③石田三成率いる豊臣勢との戦いに勝利し，幕府を開きました。しかし九州ではキリスト教の影響が根強く，幕府は絵踏を実施しキリスト教の禁止を一層強めたため，島原天草一揆が起こりました。そのため，3代将軍家光の時期には④キリスト教の取締りをさらに強化しながら貿易を統制する政策を実施しました。

問1　（　1　）～（　7　）にふさわしい語句を選び答えなさい。

| | | | |
|---|---|---|---|
| **フランシスコ＝ザビエル** | **豊臣秀吉** | **織田信長** | **鉄砲** |
| **明智光秀** | **天正遣欧使節** | **徳川家康** | **羅針盤** |

問2　下線部①の戦いの名称を答えなさい。

問３　（　４　）の人物が使用した印章は何か選び答えなさい。

**臥薪嘗胆**　　**我田引水**　　**天下統一**　　**天下布武**

問４　下線部②の土地調査の名称を何というか答えなさい。

問５　下線部③の戦いの名称を答えなさい。

問６　下線部④の政策は後に，何といわれたか漢字２文字で答えなさい。

令　和　3　年　度

# 大商学園高等学校　入学考査問題

# 国　語

**（50分）**

**注　意**

＊「開始」の合図があるまでは開いてはいけません。

＊「開始」の合図のあと、解答用紙に受験番号と氏名を書きなさい。

＊答えはすべて解答用紙の指定された解答欄に書きなさい。

＊「終了」の合図ですぐ筆記用具を置きなさい。

【一】次の文章をよく読んで後の問いに答えなさい。

大学生になった青山霜介《そうすけ》は、展示会場のアルバイトを通じて※1水墨画の巨匠、篠田湖山《しのだこざん》と知り合い、指導を受けることになった。以下は霜介の学園祭の当日、湖山がやってきて、特設ステージで水墨画を披露する場面である。

僕はキャンパス内を歩き回り、お祭りの前の緊張感に満ちた奇妙な静けさを呼吸した。朝八時前とは思えないほど多くの学生が(a)集い、忙しそうに動いている。だが皆、生き生きとしている。

僕はそこでぽつんと※2佇《たたず》んでいたが、まるで独りきりだとは思えなかった。

二年前、父と母がいなくなったあの夏の終わりから、今日までたくさんの独りぼっちを味わったけれど、気づかないうちにその空気を忘れていることに驚いていた。 **A** 僕が、与えられた場所ではなく、歩き出した場所で止まっているからだろう。何もかもを忘れたわけでも、何もかもが消え去ったわけでもないけれど、僕はあのときには知らなかった新しいものにたくさん出会っていた。わけもわからないまま、とにかく歩き出したことが僕の力になった。

「できることが目的じゃないよ。やってみることが目的なんだ。」と言った湖山先生の言葉がふいに胸によみがえった。

湖山先生はあのとき、とてもたいせつなことを教えてくれていたのだ。今いる場所から、想像もつかない場所にたどり着くためには、とにかく歩き出さなければならない。自分の(b)シヤや想像の外側にある場所にたどり着くためには、歩き出して、何度も立ち止まって考えて、進み続けなければならない。あの小さな言葉は、僕をこんな①遠い場所に運んでしまった。いつまでも、 **B** 昨日のようだった過去が、今日はもう遠い出来事のように思える。

もう二年経ったのだ。僕はあの朝の不思議な静けさの中で、ようやく②時の流れを感じていた。【中略】

何も起こってはいないが、何かが起こるのだという異様な緊張感が、会場に(c)漂っていた。巨大で真っ白な壁の前に立つ湖山先生は、全ての音を吸い込むような不思議な静けさをまとっていた。

湖山先生はまるで、僕がいる③ガラスの部屋に立っているようだった。(d)凍てついて真っ白になったその大きな壁の前に湖山先生は僕の代わりに立っているようだった。それは幻覚のようだった。現実に存在する誰かが、自分の心の内側に立っている。 **C** 巨大な※3画仙紙《がせんし》に向かっている小さな老人が、強烈に自分の心の内側を意識させる。その老人のあまりにも濃い生命感が、僕の心を動かしていた。湖山先生は会場のすべての人をその生命感や人生まで飲み込んでいくようだった。湖山先生は筆を持ち上げた。たった一つの生命のように、同じ感覚の中に飲まれた僕ら観客は、それだけでオーケストラの指揮者がタクトを(e)フり上げたときのように緊張した。そして、筆はフり下ろされた。後は、奇跡と感動と快感の連続だった。【中略】

一歩前に出た湖山先生は、(f)ムゾウサに手を上げると上から下に向かって柔らかに線を引いた。それはただの線であり、ただ墨と筆がなす軌跡だった。だが、間違いなくその※4筆致《ひっち》には一瞬で命が宿っていた。

「蔓《つる》だ。」

僕だけではない会場のすべての人が、[D]数秒で理解した。ムゾウサに引いた線を葡萄《ぶどう》の蔓だと理解した。

大きな葉と、いくつもの実や房、それから枝や茎や樹が、一本の蔓によって次々に結ばれていく。点在していた無数の命が一つの手によって、一個の生命に変っていく。

これまでに描いたいくつもの墨蹟《ぼくせき》が滲《にじ》みながら、乾きながら、たった一つの意志によって繋《つな》がっていく。多くの観客の目と心も一緒に、湖山先生の手によって結ばれていく。僕はそのときになって、[E]湖山先生が僕に、やってみることが大事だということや、自然であることがたいせつだということ、それから絵は(g)絵空事だと言ったのか分かった気がした。

水墨画は確かに形を追うのではない。完成を目指すものでもない。生きているその瞬間を描くことこそが、水墨画の本質なのだ。自分が今その場所に生きている瞬間の輝き、生命に対する深い共感、生きているその瞬間に感謝し(h)サンビし、その喜びがある瞬間に筆致から伝わる。そのとき水墨画は完成する。

「心の内側に宇宙はないのか？」というあの言葉は、こうした表現のための言葉だったのだ。描くこと。形作ることに慣れ過ぎてしまうことで絵師はいつの間にか『描くこと』の④本質から少しずつ遠ざかってしまう。それが見えなくなってしまう。湖山先生は、もしかしたらそのことを伝えたかったのかもしれない。描くことは、こんなにも命といっしょにいることなのだ。無数の命と命が結ばれていくその瞬間の中で、僕も観客も湖山先生も、描かれていくたった一枚の絵によって、線によって結ばれていった。線の時間が終わり、全体の調子を整えるために打っていく点の時間を、僕らはバラードを聴いているときのように⑤名残惜しく感じていた。

湖山先生は筆を置いてこちらを振り返ると、ゆっくりと全体を見まわした後、ほがらかに笑って、深々と礼をした。

小さく響いていた拍手は、まるで何かが爆発したときのように高い音で鳴り響いた。会場の数百人が力の限り手をたたいていた。多くの人は立ち上がり、立ち上がれなかった前列の老人は手を合わせて湖山先生を(i)オガんだ。

(j)バンライの拍手の中、巨大な葡萄の樹を背にして立つ湖山先生は照れ笑いしていた。湖山先生は、とても美しかった。⑥会場は湖山先生を通して、水墨を経験した。僕の心にも、記憶にも湖山先生は同じものを描いた。最も美しいものが生まれる最初の瞬間から、最後の瞬間までを僕らは湖山先生と一緒に経験した。

この拍手は、その喜びを分かち合う歌のようだった。人は描くことで生命に触れることができるのだ。

（砥《と》上《がみ》裕将《ひろまさ》『線は、僕を描く』より。出題のため一部改訂。）

※1　水墨画…筆と墨で濃淡を表現し、塗らずに線で描く絵画　※2　佇む…その場でただ立っていること　※3　画仙紙…水墨画専用の大判の紙のこと

※4　筆致…筆の走らせ方や使い方。タッチ

問1　太線部(a)～(j)の漢字はひらがなに、カタカナは漢字に直しなさい。

問2　空欄 **A** ～ **E** に入る最も適切な語を次の中から選び、それぞれ記号で答えなさい。

**ア**　ただ　　**イ**　たぶん　　**ウ**　まるで　　**エ**　わずか　　**オ**　なぜ

問3　傍線部①「遠い」の内容として最も適切なものを次の中から選び、記号で答えなさい。

**ア**　とりあえず歩き出して想像の外側へいく道のり

**イ**　水墨画の初心者から水墨画家への道のり

**ウ**　二年の歳月を過ごした道のり

**エ**　自分の心の内側から宇宙への道のり

**オ**　家から外に出て大学に行くまでの道のり

問4　傍線部②「時の流れ」とあるが、霜介の時が止まった原因は何か。該当する部分を、傍線部②より前から十字で抜き出しなさい。

問5　傍線部③「ガラスの部屋」と同じ内容を指している語句を、本文中より五～十字以内で抜き出しなさい。

問6　次の文は傍線部④「本質」の内容を説明したものである。空欄【　ア　】を漢字一文字で埋めなさい。

【　ア　】と共にあること。

問7　傍線部⑤「名残惜しく」と最も似た意味を持つ語句を次の中から選び、記号で答えなさい。

**ア**　執着　　**イ**　残り香　　**ウ**　魅了　　**エ**　陶酔　　**オ**　未練

問8　傍線部⑥「会場は湖山先生を通して、水墨を経験した」の内容として正しいものを、次の中から二つ選び、記号で答えなさい。

**ア**　湖山先生が巨匠なのに親しみやすいので、皆が自分でも描けそうだという気分になれた。

**イ**　湖山先生の作品が、誰もがすぐ理解できる絵だったので、会場が水墨画を身近に感じた。

**ウ**　会場の人は水墨画を書く所に初めて立ち会うので、体験した気分になった。

**エ**　作品の素晴らしさに誰もが感動したことで、筆を通してその場にいる人に一体感が出た。

**オ**　湖山先生の腕前が、絵を通して会場一人一人を作品に巻き込むレベルのものだった。

問9　本文の内容と表現の説明として最も適切なものを、次の中から選び、記号で答えなさい。

**ア**　登場人物の心情が直接的な会話の重なりから表現され、水墨画をリアルに説明することで、湖山の偉大さが明確に伝わるよう工夫されている。

**イ**　過去と現在が入り混じっていることから主人公の複雑な心情が伝わり、場面によって他の登場人物の視点を通すことでその複雑さが強調されている。

**ウ**　場面の状況や人物の心情が比喩表現を重ねて表現されており、その心の変化の過程が最初から最後まで主人公の視点を通して描かれている。

**エ**　「湖山先生」の連呼により、この老人の主人公への影響力を示す一方で、「小さな老人」などから湖山の寿命が短いことを主人公が推測していると解る。

**オ**　「筆致」「画仙紙」などの専門用語が水墨画の奥深さを伝え、青山と湖山以外は名前もなく「観客」と示されており、素人はそれをなかなか理解出来ないことが解る。

問10　次の**ア**〜**オ**より霜介が湖山先生から学んだこととして間違っているものを一つ選び、記号で答えなさい。

**ア**　水墨画の本質とは、描く生命に感謝し、生の喜びを表現することである。

**イ**　水墨画の目的とは、誰もが認める腕前になるまでやってみることである。

**ウ**　知らないことでも場所でも、とにかくやってみて、進み続けることが必要である。

**エ**　水墨画は絵空事である。

**オ**　形を追い続けて、描くことに集中すると水墨画の大切な所から遠ざかる。

**【二】**　次の文章は『土佐日記』の一節で、土佐国（現在の高知県）に国司として都（京）から派遣された主人公が、任期を終えて都へ帰る船旅の一場面である。本文を読み後の問いに答えなさい。

二十七日、※1大津より※2浦戸《うらど》をさして漕《こ》ぎ出づ。かくあるうちに※3京にて生れたりし女子《をむなご》、国にて(a)にはかに失《う》せにしかば、この頃の出で立ちいそぎを見れど、何事もいはず。京へ帰るに、女子のなきのみぞ、悲しび恋ふる。在《あ》る人々もえ堪へず。この間に、ある人のかきて出だせる歌、

①みやこへと思ふもものの悲しきは帰らぬ人のあればなりけり

又、ある時には、

②あるものと忘れつつなほなき人をいづらと問ふぞ③悲しかりけり

といひける間に、※4鹿児《かご》の崎といふ所に、※5守《かみ》のはらから、また異人《ことひと》これかれ、酒なにと持て追ひ来て、A磯《いそ》におりゐて別れ難きことをいふ。守の館《やかた》の人々の中に、この来たる人々ぞ、心ある(b)やうには、いはれほのめく。

かく別れ難くいひて、かの人々の、口網《くちあみ》も諸持《もろも》ちにて、この海辺にて担《にな》ひ出だせる歌、

惜しと思ふ人や留《とま》ると葦鴨《あしがも》のうち群れて　X　我は来にけれ

といひてありければ、いといたく賞《め》でて、行く人のよめりける、

④棹《さお》させど底ひも知らぬわだつみの深き心を君に見るかな

といふ間に、※6楫取《かぢと》りもののあはれも知らで、おのれし酒をくらひつれば、B早く去《い》なむとて、C「潮満ちぬ。風も吹きぬべし」と騒げば、船に乗りなむとす。

※1　大津…土佐国の地名　※2　浦戸…土佐国の地名。大津より先にある港町　※3　京にて生れたりし女子…京に住んでいた頃に生まれた娘

※4　鹿児の崎…土佐国の地名。浦戸より先にある岬　※5　守のはらから…兄弟の役人（国司）　※6　楫取り…船の進路をとる人、船頭

問1　太線部(a)「にはかに」(b)「やう」を現代仮名遣いに直して答えなさい。

問2　二重線部A～Cの現代語訳として適当なものを次の中から選び、記号で答えなさい。

A「磯におりゐて」

**ア**　波打ち際の岩場におりて座って　**イ**　波打ち際の岩場におりて来て　**ウ**　波打ち際の岩場に寝そべって

**エ**　波打ち際の岩場におり立って

B「早く去なむとて」

**ア**　早く家に帰りたいと言って　**イ**　早く去ってはいけないと思って　**ウ**　早く行くべきだと決めて

**エ**　早く出発してしまおうとして

C「潮満ちぬ」

**ア**　潮が満ちなかった　**イ**　潮が満ちたのだろうか　**ウ**　潮が満ちた　**エ**　潮が満ちていない

問3　傍線部①「みやこへと思ふものの悲しき」とあるが、その理由の説明となる一文を本文中から探し、始めの五字を抜き出しなさい。

問4　傍線部②「あるものと忘れつつなほなき人」とは〈まだ生きているものと、死んでしまっていることをつい忘れる、すでにこの世にいない人〉という意味ですが、これは誰を示していますか。本文中から十字で抜き出しなさい。

問5　傍線部③「悲しかりけり」とあるが、それはなぜか。その理由の説明として適当なものを次の**ア**～**エ**から選び記号で答えなさい。

**ア**　京で出会った女を土佐に連れてきたが、旅の途中で死んでしまって、今でも忘れることができないから。

**イ**　京で生まれ土佐に連れてきた自分の娘が、京に帰る今となってはすでに死んでしまって、連れて帰ることができないから。

**ウ**　京で生まれ育った妻を土佐に連れてきたが、すでに死んでしまっており、一緒に帰ることが実現しなかったから。

**エ**　京で生まれた自分の娘は土佐に連れてくることができず、二度と会うことはできないと思いこんでいるから。

問6　空欄 **X** に入れるのに適当な語句を、ひらがな二字で答えなさい。

問7　傍線部④「棹させど底ひも知らぬわだつみの深き心を君に見るかな」とあるが、この和歌は誰がよんだ歌か。次の中から選び、記号で答えなさい。

**ア**　女子　**イ**　守のはらから　**ウ**　楫取り　**エ**　主人公

問8　この文章について次の問いに答えなさい。

1　作者は誰ですか。漢字三字で答えなさい。

2　この作品と同じジャンルの作品を次の中から選び、記号で答えなさい。

**ア**　平家物語　**イ**　徒然草　**ウ**　紫式部日記　**エ**　万葉集

3　この作品が書かれた時代として適当なものを次の中から選び、記号で答えなさい。

**ア**　奈良時代　**イ**　平安時代　**ウ**　鎌倉時代　**エ**　室町時代

【三】次の各問の言葉の空欄に入る共通の漢字を、一字で書いて答えなさい。

1 □百屋　□方美人　四苦□苦
2 馬□東風　寝□に水　牛□を執る
3 □茶　□愛想　傍若□人
4 □巻　登□門　画□点睛

【四】次の各文に使われている修辞法を、後の語群から一つずつ選び、記号で答えなさい。

1 人生はドラマだ。　2 にゃあと猫が一声鳴いた。　3 花が笑った。　4 誰なんだ、君は。

語群【ア 隠喩　イ 直喩　ウ 擬人法　エ 擬態語　オ 擬声語　カ 倒置法　キ 体言止め】

【五】次の文章の傍線部1～7の品詞名を、後の語群から一つずつ選び、記号で答えなさい。

賢明な老博士が賢明な沈黙を守っているのを見て、若い歴史家は、次のような形に問を変えた。歴史とは、昔、あった事柄をいうのであろうか？　それとも、粘土板の文字をいうのであろうか？

獅子狩と、獅子狩の浮彫とを混同しているような所がこの問の中にある。博士はそれを感じたが、はっきり口で言えないので、次のように答えた。歴史とは、昔あった事柄で、かつ粘土板に誌されたものである。この二つは同じことではないか。

（中島敦『文字禍』より　問題作成のため一部改変した）

語群【ア 名詞　イ 代名詞　ウ 動詞　エ 形容詞　オ 形容動詞　カ 連体詞　キ 副詞　ク 接続詞　ケ 感動詞　コ 助動詞　サ 助詞】

【六】次の会話文の [1] ～ [5] に入る最も適当な言葉を後の選択肢から一つずつ選び、記号で答えなさい。

家人「もしもし、佐藤です。」
相手「私は鈴木と申しますが、お父様はいらっしゃいますか?」
家人「いいえ、[1] はただいま外出して [2] 。」
相手「そうですか。いつごろお帰りになるか、[3] 。」
家人「もう間もなく [4] と思いますが、詳しくは分かりません。」
相手「それではお母様は?」
家人「はい、さっき台所の方におりました。[5] 。」

1　ア　父上　　イ　父　　ウ　お父さん　　エ　お父様
2　ア　います　　イ　いらっしゃいます　　ウ　いる　　エ　いられます
3　ア　知っていますか　　イ　知りますか　　ウ　お知りですか　　エ　ご存じですか
4　ア　お帰りになる　　イ　お帰りになられる　　ウ　帰る　　エ　帰られる
5　ア　呼びますか　　イ　お呼びしますか　　ウ　お呼びになりますか　　エ　呼んでまいりましょうか

令　和　３　年　度

# 大商学園高等学校　入学考査問題

# 数　学

**（50分）**

**注　意**

＊「開始」の合図があるまでは開いてはいけません。

＊「開始」の合図のあと、解答用紙に受験番号と氏名を書きなさい。

＊ 答えはすべて解答用紙の指定された解答欄に書きなさい。

＊「終了」の合図ですぐ筆記用具を置きなさい。

1 次の計算をしなさい。

(1) $9+8\times7+6\times5+4\times3\div2-1$

(2) $51\times23-51\times3$

(3) $\dfrac{2}{3}-\dfrac{2}{5}\div\left(\dfrac{7}{10}-1\right)$

(4) $\dfrac{3\sqrt{14}}{\sqrt{2}}+\sqrt{63}-5\sqrt{7}$

(5) $(\sqrt{3}+\sqrt{5})(\sqrt{5}-\sqrt{3})$

(6) $\dfrac{2}{3}(x-1)-\dfrac{3-2x}{2}$

(7) $(-3x^2y)^3\times(-xy^2)\div3x^6y^5$

(8) $(x-y)(x+3y)-(x+y)^2$

2 次の式を因数分解しなさい。

(1) $x^2-49$

(2) $x^2+10x+25$

(3) $x^2+3x-18$

(4) $x^2-6x+8$

3 次の方程式を解きなさい。

(1) $0.3x-0.2(x-1)=0.8$

(2) $x^2-6x=0$

(3) $x^2-7x-32=0$

(4) $2x^2-3x+1=0$

4 次の各問いに答えなさい。

(1) $A$の$\frac{6}{7}$と$B$の$\frac{3}{4}$が等しいとき，$A:B$をもっとも簡単な整数の比で求めなさい。

(2) 4つの数$a$，$b$，$c$，$d$の平均は52で，$a$，$b$，$c$の平均は50で，$c$，$d$の平均は56である。$c$の値を求めなさい。

(3) 次の連立方程式を解きなさい。

$$\begin{cases} 2x+3y=1 \\ 3x-2y=8 \end{cases}$$

(4) 4個の数字0，1，3，5から異なる3個を並べて3けたの整数を作るとき，5の倍数は全部で何個作れるか。

5 次の各問いに答えなさい。

(1) 下の図で，$\angle x$の大きさを求めなさい。
ただし，$\ell /\!/ m$とする。

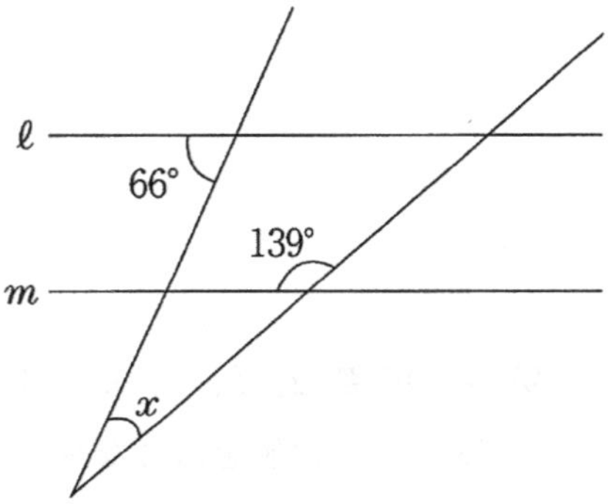


(2) 下の図で，$\angle x$の大きさを求めなさい。
ただし，同じ印をつけた角の大きさは等しいものとする。

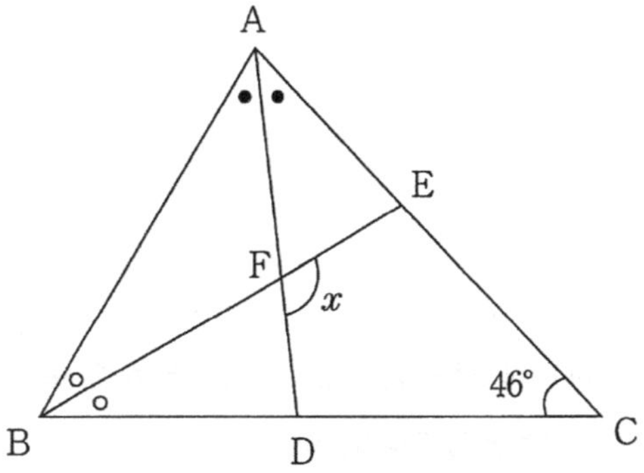

(3) 下の図のように，1辺2cmの立方体が11個積み重なっている。この立体の表面積を求めなさい。

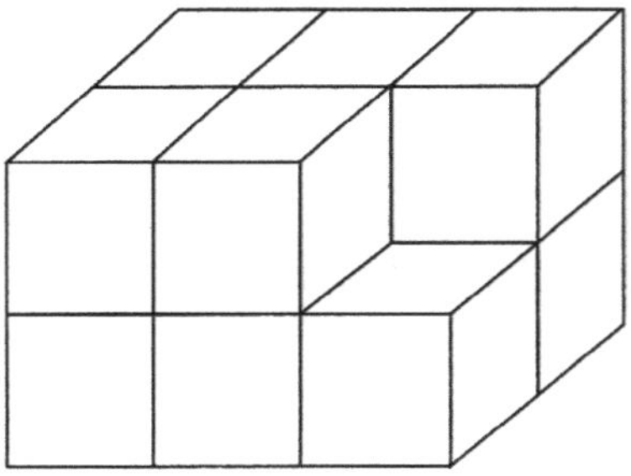

(4) 下の図のように，線分PQ上を1辺3cmの正三角形ABCが点Pから点Qの方向に転がっていく。点Aの動いた距離を求めなさい。ただし，PQ＝9cm，円周率をπとする。

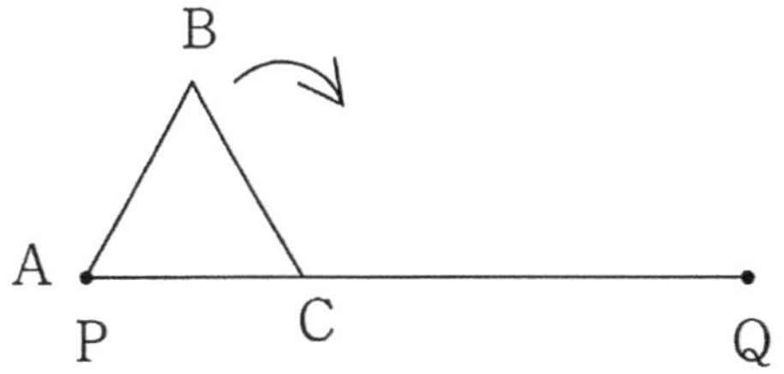

6 放物線 $y=\frac{1}{2}x^2$ のグラフ上に2点A，Bがあり，その $x$ 座標はそれぞれ $-4$，2である。$x$ 軸に平行で，点Bを通る直線 $\ell$ と $y=\frac{1}{2}x^2$ のグラフとの交点をCとする。次の各問いに答えなさい。

(1) 直線ABの方程式を求めなさい。

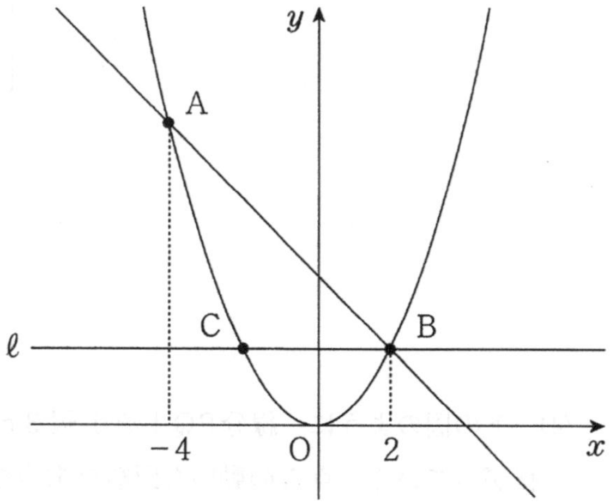


(2) 点Cの座標を求めなさい。

(3) 四角形OBACの面積を求めなさい。

7 下の図のように，1 辺が 1 cmの正方形が 4 個並んでいる。その 10 個の頂点のうち 3 点をむすんでできる三角形を考える。次の各問いに答えなさい。

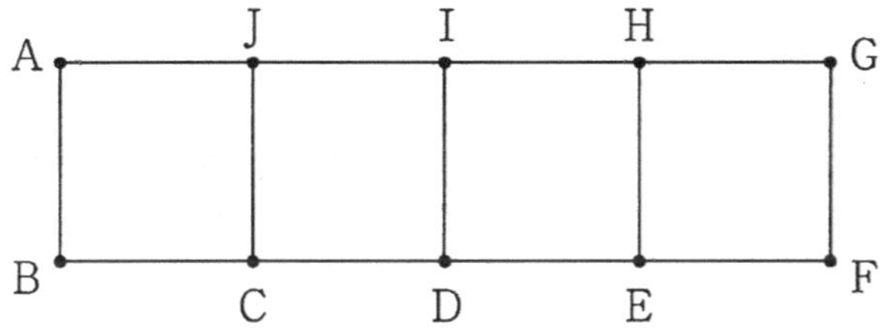


(1) △ABIの面積を求めなさい。

(2) 面積が 1 $\mathrm{cm}^2$ である三角形は何個あるか求めなさい。

8 次の各問いに答えなさい。

(1) $\sqrt{10}$ は下の数直線上の点A，B，Cのどの点に対応するか答えなさい。

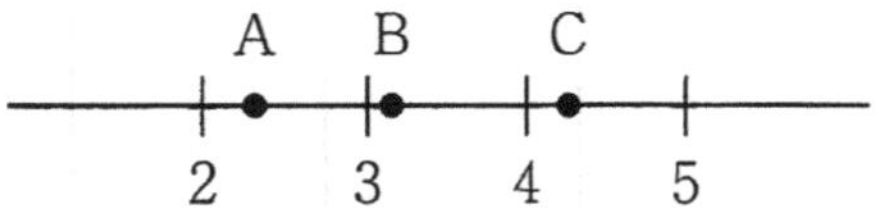


(2) $3.1^2$の値を求めなさい。

(3) $3.2^2$の値を求めなさい。

(4) $\sqrt{10}$ の小数第１位の数を求めなさい。

令 和 3 年 度

# 大商学園高等学校 入学考査問題

# 英 語

**(50分)**

**注 意**

＊「開始」の合図があるまでは開いてはいけません。

＊「開始」の合図のあと、解答用紙に受験番号と氏名を書きなさい。

＊ 答えはすべて解答用紙の指定された解答欄に書きなさい。

＊「終了」の合図ですぐ筆記用具を置きなさい。

2021(R3) 大商学園高
教英出版

1 以下の設問に答えなさい。

あなたはサッカー部に入ろうと考えています。ある日学校の掲示板で、サッカー部の勧誘チラシを見つけました。各問いの文を完成させるのに適切な選択肢を選び、番号で答えなさい。

## We Are Looking for New Members!

As the title shows, we are looking for someone to join our soccer team! You may think that you must be able to play soccer well. However, it's OK if you only like soccer. You don't have to play soccer well now. With us, you can practice soccer and take part in soccer games. If you're interested, go to the teachers' room and talk to Mr. Sato, our soccer coach.

問1 If you want to join the soccer team,

① you have to visit Mr. Sato.

② you should play soccer well.

③ you have to send an email to the soccer team's coach.

④ you need to like soccer games.

問2 If you join the soccer team, you

① can look for someone to play soccer.

② will come to like soccer.

③ must be able to play soccer well.

④ will take part in soccer games.

2 次の会話文とメモを読み、以下の設問に答えなさい。

Ken : Hi, Mr. Green. May I ask you to check this speech about my hobby?

Mr. Green : （　あ　）Can you come here one hour later?

------------------ one hour later -------------------

Mr. Green : Um… I think your speech is great. You don't have to worry.

Ken : Thanks, but（　い　）Your 'Um' tells me that.

Mr. Green : Oh, OK. I just found one mistake, but the mistake is not big. You don't have to worry.

Ken : Oh, then tell me, please. I want to make my speech perfect!

Mr. Green : Um, fine. Then take a look at the phrase 'with me'. The phrase is not natural here.

Ken : Oh, it means '*watashi to issyo ni*' in Japanese, right?（　う　）

Mr. Green : Do you know that let's is the *abbreviation of 'let us'?

Ken : I didn't know that… Oh, us! The word 'us' already has the meaning of 'me'! I see.

Mr. Green : You're え smart. You can use the word '（　お　）' here.

Ken : So I should say "Let's dance together!" I got it! Thank you!

Mr. Green : （　か　）.

My hobby
Do you like dancing? If you do, I want you to join my dance team. My team practices from Monday to Friday in the school gym. I said I want you to join my team, I don't have any members now. So, if you join my team, I'll be happy. Let's dance with me!

*abbreviation 省略形

問１　（　あ　）（　い　）（　う　）（　か　）に入れるのに適切な表現を選び、記号で答えなさい。

ア．You are welcome.

イ．What's wrong with it?

ウ．I think you found some mistakes in my speech.

エ．I'm sorry I don't have time now.

問２　下線部[え]とほぼ同じ意味を持つ語を選び、記号で答えなさい。

ア．wrong　　イ．afraid　　ウ．clever　　エ．wild

問３　（　お　）に入る語を本文より１語で抜き出しなさい。

問４　次の質問に対する答えとして最も適切なものを１つずつ選び、記号で答えなさい。

１．How many mistakes did Mr. green find in Ken's speech?

ア．one　　イ．two　　ウ．three　　エ．ten

２．When ***doesn't*** Ken's team practice dancing?

ア．Monday　　イ．Wednesday　　ウ．Friday　　エ．Sunday

3 次の英文を読んで、以下の設問に答えなさい。

As a child, Monty Robert was the son of a horse trainer and moved from farm to farm, training horses. The boy had to ( ア ) schools many times. One day, when he was a grade three student, his teacher asked him to write about his ①dream when he grew up. He did not take much time and wrote a seven-page paper about his goal to be an owner of a horse farm. It was a well-written paper with the place of buildings and even a house plan. Two days ( イ ) he received his paper back with an ②F on the front page.

After class he ( ウ ) his teacher why he received such a low score. The teacher told him, "This dream is too big for a boy ③like you, who has no ( エ ), no famous friends and who comes from an traveling family. It is not possible that you will ※achieve this goal."

Then the teacher asked him to write about his dream again.

The boy went home and asked his father how he should ( オ ).

His father told him, "This is a very ( カ ) choice, so you must come to your own ※conclusion."

After several days, the boy brought the same paper to his teacher.

④【were / made / changes / no】.

He told his teacher, ⑤"( X ) the F and I will ( X ) my dream."

Monty Robert went on to have a big house in the middle of a big horse farm. He put the paper on the wall.

Always remember to ( キ ) your heart and ( ク ) listen to people who do not believe you can reach your goal.

※achieve 達成する　　※conclusion 結論

問１　(ア)～(ク) に入る最も適切な語句を１～４から選び、番号で答えなさい。

(ア)　１．open　２．stay　３．close　４．change

(イ)　１．later　２．before　３．earlier　４．ago

(ウ)　１．fought　２．explained　３．met　４．asked

(エ)　１．home　２．money　３．member　４．safe

(オ)　１．get　２．have　３．call　４．respond

(カ)　１．easy　２．important　３．good　４．bad

(キ)　１．lie　２．forget　３．paint　４．follow

(ク)　１．should　２．often　３．always　４．never

問２　下線部①dreamと同じ意味で使われている単語を本文より１語で抜き出して答えなさい。

問３　下線部②Fと同じ意味で使われている単語を本文より２語で抜き出して答えなさい。

問４　下線部③likeと同じ用法のものを下記から選び、番号で答えなさい。

１．I'd like to buy a new pen.

２．She likes to go shopping.

３．He often reads a book like this.

４．How do you like these shoes?

問５　下線部④を「どこも変えられていなかった」という意味になるように並べ替えなさい。

問６　下線部⑤（　X　）には同じ語が入ります。下記から適切な語を選び、番号で答えなさい。

１．find　２．keep　３．answer　４．cover

問７　次の各文が本文の内容と一致していれば○、一致していなければ×で答えなさい。

１．ロバートの父親は馬の調教師だった

２．幼少期からロバートの夢は具体的だった

３．学校の先生はロバートの夢を応援してくれた

4 各組の文がほぼ同じ意味を表すように、(　　　) 内にあてはまる語を入れなさい。

(1) Yuri is a very good tennis player.
Yuri can play tennis very (　　　).

(2) My mother always goes to bed after me.
I always go to bed (　　　) than my mother.

(3) Hideki went to the library with Miyuki.
Hideki and Miyuki went to the library (　　　).

(4) There are seven days in a week.
A week (　　　) seven days.

(5) Nozomi is one of my friends.
Nozomi is a friend of (　　　).

5 次の英文の (　　) 内に最も適するものをア～エから選び、記号で答えなさい。

(1) I'd like to (　　　) Australia to see you again.
ア. visit to　イ. visiting to　ウ. visit　エ. visiting

(2) (　　　) me the picture, please.
ア. Show　イ. Shows　ウ. Showing　エ. Showed

(3) That house (　　　) ten years ago.
ア. is built　イ. was built　ウ. is building　エ. was building

(4) Keita swims the (　　　) of all.
ア. fast　イ. faster　ウ. fastest　エ. most fast

(5) (　　　) can I get to the museum?
ア. What　イ. Where　ウ. Which　エ. How

(6) Hikaru was listening to music (　　　) I visited her.

ア. and　　イ. but　　ウ. that　　エ. when

(7) Naomi was happy (　　　) a letter from her old friend.

ア. to receive　　イ. received　　ウ. with receive　　エ. receives

(8) Megumi has not (　　　) her homework yet.

ア. finishing　　イ. to finish　　ウ. finished　　エ. finish

(9) She wants to go (　　　) buy her bag.

ア. to shop　　イ. shop to　　ウ. to shopping　　エ. shopping to

(10) How (　　　) is it from Osaka to Hokkaido?

ア. often　　イ. old　　ウ. far　　エ. many

6 下の(1)〜(5)のそれぞれの組の中で、下線部の発音が異なるものをア〜エから選び、記号で答えなさい。

(1) ア. foot　　イ. would　　ウ. wood　　エ. food

(2) ア. sheet　　イ. sure　　ウ. sharp　　エ. science

(3) ア. climb　　イ. blue　　ウ. big　　エ. club

(4) ア. age　　イ. said　　ウ. save　　エ. wake

(5) ア. helped　　イ. asked　　ウ. liked　　エ. wanted

7 次の対話文の［ A ］～［ D ］に入れるのに最も適切な語を語群より選び、記号で答えなさい。

Eve : I have a quiz, Ned. Guess the answer.
Ned : OK. *Quiz me.
Eve : This person is clever and ［ A ］ a lot of lives. Who is he?
Ned : Um, I need more *hints.
Eve : He often wears ［ B ］ clothes.
Ned : Um, let's see…
Eve : OK. He works at a［ C ］. For example, when we have a ［ D ］, we may see him.
Ned : OK. I got it. He is a doctor.

| Word Choices | |
|---|---|
| ア．black | イ．white |
| ウ．police station | |
| エ．hospital | オ．zoo |
| カ．saves | キ．catches |
| ク．cold | ケ．health |

*quiz ～にクイズを出す　*hint ヒント

8 次の各文の［　］内の語（語句）を並びかえた時、［　］内で２番目と４番目にくる語（語句）の組み合わせとして適切なものをア～エから選び、記号で答えなさい。

(1) 失敗を恐れるな。
［ ① of / ② be / ③ don't / ④ afraid / ⑤ making ］ mistakes.
ア．②－④　イ．④－②　ウ．④－①　エ．②－①

(2) トムにとって日本語を話すことは難しくなかった。
It ［ ① Tom / ② for / ③ difficult / ④ was not / ⑤ to ］ speak Japanese.
ア．③－②　イ．⑤－②　ウ．③－①　エ．⑤－①

(3) なぜ太郎が学校に遅刻したのかわかりません。
I ［ ① why / ② late / ③ was / ④ Taro / ⑤ don't / ⑥ know ］ for school.
ア．⑥－④　イ．⑥－②　ウ．③－①　エ．⑥－③

(4) 多くの人の前で話すのは緊張します。
Speaking ［ ① many people / ② front / ③ makes / ④ in / ⑤ me / ⑥ of ］ nervous.
ア．②－①　イ．⑤－②　ウ．③－①　エ．⑤－①

(5) 君の弟がスピーチコンテストで優勝してうれしいです。
I ［ ① won / ② your brother / ③ am / ④ that / ⑤ glad ］ the speech contest.
ア．①－②　イ．⑤－②　ウ．①－④　エ．⑤－①

問題は以上です。

令 和 3 年 度

# 大商学園高等学校 入学考査問題

# 理　科

**（50分）**

**注　意**

＊「開始」の合図があるまでは開いてはいけません。

＊「開始」の合図のあと、解答用紙に受験番号と氏名を書きなさい。

＊ 答えはすべて解答用紙の指定された解答欄に書きなさい。

＊「終了」の合図ですぐ筆記用具を置きなさい。

1 図はエンドウの花を模式的に表したものである。以下の問いに答えなさい。

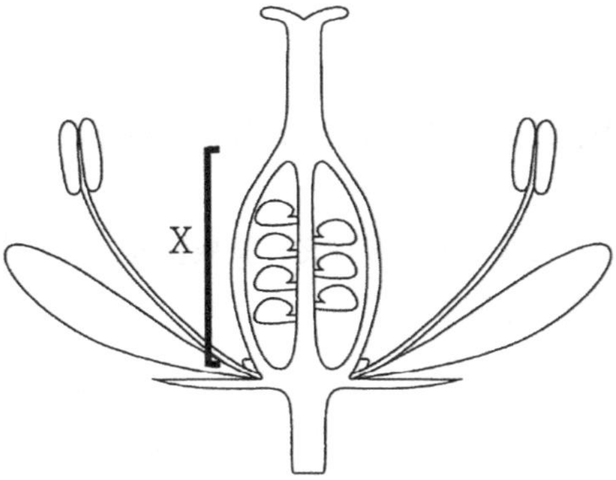


(1) エンドウのように胚珠がXの中にある植物を何というか、答えなさい。

(2) (1)に当てはまる植物を下のア～オから２つ選び、記号で答えなさい。

ア．アサガオ　　イ．イチョウ　　ウ．サクラ　　エ．ソテツ　　オ．マツ

(3) 図中のXの名称を答えなさい。

(4) 図中のXは受粉後成長して何と呼ばれるようになるか、答えなさい。

下の文はエンドウの種子についてまとめたものである

エンドウは種子が丸形のものとしわ形のものがある。種子が丸形の純系としわ形の純系をまいて育て、受粉させてかけ合わせると、Y子の種子はすべて丸形になった。このことより、種子が丸形のものを（ ① ）形質、しわ形のものを（ ② ）形質という。

(5) 上の文章の①と②に当てはまる語句の組み合わせとして正しいものを、次のア～カから１つ選び、記号で答えなさい。

| | ① | ② |
|---|---|---|
| ア | 対立 | 優性 |
| イ | 対立 | 劣性 |
| ウ | 劣性 | 優性 |
| エ | 優性 | 劣性 |
| オ | 劣性 | 対立 |
| カ | 優性 | 対立 |

(6) 種子が丸形の純系の遺伝子をAA、しわ形の純系の遺伝子をaaとすると下線部Yの遺伝子はどのようになるか、アルファベットで答えなさい。

(7) 下線部Yのエンドウを自家受精させると種子が丸形のものとしわ形のものは何対何の割合で生じるか、答えなさい。

2 消化酵素のはたらきを調べるために次の実験をおこなった。以下の問いに答えなさい。

【実験】

操作① 試験管A、試験管Bにデンプンのりとだ液、試験管C、Dにでんぷんのりと水をいれ40℃の湯の中に10分ほど入れる。

操作② 試験管A、試験管Cにヨウ素液を加え、試験管B、試験管Dにベネジクト溶液を少量加えて加熱し、色の変化をみる。

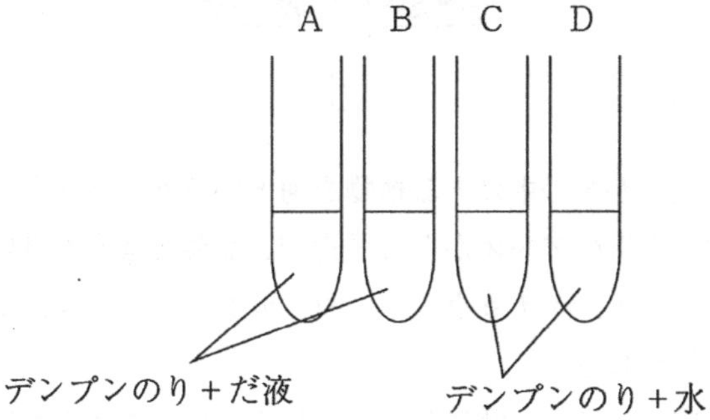


(1) 試験管Bに生じた沈殿の色は何色か、正しいものを次のア～エから１つ選び、記号で答えなさい。

ア．青紫色　　イ．赤褐色　　ウ．白色　　エ．黒色

(2) だ液に含まれる消化酵素は何か、答えなさい。

ヒトが食べ物としてとりこんだデンプン・タンパク質・脂肪は消化液などによって分解され、それぞれ栄養分X・栄養分Y・栄養分Zになり、小腸で吸収される。

(3) 栄養分X、栄養分Yの名称を答えなさい。

(4) 胆汁の説明として正しいものを次のア～エから１つ選び、記号で答えなさい。

ア．消化酵素トリプシンをふくむ

イ．消化酵素ペプシンをふくむ

ウ．肝臓でつくられる

エ．消化酵素アミラーゼをふくむ

(5) 脂肪を分解する消化酵素は何か、答えなさい。

3 次の文章を読んで、以下の問いに答えなさい。

プレートの動きによって、地層が長い時間をかけて図1のように大きく曲がったり、図2のように地層が破壊されてずれが生じたりする。また、地層にはXさまざまな大きさの土砂やY火成岩が堆積したり、化石などがみられた。化石には堆積した時代を示す（　①　）化石やZ堆積した当時の環境を示す（　②　）化石がある。

図1

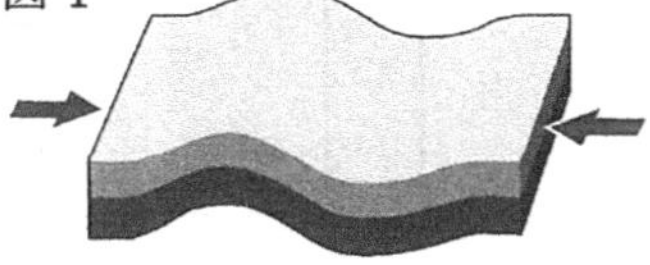

図2

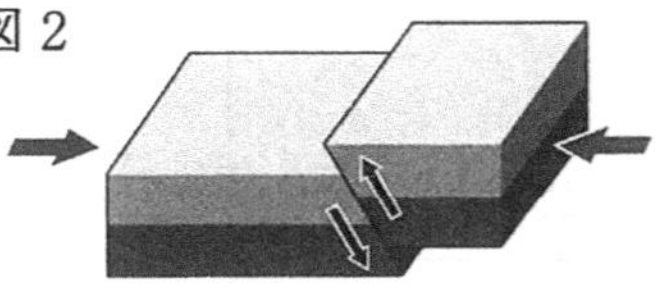

(1)　図1のような地層の曲がりを何というか、答えなさい。

(2)　図2のように地下に巨大な力がはたらくと、力に岩石がたえきれなくなりずれが生じる。このずれのことを何というか、答えなさい。

(3)　上の文章の①、②に当てはまる語句の組み合わせとして正しいものを、次のア～オから1つ選び、記号で答えなさい。

| | ア | イ | ウ | エ | オ |
|---|---|---|---|---|---|
| ① | 示相 | 示相 | 時代 | 示準 | 時代 |
| ② | 示準 | 環境 | 環境 | 示相 | 示相 |

(4)　下線部Xを下の表1にまとめた。表の①～③に当てはまる組み合わせとして正しいものを、次のア～カから1つ選び、記号で答えなさい。

表1

| 粒の呼び方 | 粒の大きさ |
|---|---|
| ① | 1/16mm以下 |
| ② | 1/16mm～2mm |
| ③ | 2mm以上 |

| | ア | イ | ウ | エ | オ | カ |
|---|---|---|---|---|---|---|
| ① | 砂 | 砂 | 泥 | 泥 | れき | れき |
| ② | 泥 | れき | 砂 | れき | 砂 | 泥 |
| ③ | れき | 泥 | れき | 砂 | 泥 | 砂 |

(5)　下線部Yの中で、有色の鉱物をふくむ割合がもっとも大きいものを、次のア～エから1つ選び、記号で答えなさい。

ア．玄武岩　　イ．安山岩　　ウ．花こう岩　　エ．せん緑岩

(6)　下線部Zで代表的なものを次のア～エから1つ選び、記号で答えなさい。

ア．三葉虫　　イ．アンモナイト　　ウ．サンゴ　　エ．マンモス

4 抵抗値20Ωの抵抗器と起電力10Vの電池を用意し３種類の回路を製作した。以下の問いに答えなさい。

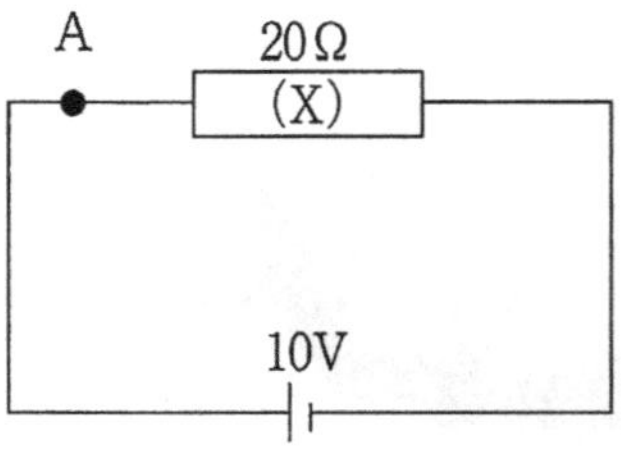


（ア）

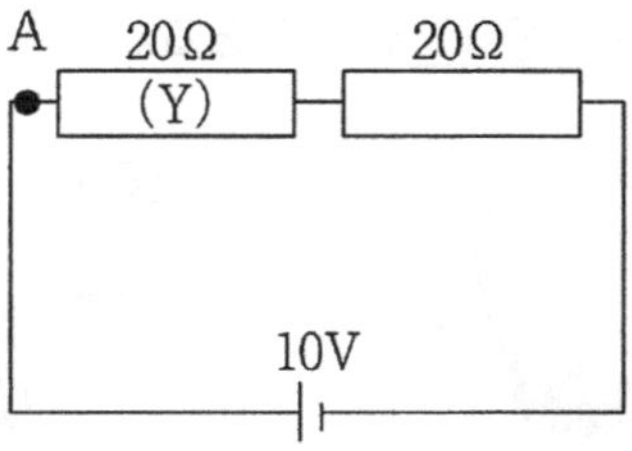


（イ）

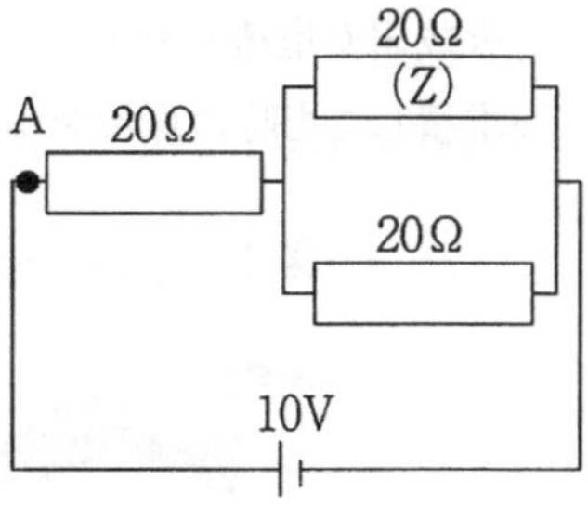


（ウ）

(1) 回路全体の合成抵抗がもっとも大きいものはどの回路か、図のア～ウから1つ選び、記号で答えなさい。またその大きさは何〔Ω〕か、答えなさい。

(2) Ａを流れる電流がもっとも大きいのはどの回路か、図のア～ウから1つ選び、記号で答えなさい。またその大きさは何〔A〕か、答えなさい。

(3) 抵抗器Ｚに流れる電流の大きさを調べたい。電流計（Ⓐ）をつなぐ場所として正しいものを、次の①～④から１つ選び、番号で答えなさい。

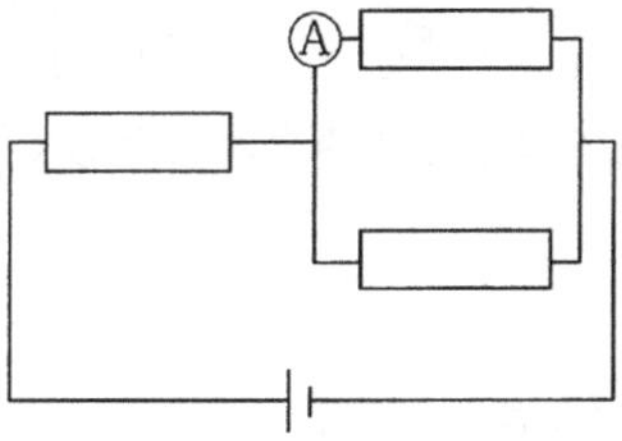


①

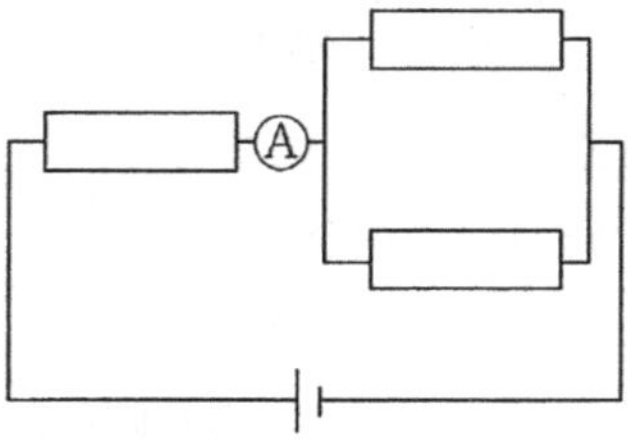


②

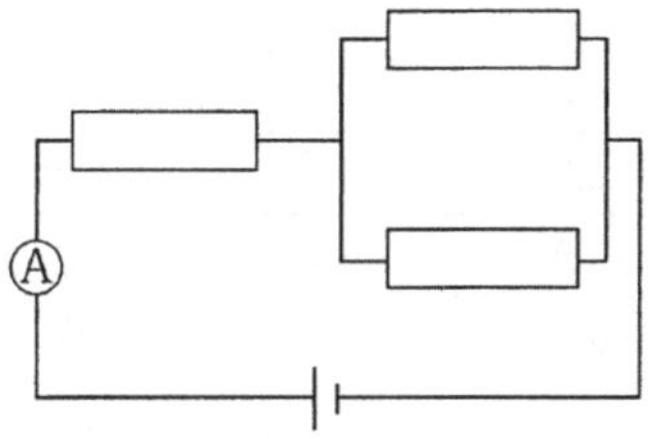


③

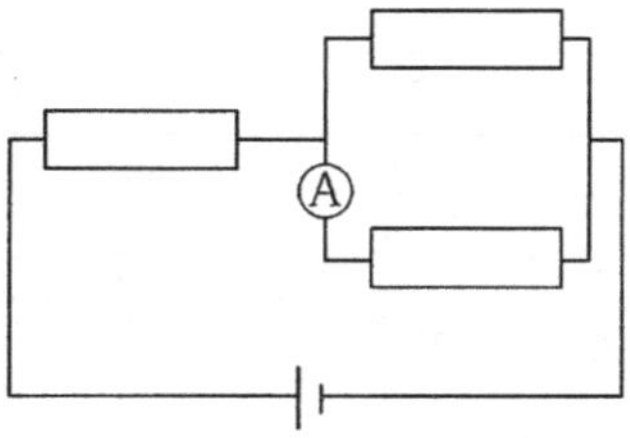


④

(4) 抵抗器Ｘと抵抗器Ｙが消費する電力の比を、もっとも簡単な整数比で答えなさい。

(5) 回路（ウ）について全ての抵抗器の消費電力は何〔W〕か、小数第２位まで求めなさい。

5 銅の粉末を酸化させたときの質量変化について調べるために次の実験をおこなった。以下の問いに答えなさい。表は班ごとの測定結果をまとめたものである。

【実験】

操作① ステンレス皿の質量をはかる。

操作② 班ごとに配られた銅の粉末をステンレス皿にのせて加熱前の質量をはかる。

操作③ 銅の粉末をうすく広げ、加熱する。

操作④ 加熱をやめステンレス皿全体の質量をはかる。その後粉末をこぼさないように金属の薬品さじでかき混ぜる。

操作⑤ 操作③、操作④を５回繰り返す。

表

| | １班 | ２班 | ３班 | ４班 | ５班 |
|---|---|---|---|---|---|
| ステンレス皿の質量〔g〕 | 10.01 | 9.99 | 10.05 | 10.00 | 10.03 |
| 加熱前の質量〔g〕 | 10.61 | 10.79 | 11.05 | 11.20 | 11.43 |
| １回目の質量〔g〕 | 10.71 | 10.94 | 11.23 | 11.42 | 11.69 |
| ２回目の質量〔g〕 | 10.74 | 10.97 | 11.27 | 11.47 | 11.75 |
| ３回目の質量〔g〕 | 10.76 | 10.99 | 11.30 | 11.50 | 11.77 |
| ４回目の質量〔g〕 | 10.76 | 10.99 | 11.30 | 11.50 | 11.78 |
| ５回目の質量〔g〕 | 10.76 | 10.99 | 11.30 | 11.50 | 11.78 |

(1) 加熱前の銅の粉末がもっとも多い班は何班か、答えなさい。

(2) 銅と銅を完全に酸化したときにできる酸化銅の質量比はいくらか、もっとも簡単な整数比で答えなさい。

(3) 銅と化合した酸素の質量比はいくらか、もっとも簡単な整数比で答えなさい。

(4) １班の実験について１回目の加熱で酸化されなかった銅は何〔g〕か、答えなさい。

(5) 一般に反応の前後で、その反応に関係している物質全体の質量は変らない。この法則の名称を答えなさい。

(6) この実験の化学反応式を答えなさい。

6 次の会話文を読んで、以下の問いに答えなさい。

O君：太陽はいつも光ってますね。
先生：はい。太陽は自ら光を出している天体で（A）と呼ばれています。
O君：へえ。そうなんですね。月も光ってますが（A）と呼ばれてますか？
先生：いいえ。月は自ら光を出さずに太陽の光を反射して光っています。
O君：へえ。そうなんですね。ちなみに月は何と呼ばれているんですか？
先生：月は地球の周りを公転する天体で（B）と呼ばれています。ちなみに地球も天体の１つで太陽の周りを公転しています。
O君：そうなんですね。ほかにはどんな天体が太陽の周りを公転しているのですか？
先生：地球は（C）と呼ばれて、そのほか太陽系の（C）はX海王星、火星、金星、水星、地球、天王星、土星、木星の８つの天体です。
O君：そうなんですね。とあるアニメのキャラクターと同じような気がします。
先生：私もそのアニメは好きです。ちなみに私の好きなキャラクターは（Z）をモチーフにしたキャラクターです。
O君：そうなんですね。ということは（Z）も太陽系の（C）になるんですか？
先生：いいえ。今は違いますが、そのアニメが放送されていた時には太陽系の（C）は（Z）も含めて９つでしたが、2006年に除外されて、今はY海王星の外側を公転する天体となっています。

(1) 会話文中のＡ～Ｃに当てはまる語句の組み合わせとして正しいものを次の①～⑥から１つ選び、番号で答えなさい。

| | A | B | C |
|---|---|---|---|
| ① | 惑星 | 衛星 | 恒星 |
| ② | 惑星 | 恒星 | 衛星 |
| ③ | 衛星 | 惑星 | 恒星 |
| ④ | 衛星 | 恒星 | 惑星 |
| ⑤ | 恒星 | 衛星 | 惑星 |
| ⑥ | 恒星 | 惑星 | 衛星 |

(2) 下線部Ｘの天体の中で太陽からもっとも遠いものはどれか、答えなさい。

(3) 下線部Xの天体の中でもっとも大きいものはどれか、答えなさい。

(4) 下線部Ｘの天体の中には地球と同じように天体の密度が大きいものが３つある。その３つに当てはまる天体として正しいものを次の①～⑥から１つ選び、番号で答えなさい。

| | | | | | | | |
|---|---|---|---|---|---|---|---|
| ① | 海王星 | 火星 | 金星 | ④ | 水星 | 天王星 | 土星 |
| ② | 火星 | 金星 | 水星 | ⑤ | 天王星 | 土星 | 木星 |
| ③ | 金星 | 水星 | 天王星 | ⑥ | 土星 | 木星 | 海王星 |

(5) 会話文中のＺに当てはまる語句を答えなさい。

(6) 下線部Ｙを何というか、答えなさい。

7 次の実験操作を読んで、以下の問いに答えなさい。ただし、各実験操作において水の蒸発はないものとする。

【実験】

操作① 塩化銅 300gを 25℃の水 300gに溶かした。溶け残った塩化銅があったので、ろ過をして、溶け残った塩化銅を取り除いて飽和水溶液を作った。

操作② 次に操作①で作った塩化銅の水溶液に電極を差し込んで電気分解を行うと、陽極で気体が発生し、陰極には銅が付着していた。水の電気分解は観測されなかった。

(1) 塩化銅の化学式を答えなさい。

(2) 塩化銅が水に溶けて陽イオンと陰イオンに分かれた。この現象を何というか、答えなさい。

(3) 実験操作①で溶け残った塩化銅は何〔g〕か、整数で答えなさい。ただし、25℃の水 100gに溶ける塩化銅の質量は 76gである。

(4) ろ過を行う操作として適切なものはどれか、次のア～エから１つ選び、記号で答えなさい。

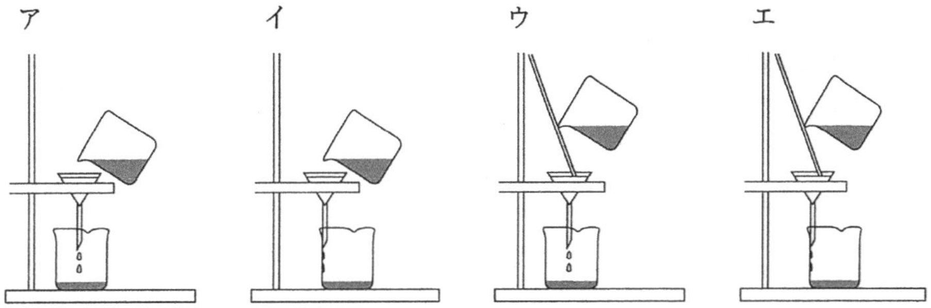


(5) 陽極で発生した気体の特徴を下の表にまとめた。陽極で発生した気体は何か、答えなさい。

| | |
|---|---|
| 気体の色 | 黄緑色 |
| におい | 刺激臭 |
| 空気と比べた重さ | 重い |

(6) 塩化銅水溶液の電気分解を行ったときに陰極で起こった反応を例にならってイオンを用いた化学反応式で答えなさい。 例：$2H^+ + 2e^- \rightarrow H_2$

8 次の文を読み、以下の問いに答えなさい。ただし、景品の重さは5Nとし、質量 100gの物体にはたらく重力の大きさを1Nとする。

X君が図1のクレーンゲームに挑戦した。まず、図2のようにAからBにアームを水平に動かした。次に図3のようにBからCにアームを動かした。そして、Cの位置にアームがつき、アームが下降し、Dの位置で景品を持ち上げ、図4のようにアームが景品を持ち上げたまま上昇し、Cの位置に戻った。そして、アームが景品を持ち上げたまま、CからAに動いた。最後にAの位置にアームがつき、図5のようにアームが景品を取り出し口に落とした。

(1) AからBまでアームを動かすのに8秒かかった。そのときの平均の速さは何〔m/s〕か、小数第1位まで求めなさい。AとBの距離を 0.8mとする。

(2) Dの位置でアームが景品を持ち上げてからCの位置に戻るまでにアームが景品にした仕事は何〔J〕か、小数第1位まで求めなさい。CとDの距離を 0.5mとする。

(3) Dの位置でアームが景品を持ち上げてからCの位置に戻るまでに5秒かかった。そのときアームがした仕事率は何〔W〕か、小数第1位まで求めなさい。

(4) Aの位置において、景品がもつ位置エネルギーは何〔J〕か、整数で求めなさい。ただし、取り出し口を基準面とする。

(5) 景品の質量は何〔g〕か、整数で求めなさい。

(6) 景品が取り出し口に達したとき速さは 4.0m/sであった。そのときの運動エネルギーは何〔J〕か、整数で求めなさい。

図1（全体図）

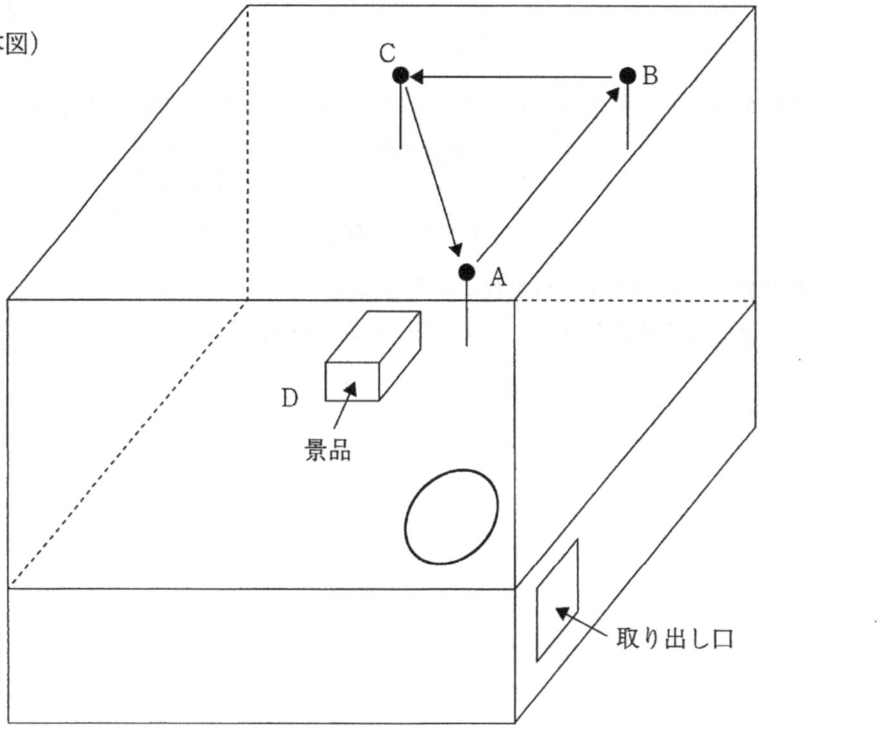

図２（全体を正面からみた図）

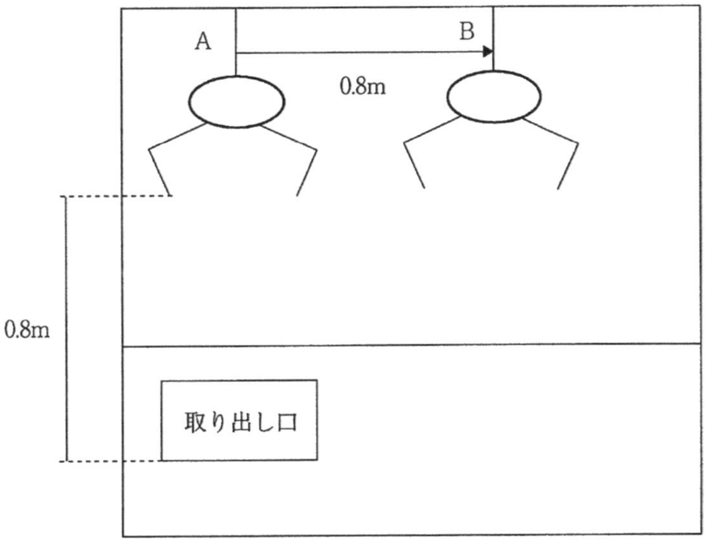


図３（全体を真横からみた図）

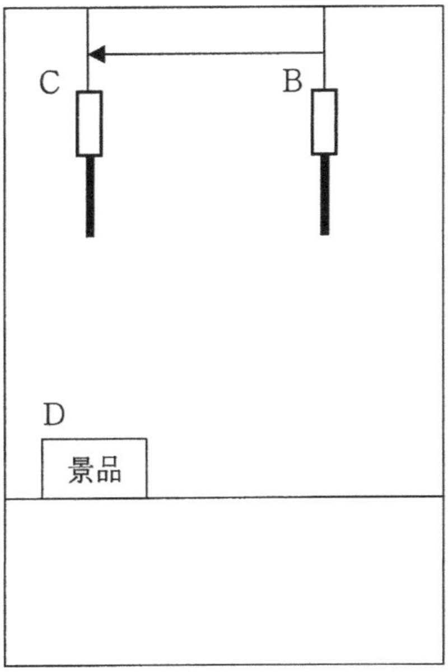


図４（真横からみた図）

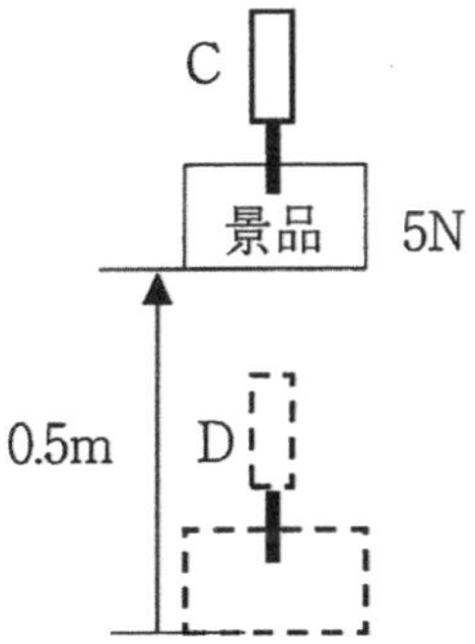


図５（真横からみた図）

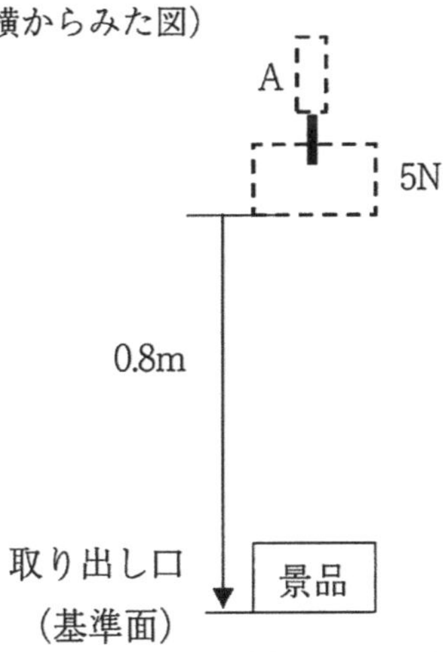

令 和 3 年 度

大商学園高等学校 入学考査問題

# 社 会

**（50分）**

**注 意**

＊「開始」の合図があるまでは開いてはいけません。

＊「開始」の合図のあと、解答用紙に受験番号と氏名を書きなさい。

＊ 答えはすべて解答用紙の指定された解答欄に書きなさい。

＊「終了」の合図ですぐ筆記用具を置きなさい。

## 1　次の文章をよみ，あとの各問に答えなさい。

東京に住む中学生つばさは，大阪に住む大学生の兄ただしに会うため，飛行機でやってきた。次の会話は大阪国際空港（以下，伊丹空港とする）に到着した場面である。

つばさ：ただし兄さん，久しぶり。伊丹空港はとても綺麗な空港だね。食事ができる場所もたくさんあるから，夜遅くの便で来ても安心だね。

ただし：つばさ，よく１人で来たね。伊丹空港は2020年に大幅なリニューアルをしたんだ。でも，この空港は午後９時以降の発着を原則禁止にしているんだ。これは，都市部の空港だから，(a)地域住民への騒音を考慮しているんだ。

つばさ：24時間発着がある関西国際空港とは異なるんだね。ところで，せっかく大阪に来たから学校の宿題として，いくつか行きたい施設があるんだ。調べてプリントにまとめてきたから見てくれる？

【つばさがまとめたプリント】

| 行きたい施設 | 施設について調べた内容 |
| --- | --- |
| ①　(b)大阪取引所 | 旧大阪証券取引所。東京証券取引所，名古屋証券取引所と並んで日本の三大市場とされていたが，2013年に東京証券取引所と経営統合した。 |
| ②　日本銀行大阪支店 | 全国に32ある支店の１つ。滋賀県にある国立印刷局の工場から(c)新しいお札を引き取り，発行している。 |
| ③　大阪高等裁判所 | 全国に８か所ある高等裁判所の１つ。京都や神戸などの地方裁判所や家庭裁判所の(d)判決に対する控訴などを扱う。 |

ただし：よく調べてきたね。どれも関西の社会機能を担っている中心的な施設だね。それなら(e)大阪企業家ミュージアムもあるよ。経営者たちの思いや挑戦，当時の社会や(f)経済についての展示があるんだ。自伝などの書籍や，インタビュー映像などもあるよ。

つばさ：おもしろそうだね。じゃあ，まずは大阪企業家ミュージアムに連れて行ってよ。

ただし：任せて！早速出発しよう。バス乗り場はどこだろう？

つばさ：あ！バスのイラストが描いてあるからこっちだよ。

ただし：本当だ。これは(g)ピクトグラムというんだよ。

つばさ：もうバスが出発しそうだよ！急いでいかなくちゃ。

【つばさが見つけたピクトグラム】

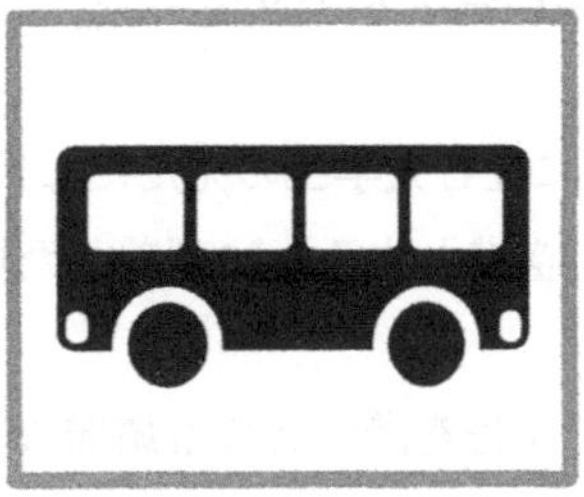

問1　下線部(a)に関連して，このように騒音などの公害によって日常生活の安全が脅かされない権利を何というか答えなさい。

問2　下線部(a)に関連して，憲法25条にある「すべて国民は，健康で文化的な最低限度の生活を営む権利を有する」と記され保障されている権利を何というか答えなさい。

問3　下線部(b)に関連して，株主は会社の経営方針などについて議決する会議に出席し，経営者に自らの意思を示すことができる。この最高意思決定機関を何というか答えなさい。

問4　下線部(c)に関連して，日本銀行のように，一般の市中銀行とは役割が異なり紙幣の発行権を持っていたり，政府資金の取り扱いをしたりする役割を担う，銀行のことを何というか漢字4字で答えなさい。

問5　下線部(d)に関連して，国や地方公共団体の行為により，国民の権利が侵されることがある。このような場合には，その国や地方公共団体を相手に裁判を行い，行為の取消しや賠償を求めることができる。これらを何裁判というか答えなさい。

問6　下線部(d)に関連して，地方裁判所，家庭裁判所，簡易裁判所での判決に不服があれば控訴，さらに控訴判決にも不服があれば上告ができる制度を何というか答えなさい。

問7　下線部(d)に関連して，裁判所は司法権を担う機関として独立している。その中でも，最高裁判所はすべての法律や行政機関の行為が憲法に違反していないかを判断するため「(　　)」と呼ばれている。空欄に当てはまる語句を5字で答えなさい。

問8　下線部(e)に関連して，現代の企業には利益の追求だけでなく，地域社会の発展や環境問題などへの社会貢献も求められている。このような企業の社会的責任をアルファベット3字で何というか答えなさい。

問9　下線部(f)に関連して，企業が提供する財やサービスは，市場の需要量と供給量とで決定する。需要量と供給量が等しくなり，売れ残りも品不足も出さない適正な価格を何というか答えなさい。

問10　下線部(g)に関連して，ピクトグラムについて説明している文として正しいものを1つ選び答えなさい。

ア　シンプルで誰もがわかりやすいようにつくられている。
イ　文字での説明が少ないため，空港のみでの使用に留まっている。
ウ　多くの人が注目してくれるように何色もの色を利用している。
エ　文字が読めない子どものためだけに作成されたものである。

2 図1を参照して，あとの各問に答えなさい。

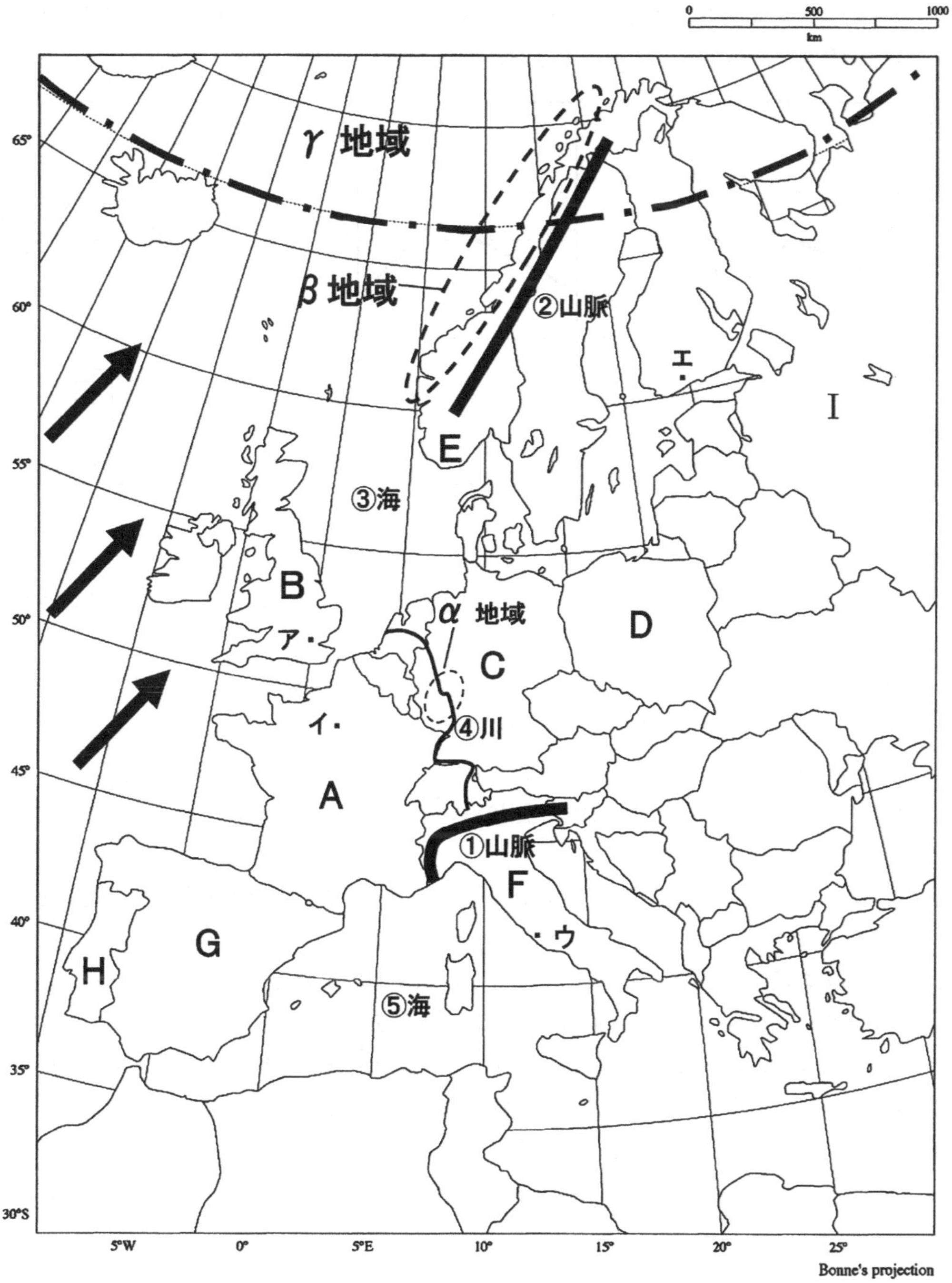


図1

問1　本初子午線が通る都市を図1のア～エの中から選び，記号で答えなさい。

問2　図1の本初子午線の通る都市と日本の標準時子午線との間の経度差を答えなさい。

問3　図1の―･―･の北側の$\gamma$地域で見られる，夏に太陽が地平線に沈まない現象を答えなさい。

問4　図1の西側の諸国の気候に大きな影響を与える図中の↗が表す海流名を答えなさい。

問5　図1の諸地域の気候として適切ではない雨温図を①～③から選択して記号で答えなさい。

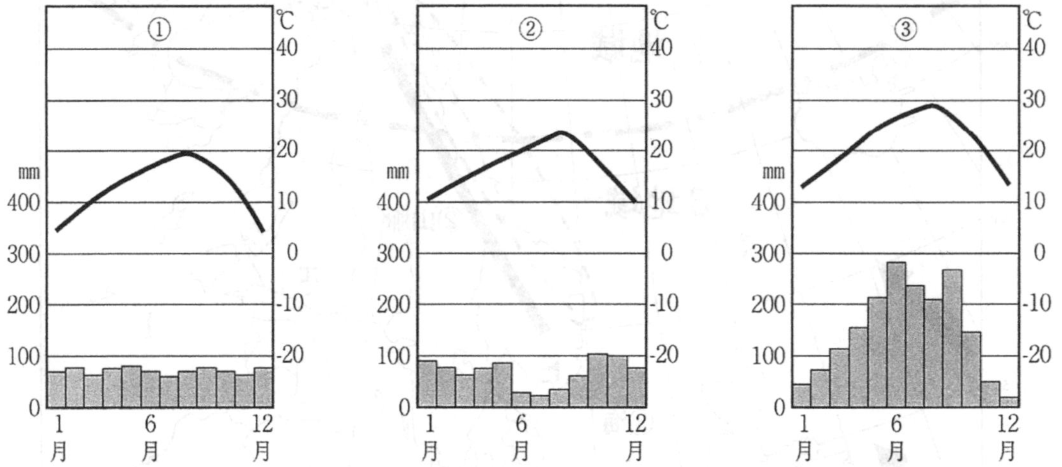


問6　氷河を成因とする複雑な海岸線が続く，図1の$\beta$地域に見られる氷河地形の海岸を何というか答えなさい。

問7　アルプス・ヒマラヤ造山帯に属する山脈は図1の①と②のどちらか記号で答えなさい。

問8　図1の③の海で産出される資源の管理を行う，主に西アジアとアフリカの生産国で構成される組織をアルファベット4字で答えなさい。

問9　図1の④の河川のように複数の国や国境沿いを流れ，その流域の水運に利用されている河川を何というか答えなさい。

問10　図1の①の山脈の北側の平原で見られる畑作と酪農（牧畜）の組み合わせの農業を何というか答えなさい。

問11　図1の⑤の沿岸に発達するかんきつ類などの果樹栽培が盛んな農業は，アメリカ合衆国の西海岸の何州に見られるか，最もふさわしい州名を選び答えなさい。

**カリフォルニア州　　フロリダ州　　ニューヨーク州　　ワシントン州**

問12　図1のA～Iの中から2番目に小麦の輸出が多い国を1つ選び記号で答えなさい。

問13　図1の地域はぶどう栽培が盛んで，ワインの世界的生産地域だが，ワインの世界総生産量の半分に達する，図1の地域の生産国の組合せを①～⑥から選び記号で答えなさい。

| ① | ② | ③ | ④ | ⑤ | ⑥ |
|---|---|---|---|---|---|
| A | B | C | D | A | E |
| B | C | E | E | F | G |
| C | D | D | F | G | I |

（解答用紙）

令和三年度入学考査

# 国語

大商学園高等学校

| 受験番号 | |
|---|---|
| 氏名 | |
| 得点 | |

※100点満点

## 【一】

| 問1 | |
|---|---|
| a | |
| b | |
| c | |
| d | |
| e | |
| f | |
| g | |
| h | |
| i | |
| j | |

| 問2 | |
|---|---|
| A | |
| B | |
| C | |
| D | |
| E | |

問3

問4

問5

問6

問7

問8

問1．１点×10
問2．２点×５
問3．２点
問4．２点
問5．２点
問6．２点
問7．２点
問8．２点×２
問9．３点
問10．３点

| | | | | |
|---|---|---|---|---|
| **5** | (1) | ° | (2) | ° |
| | (3) | $cm^2$ | (4) | cm |
| **6** | (1) | | (2) | C（　　　　，　　　　） |
| | (3) | | | |
| **7** | (1) | $cm^2$ | (2) | 個 |
| **8** | (1) | | (2) | |
| | (3) | | (4) | |

| | | | | | |
|---|---|---|---|---|---|
| 受験番号 | | 氏　名 | | 得　点 | |

※100点満点

| | | | | | |
|---|---|---|---|---|---|
| 問7 | 1 | | 2 | | 3 |

**4**

| | | | |
|---|---|---|---|
| (1) | | (2) | |
| (3) | | (4) | |
| (5) | | | |

**5**

| | | | | | | | | | |
|---|---|---|---|---|---|---|---|---|---|
| (1) | | (2) | | (3) | | (4) | | (5) | |
| (6) | | (7) | | (8) | | (9) | | (10) | |

**6**

| | | | | | | | | | |
|---|---|---|---|---|---|---|---|---|---|
| (1) | | (2) | | (3) | | (4) | | (5) | |

**7**

| | | | | | | | |
|---|---|---|---|---|---|---|---|
| [A] | | [B] | | [C] | | [D] | |

**8**

| | | | | | | | | | |
|---|---|---|---|---|---|---|---|---|---|
| (1) | | (2) | | (3) | | (4) | | (5) | |

| | | | | | |
|---|---|---|---|---|---|
| 受験番号 | | 氏　名 | | 得　点 | |

※100点満点

| | | |
|---|---|---|
| 班 | 銅：酸化銅＝　　： | 銅：酸素＝　　： |
| (4) | (5) | (6) |
| g | | |

**6**

| (1) | (2) | (3) | (4) |
|---|---|---|---|
| | | | |

| (5) | (6) |
|---|---|
| | |

**7**

| (1) | (2) | (3) | (4) |
|---|---|---|---|
| | | g | |

| (5) | (6) |
|---|---|
| | |

**8**

| (1) | (2) | (3) |
|---|---|---|
| m/s | J | W |
| (4) | (5) | (6) |
| J | g | J |

| | | | | | |
|---|---|---|---|---|---|
| 受験番号 | | 氏　名 | | 得　点 | |

※100点満点

| 問8 | 問8 | 問9 |
|---|---|---|
| ② | ③ | |

4

| 問1 | 問2 | 問3 | 問4 | 問5 |
|---|---|---|---|---|
| | | | | |

5

| 問1 | 問1 | 問1 | 問1 |
|---|---|---|---|
| (1) | (2) | (3) | (4) |

| 問1 | 問2 | 問3 | 問4 |
|---|---|---|---|
| (5) | | | |

| 問5 |
|---|
| |

6

| 問1 | 問2 | 問3 | 問4 |
|---|---|---|---|
| | | | |

| 問5 |
|---|
| |

| | | | | | |
|---|---|---|---|---|---|
| 受験番号 | | 氏　名 | | 得　点 | |

※100点満点

（解答用紙）

令和３年度入学考査　　**社　会**　　大商学園高等学校

1，3，4，5，6 … 2点×40
2 … 1点×20

1

| 問1 | 問2 | 問3 | 問4 |
|---|---|---|---|
| | | | |

| 問5 | 問6 | 問7 | 問8 |
|---|---|---|---|
| | | | |

| 問9 | 問10 |
|---|---|
| | |

2

| 問1 | 問2 | 問3 | 問4 | 問5 |
|---|---|---|---|---|
| | | | | |

| 問6 | 問7 | 問8 | 問9 |
|---|---|---|---|
| | | | |

| 問10 | 問11 | 問12 | 問13 | 問14 |
|---|---|---|---|---|
| | | | | |

| 問15 | 問16 | 問17 | 問18 | 問19 | 問20 |
|---|---|---|---|---|---|
| | | | | | |

3

| 問1 | 問2 | 問3 | 問4 |
|---|---|---|---|
| | | | |

【解答用

（解答用紙）

令和３年度入学考査　**理　科**　大商学園高等学校

2点×50
（1(2)は完答2点）

**1**

| (1) | (2) | | (3) |
|---|---|---|---|
| | | | |

| (4) | (5) | (6) | (7) |
|---|---|---|---|
| | | | 丸形：しわ形＝　： |

**2**

| (1) | (2) |
|---|---|
| | |

| (3) | | (4) | (5) |
|---|---|---|---|
| 栄養分X | 栄養分Y | | |

**3**

| (1) | (2) | (3) | (4) | (5) |
|---|---|---|---|---|
| | | | | |

| (6) |
|---|
| |

**4**

| (1) | | (2) | | (3) |
|---|---|---|---|---|
| | Ω | | A | |

| (4) | (5) |
|---|---|
| 抵抗器X：抵抗器Y＝　： | W |

【解答

（解答用紙）

令和３年度入学考査　**英　語**　大商学園高等学校

1, 2, 3, 5, 7, 8 …2点×45
4, 6 …1点×10

## 1

| | | | |
|---|---|---|---|
| 問1 | | 問2 | |

## 2

| | | | | | | | | |
|---|---|---|---|---|---|---|---|---|
| 問1 | (あ) | | (い) | | (う) | | (か) | |
| 問2 | | | | | | | | |
| 問3 | | | | | | | | |
| 問4 | 1 | | 2 | | | | | |

## 3

| | | | | | | | | |
|---|---|---|---|---|---|---|---|---|
| 問1 | (ア) | | (イ) | | (ウ) | | (エ) | |
| | (オ) | | (カ) | | (キ) | | (ク) | |
| 問2 | | | | | | | | |
| 問3 | | | | | | | | |
| 問4 | | | | | | | | |
| 問5 | | | | | | | | |

（解答用紙）

令和３年度入学考査　**数　学**　大商学園高等学校

３点×32
（4(3)は２点×２）

| | | | | |
|---|---|---|---|---|
| **1** | (1) | | (2) | |
| | (3) | | (4) | |
| | (5) | | (6) | |
| | (7) | | (8) | |
| **2** | (1) | | (2) | |
| | (3) | | (4) | |
| **3** | (1) | $x=$ | (2) | $x=$ |
| | (3) | $x=$ | (4) | $x=$ |
| **4** | (1) | A：B＝　： | (2) | $c=$ |

【解答

【二】

問1 a b

問2 A B C

問3

問4

問5

問6

問7

問8 1 2 3

問１．３点×２
問２．３点×３
問３．３点
問４．４点
問５．３点
問６．３点
問７．３点
問８．３点×３

【三】

1 2 3 4

１点×４

【四】

1 2 3 4

１点×４

【五】

1 2 3 4 5 6 7

１点×７

【六】

1 2 3 4 5

１点×５

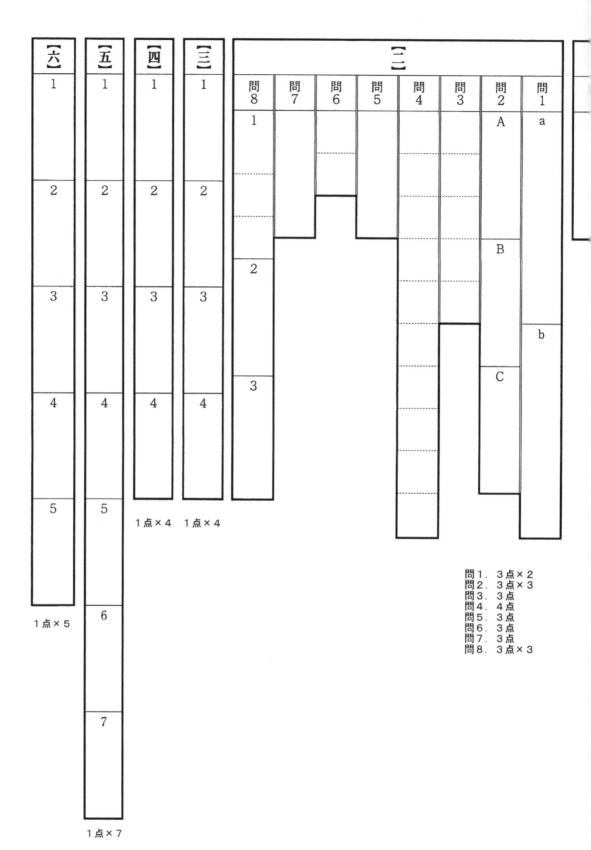

問14　$\alpha$ 地域にある工業地域名を答えなさい。

問15　図１の地域でも先端技術産業が盛んだが，アメリカ合衆国の西海岸にある世界的な先端技術産業の集積地を答えなさい。

問16　太陽光発電の発電量が，図１の地域で最も盛んな国を図１のＡ～Ｉの中から選び記号で答えなさい。

問17　過去にブラジルを植民地にしていた国を図１のＡ～Ｉの中から選び記号で答えなさい。

問18　図１の地域で取り組んでいる地域統合の組織名を漢字４字で答えなさい。

問19　問18の加盟国で使用されている共通通貨をカタカナで答えなさい。

問20　キリスト教の正教会の信者が多数派を占める国を，図１のＡ～Ｉの中から選び記号で答えなさい。

## 3　次の文章をよみ，あとの各問に答えなさい。

例えば日本では，大晦日に年越しそばを食す文化が根付いている。その年越しそばは，13世紀半ばに貿易商の謝国明が疫病で苦しむ博多の町人にふるまい年を越したことから来ている。博多を中心とする地域は，政治でも外交でも重要な場所でした。でも，どうして他の土地ではなく，博多だったのだろうか歴史に触れながら考えてみましょう。

博多湾は，周囲の半島と島々によって外海とへだてられており，波がおだやかです。また中国大陸や朝鮮半島と近いため，渡海技術のとぼしかった古代から周辺アジア諸国との窓口となりました。そのことで大陸から政治情勢や文化などが伝わる一方で，外国から侵入されることもありました。

古代にはアジアの人々をもてなすための①施設（鴻臚館）が建設され，唐や新羅からの外交使節や②遣唐使などの宿泊施設として利用された事でも知られています。７世紀頃には海外情勢の変化により，国家のしくみを整えることを急いだ倭国では，ある政変をおこし③政治改革に着手しました。この後，約50年かけて改革をしましたが，朝鮮半島では，新羅が唐と結んで（　１　）を攻めたので，663年倭国は（　１　）の支援のために④朝鮮半島へ大軍を送り戦いました。その戦いで大敗した倭国は，報復に備えて守りを固めるため，九州地方に政治や防衛にあたる（　２　）を設け，西日本の各地に山城を作りました。その（　２　）は都と山陽道で結ばれ栄えたことで知られています。

13世紀にはいると，（　３　）幕府８代執権北条時宗は，朝貢と服属を要求してきた元の要求を断りました。その為⑤元軍が襲来したことで知られています。２度にわたる元軍の侵略を蒙古襲来といいます。この外国からの襲来に対して（　３　）幕府の御家人達は恩賞を期待して元軍に立ち向かいましたが，⑥恩賞を十分に得る事ができませんでした。また，元軍の再襲来に備えて海岸守備は続けられたため，さらに，負担が重くのしかかりました。そうして御家人の心はしだいに（　３　）幕府から離れていきました。

問１　文中の空欄（　１　）にふさわしい国名を選び答えなさい。

**新羅　　百済　　高麗　　契丹**

問２　文中の空欄（　２　）にふさわしい語句を選び答えなさい。

**摂津職　　陸奥将軍府　　大宰府　　鎮守府**

問３　文中の空欄（　３　）にふさわしい語句を選び答えなさい。

**江戸　　室町　　鎌倉　　足利**

問４　下線部①に関してこの施設には中国や朝鮮のものだけではなく，ペルシャ製のガラスやびんなどが伝わったとも言われている。この大陸の交易ルートを何というかカタカナ６字で答えなさい。

問５　下線部②の遣唐使として中国に渡り，そのまま唐の役人（高官）となった人物は誰か選び答えなさい。

**阿倍仲麻呂　　菅原道真　　最澄　　空海**

問６　下線部③の政治改革は何というか答えなさい。

問７　下線部④の戦いの名称を選び答えなさい。

**寧波の乱**　　**刀伊の入寇**　　**白村江の戦い**　　**関ケ原の戦い**

問８　下線部⑤に関する資料を見てあとの問に答えなさい。

『蒙古襲来絵詞』より引用

①　元軍の侵入を防ぐために設置された資料中にも見られる高さ３ｍの石の壁を何というか語句を選び答えなさい。

**水城**　　**防塁**　　**環濠**　　**山城**

②　1274年の元軍の襲来を何というか答えなさい。

③　1281年の二度目の元軍の襲来を何というか答えなさい。

問９　下線部⑥に関して生活に困った御家人を経済的に救うために幕府が出した法令は何か答えなさい。

## 4 次の各問に答えなさい。

問１　電力や水道などは公共料金を設定している。この理由として正しいものを選びなさい。

ア　単価が安く，企業として利益を上げることができないから。

イ　適切な企業が市場を独占することで，適切な価格にするため。

ウ　多くの人が利用するサービスであることから，政府の収入源として利用するため。

エ　生活に必要なサービスであり，価格が不安定になったり高騰したりすると困る人が多くなるため。

問２　修学旅行の行き先を決定する際の方法と特徴に関する以下の文の中から，誤っているものを選びなさい。

ア　多数決による合意を目指す場合，少数意見が反映されにくい。

イ　多数決による合意を目指す場合，意見が反映される人の数が多い。

ウ　各代表者が話し合って決める場合，意見の対立が発生して全員での話し合いよりも時間がかかることが多い。

エ　各代表者が話し合って決める場合，各代表者の意見しか反映されないこともある。

問３　年功序列賃金の長所と短所について述べている文として，誤っているものを選びなさい。

ア　同じ職場に長年勤務するため，その会社の一員であるという意識が高まる。

イ　年長者は新入社員に追い越される心配がないため，部下の育成に全力を注ぐことができる。

ウ　勤務年数により賃金が年々高まるため，人件費の負担が大きくなる。

エ　実力がある若手でも賃金が増えることがないため，働く意欲が向上する。

問４　政治制度の長所について述べている文として誤っているものを選びなさい。

ア　日本のような多党制では，少数意見が政治に反映できる。

イ　アメリカのような議院内閣制では，投票先が固定されて選挙の形骸化が起こる。

ウ　中国のような一党制では，長期的に政策を実行しやすい。

エ　スイスのような直接民主制では，少数派の意見も多数派の意見もきっちりと聞くことができる。

問５　人権と人権の対立が起こる場面の説明として誤っているものを選びなさい。

ア　感染症による入院措置により，居住・移転の自由が制限される。

イ　無資格の者による診察の禁止により，学問の自由が制限される。

ウ　他人の名誉を傷つける行為の禁止により，表現の自由が制限される。

エ　デモの規制により，集会・結社の自由が制限される。

5 次の文章をよみ，あとの各問に答えなさい。

①北海道の開拓は，新政府による国家の一大プロジェクトとして積極的に進められました。北海道は本来（　1　）民族と呼ばれる人々が住んでいることで知られています。1869年，明治政府は，北海道の行政を担当する官庁として（　2　）を設置して，北方の（　3　）に対する防備もかねて，本格的な統治と開拓を進めてきました。

責任者となった薩摩出身の②（　4　）は，北海道の気候・風土が似ているアメリカの地域をモデルに開発を進めようと考え，自らアメリカにわたり農業に詳しい人物である（　5　）を日本へ招きました。

実際の開拓はさまざまな理由で全国から移住した人々によって行われました。移住した人々は家族とともに③農業開拓をしながら北海道の防衛という任務も担いました。しかし，その一方で，その開拓が進むにつれて，（　1　）の人々は狩り場や漁場を奪われました。

新政府は，（　1　）の人々の古来からの風習をやめさせ，日本人風の名前を名乗らせ，日本語の教育を行うなど，同化政策を進めました。また，（　1　）の人々を保護するという名目で，北海道旧土人保護法を制定しました。現在は「（　1　）文化振興法」が制定されて伝統文化を取り戻し，発展させる取り組みがなされています。

問１　文中の空欄（　1　）～（　5　）にふさわしい語句を下記より選び答えなさい。

**開拓使**　**黒田清隆**　**伊藤博文**　**アイヌ**　**クラーク**

**ロシア**　**ブラジル**　**シーボルト**

問２　下線部①に関して改称される前の北海道の呼び名は何か漢字２字で答えなさい。

問３　下線部②は日本の第二代首相であるが，初代首相は誰か答えなさい。

問４　下線部②が首相のときの，1889年２月11日に天皇の名で発布されたものは何か漢字７字で答えなさい。

問５　下線部③についてこのような任務についた人々を何というか漢字３字で答えなさい。

## 6 次の文の空欄に当てはまる語句を答えなさい。

問１　犯罪の定義と，それに対する刑罰はあらかじめ法律で定めなければならない。この考えを（　　）主義という。

問２　地球上のすべての人の人権を守るために，国連や各国政府の他にも，国境を越えて活動する非政府組織などの民間団体も重要な役割を担っている。このような非政府組織をアルファベット３字で（　　）とあらわす。

問３　日本の衆議院の選挙制度は，１つの選挙区から１人の議員を選出する方法と，政党への得票数に応じて議席を分配する方法を組み合わせた制度を利用している。この制度を（　　）代表並立制という。

問４　18世紀のフランスの思想家である（　　）は，『法の精神』を著し，法律を定める権力，公共の決定を実行する権力，罪や人々の争いを裁く権力の３つの権力を分立させることを主張した。

問５　（　　）税は地方公共団体が徴収する自主財源となっている。2017年度は，東京都では歳入の70％以上がこの（　　）税でまかなわれているが，島根県では約15％と低い。このように地域による格差が問題となっている。